易经中的人生智慧

周光明　编著

图书在版编目（CIP）数据

易经中的人生智慧 / 周光明编著 . -- 北京 : 华龄出版社 , 2022.10

ISBN 978-7-5169-2387-0

Ⅰ . ① 易… Ⅱ . ① 周… Ⅲ . ①《周易》—研究 ② 人生哲学—通俗读物 Ⅳ . ① B221.5 ② B821-49

中国版本图书馆 CIP 数据核字 (2022) 第162957号

责任编辑 郑 雍　　责任印制 李未圻

书 名	易经中的人生智慧	作 者	周光明
出 版 发 行	华龄出版社 HUALING PRESS		
社 址	北京市东城区安定门外大街甲 57 号	邮 编	100011
发 行	（010）58122255	传 真	（010）84049572
承 印	水印书香（唐山）印刷有限公司		
版 次	2023 年 3 月第 1 版	印 次	2023 年 3 月第 1 版
规 格	710mm × 1000mm	开 本	1/16
印 张	15	字 数	221 千字
书 号	978-7-5169-2387-0		
定 价	68.00 元		

序言

在古老文化元典中寻找洁静永恒的智慧，首选《易经》。但由于其文言障碍和解读书籍的繁杂，读者往往望而生畏，从而使宝贵的文化财富束之高阁，少人问津。如何将易道的博大精深通过深入浅出的方式呈现给大家，为更多人把握《易经》思维，推天道以明人事，为立身决策提供智慧启迪呢？

在时代的催生下，经重庆市社会科学界联合会和重庆市周易研究会等单位的指导，周光明教授申报省级课题立项获得批准并顺利结题，其《易经中的人生智慧》一书孕育而生。

世间之事千奇百怪，越有用的知识，越难学懂；越高端的智慧，越难掌握。易学圣殿中深藏着无数的奇珍异宝，大门却难以跨入。本书针对《易经》解读难点和读者需求痛点，达到了以下三个目的：一是力争把尚徘徊在易学圣殿大门外的广大初学者和爱好者引进易学圣殿的大门。二是把深藏在易学中的奇珍异宝挖掘出来以飨读者。三是为开辟大众易学时代，抛砖引玉。

《易经》的卦爻辞，包含了丰富的哲理，是中华民族朴素的辩证思维萌芽，生活经历不同的人，可从卦爻辞中获得不同的哲理启示。从《易经》解释学上来讲，本书具有以下六个特点：

一、第一个提出《易经》是一部教化人类的教科书。理由是《易经》中的每一卦，甚至每一爻都是教导人们处理某一方面问题最正确的原则或最佳的方法。

二、从辞、彖、象等方面对卦、爻进行综合解读。经典扼要，为读者节省大量时间。

三、解读时避免用深奥玄乎的理论和晦涩难懂的语言，力求让具有初中以上文化水平的人都能读懂领会。

四、在不少卦中，爻辞表述的内容跳跃性很大，往往缺乏逻辑关联。在解读中，作者充分并力求在同一卦中逻辑连贯。

五、在卦爻的解读中，相对传统的解读或翻译，提出了许多独特的见解。例如，对《讼》卦第一爻的解读。第一爻的爻辞为“不永所事，小有言，终吉”。解读为“指在诉讼中要进行法庭辩论，目的是要辨明是非。此时，只要依法陈述自己的理由，切忌强词夺理、胡搅蛮缠、扰乱法庭。否则，会适得其反。只要适可而止，不过分纠缠，最终会获得如意的判决结果。”

六、在解读每一卦时，分析阐述了卦爻中诸多的智慧。在结尾时对每一卦的主要智慧又进行了概括性的总结。读者在阅读中定会不断增加自己的人生智慧。

总之，《易经》思想博大精深。其探赜索隐、极深研几的哲学智慧；自强不息、厚德载物的民族精神；天下为公、万国咸宁的大同理想；顺天应人、与时俱进的革新精神；居安思危、多难兴邦的忧患意识；独立不惧、遁世无闷的人格修养等。《易经》核心价值，都在卦爻辞的解读中得以传承，值得认真学习。

周光明教授积三十多年的易道文化研究和参悟，学术深厚，为人谦和，其天性智慧与后天使命，作为榜样的力量，都注入在这本《易经中的人生智慧》当中，鼓舞我们，温暖前行！

我相信，本书的出版，足以增芳易苑，嘉惠后学，乐以为序！

韩毅 2021 年 9 月于北京
中国建筑文化研究会
人文环境风水设计专业委员会主任委员

前言

《易经》是中华民族智慧的结晶，是中华文化的源头活水，是全人类取之不尽，用之不竭的思想宝库。宁夏易学研究会会长王少英先生指出："《易》之蕴，涵盖天地，参伍错综，仰观俯察远求近取，极阴阳之变，穷古今万物之情，断其是非如数黑白，理与数昭析无遗"，还指出，"《易》之著述，远绍于商周，高推至上古，既为天下奇书之首，亦为难以读懂之冠，非宏览博物毕一生作深入精研者，奚可观其堂奥。"《易经》成书于三千多年前，社会、文字、表述方法都发生了巨大的变化。许多想学《易经》者，都苦于读不懂而气馁。当今世面上翻译或解读成白话文的《易经》，也存在诸多的问题，有的过于简单，不知所云；有的深奥晦涩，如坠雾中；有的故弄玄虚，曲义妄说；有的牵强附会，歪曲原意；有的肤浅，未涉深意；有的缺乏逻辑性，前后不连贯，甚至相互矛盾。鉴此，笔者决心撰写一本具有中学文化程度都能读懂的易经，并选择在人生智慧这个层面上进行解读。之所以选择人生智慧这个层面，原因有四，其一，全面解读《易经》，无论撰写，还是阅读难度都极大。其二，始终围绕修身养性、齐家治国平天下的内容展开，让阅读者饶有兴趣，手不释卷。其三，阅读者能从中学到诸多的人生智慧。其四，阅读者学以致用，减少错误产生，少走人生弯路。

《易经》不仅是一部哲学著作，更是一部教化人类的教科书。其每一卦，甚至每一爻都在指导人们用最正确的原则或最佳的方法去处理某一方面的问题。例如：豫卦对人们的教导：一是做任何事情都应遵循"凡事预则立，不预则废”的古训。做好全面规划有序推进的办事与手忙脚乱的办事，结果是大相径庭的。二是应建立正确的欢乐原则，即“先天下之忧而忧，后天下之乐而乐”（范仲淹）。不受西方以自我为中心，只顾个人欢乐，置集体于不顾的欢乐原则的影响。三是获取欢乐的方法要正确，必须用自己的血汗和辛劳来获取。四是欢乐应有度，在欢乐中要善于自控，不得意忘形，不乐而忘忧，不丧志沉溺，不骄奢淫逸，必须保持清醒的头脑，适可而止。五是不仅要懂得“物极必反”规律，而且要在物极必反之时，善于应对，果断采取措施，把损失减少到最低限度，或者延缓转化时间。拙著在每卦的解读后面都总结出了五六条处事的原则或方法，即人生智慧，以飨读者。

2020 年，笔者在重庆市中华易学研究院李顺祥院长的指导下，以重庆市中华易学研究院的名义申报了省部级课题——《易经中的人生智慧》，并获得批准。在重庆市社会科学界联合会有关领导、重庆市周易研究会的大力支持下，在课题组周兴茂教授、杨玉琼、李恩敏、闵丽的共同努力下、课题顺利结题。《易经中的人生智慧》一书即将出版，国家民政局原副部长陈虹为本书题写了书名，《易经》博大精深，虽然只从人生智慧一个层面进行解读，学力也捉襟见肘，不当之处，敬请各位读者多多指正，不胜感激！

中国专业人才库全国易学考评中心主任、文化部、中国建筑文化研究会人文环境风水研究院院长韩毅先生为本书写了序言。出版社编辑为本书的出版付出了辛勤的劳动。在此谨向所有指导、关心、支持和帮助本书撰写的所有人，表示最衷心的感谢！

笔者
2022 年 6 月

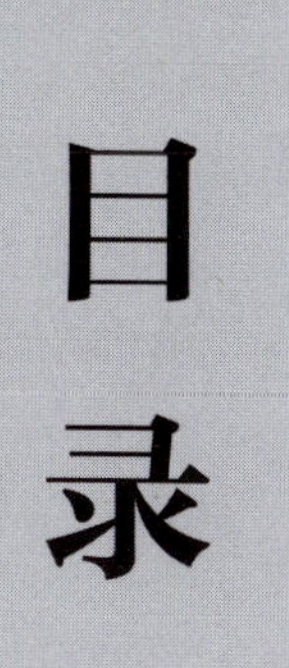

目录

第一部分　易学基础知识

第二部分 易经中的人生智慧

第三部分　易学论文

第一部分 易学基础知识

易学就是关于《易经》的形成和学习、研究、解读、运用所产生的各种知识的统称。

《易经》是中华民族智慧的结晶，是中华文化的源头活水。它不仅是一部用于预测、推断的书，也不仅是一部高深的哲学著作，它还是一部教化人类的教科书。它的每一卦，甚至每一爻都是在教导人们处理某一类问题最正确的原则或最佳的方法。

《易经》被誉为群经之首，大道之源，经邦济世之学；被认为是世界上唯一能预测和解读天道、人道、地道三者间关系的大学问。

《易经》据说是三千年前周文王被囚禁在河南羑里七年间推演八卦而写成的，其中的爻辞是周文王第四个儿子周公撰写的。它对中华文化的形成有重大的影响。

第一节 中外学者对《易经》价值的认识

周易的主要内容是《易经》。中国伟大的易学家、教育家，对中华文化作出巨大贡献的孔子五十岁开始学《易经》，一学则废寝忘食，手不释卷，捆扎《易经》竹筒的牛皮筋都被翻来复去的研读磨断了三次。“韦编三绝”的成语就源于此。他学习《易经》后深有感慨地说。“洁静精微，《易》之教也。”而且他学习《易经》后取得了丰硕的成果，他为首编写的《易传》（即《十翼》），在哲学层面上解读了《易经》，对后人研读《易经》大有裨益。孔子创立的儒家学说的核心“中庸”其实就是易经“平衡”思想的翻版。可以说，孔子不研易，就不可能有创立儒家学派的成就。

著名易学家、文学家、唐朝丞相虞世南极非常为看重《易经》，曾说，“不读《易》不可为将相。”（日本在明治维新期间严格要求政治家“不知《易》者，不得入阁。”）

著名易学大师重庆大学蓝允恭教授在《中国象数预测大观》一书中指出：“易道广阔，其义深远，无所不包，无所不容，上穷天道，下探人寰。仰观天象，俯察地理，中通万物之情。究天人之际，通古今之变，探求宇宙及人生必变、所变，不变的大原理，阐明人生知变、应变、适变的大法则。在古代，《周易》是儒家必读经典之一，被奉为群经之首，大道之源，经邦济世之学。近代学术界将它视为‘中国文化的源头’‘宇宙代数学’‘二进制的鼻祖’。国外学者誉其为‘第一号成功预测’。”

美国国际易经学会主席成中英教授指出：“《周易》是生命的学问、

宇宙的真理、文化的智慧、价值的源泉。周易不仅是中国的、也是东方的，更是世界的，不仅是古代的，也是现代的，更是未来的。”

当代欧洲心理学权威荣格博士在《易经》英文版序言中写道：“谈到世界人类唯一宝典，首推中国的《易经》。在科学方面，我们所得到的定律，常常是短命的，或者被后来的事实推翻，唯独中国的《易经》亘古常新，经过四千之久，依然具有价值，而与最新原子物理学颇多相同地方。”

当代美国物理学家卡普拉在《物理学之道》一书中写道：“阴和阳的相互作用，是最基本的对立面，是导致所有运动的基本原理。但是中国人并没有到此为止，他们进一步研究阴和阳的各种组合，从而发展了一套宇宙的原型。《易经》详细阐述了这个系统。可以把《易经》看成是中国思想和文化的核心。”他还指出：“《易经》的崇高地位，只有《吠陀》和《圣经》与之相比。”

第二节　河图与洛书

古代传说在伏羲氏作部落首领时，有龙马载图出于黄河，有背负图案的神龟出于洛水。后人把前者称为河图，把后者称为洛书。实际上“河图”可能就是在黄河上游所发现的古代天文星象图以龙马为座架，“洛书”可能就是在洛水发现的载有九组有关天文

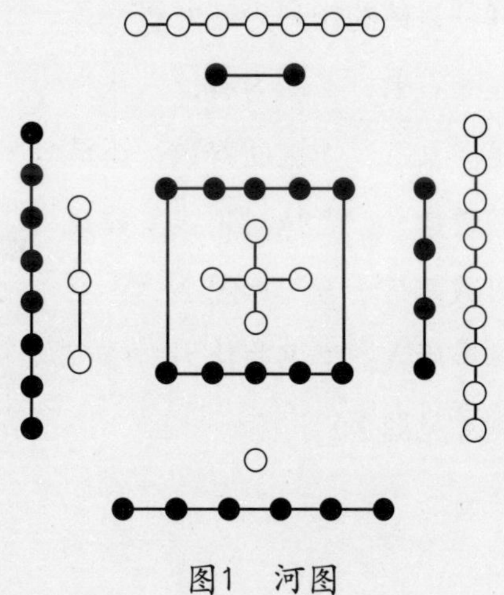

图1　河图

数字的龟文形象图。

河图是由三十个黑圆圈和二十五个白圆圈组成五十五个圆圈的图，其中黑者为阴，白者为阳（见图1）。

《系辞》中说：“天一，地二，天三，地四，天五，地六，天七，地八，天九，地十。天数五，地数五，五位相得而各有合。天数二十五，地数三十。凡天地之数，五十有五，此所以成变化而行鬼神也。”从生成顺序和方位上看，一六居于北，二七居于南，三八居于东，四九居于西，五十居于中。从图上看，数分为两层，居于内层的一、二、三、四、五是“生数”，居于外层的六、七、八、九、十是“成数”。所谓生数就是隐伏在内不易感知，尚属于先天境界，在现象发生之初为动态的数。所谓成数就是明显在外容易感知，属于后天境界，在现象已经形成而为静态的数。

洛书是由二十个黑圆圈和二十五个白圆圈组成四十五个圆圈的图，其中黑者为阴，白者为阳。洛书具有两大特点：其一，数的排列为戴九履一，左三右七，二四为肩，六八为足。其二，无论横着数，还是竖着数，或者从对角线上数，得数都是十五（如图2）。

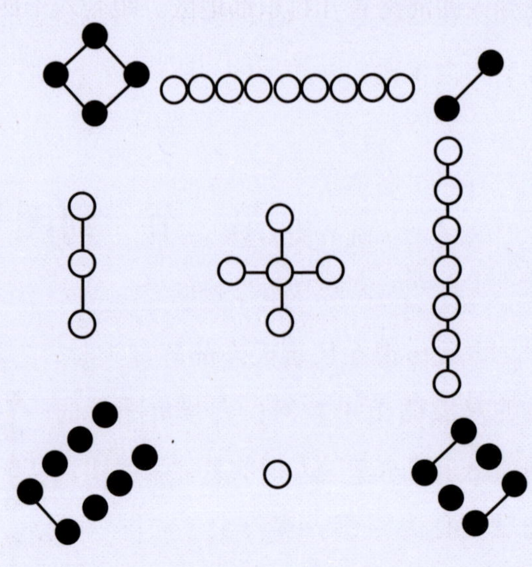

图2　洛书

后人把洛书简化为“九宫”图（见图3）。

四	九	二
三	五	七
八	一	六

图3

第三节　伏羲画八卦

伏羲姓风，又名太昊氏，他是一个部落的首领。建都于陈，古称陈国。在今天的河南省开封东部地区。距今六千四百多年。

伏羲在河图和洛书的启发下秉其天纵之智，仰则观象于天，俯则察法于地，观鸟兽之文，与地之宜，近取诸身，远取诸物，长期研究，“一画开天”“始作八卦”。

伏羲“一画开天”后，两仪始立。两仪何来，《系辞传》说：“是故易有太极、是生两仪。”因为“太”者是最大的称谓，“极”者是最终的称谓，乾卦的象传说“大哉乾元”。坤卦的象传说“至哉坤元”。在乾坤未判之前，合乾元坤元为一，亦大亦至，故名“太极”，后人用图 4 表示。

图4

由两仪而四象，由四象而八卦。四象在阴阳两种气化彼此相互进一步复合，再继续进展到第三步的复合，这样状类宇宙间生化万有的最完善和最高法则——八卦就被画出来了，人们称为先天（伏羲）八卦，其方位图如图 5。

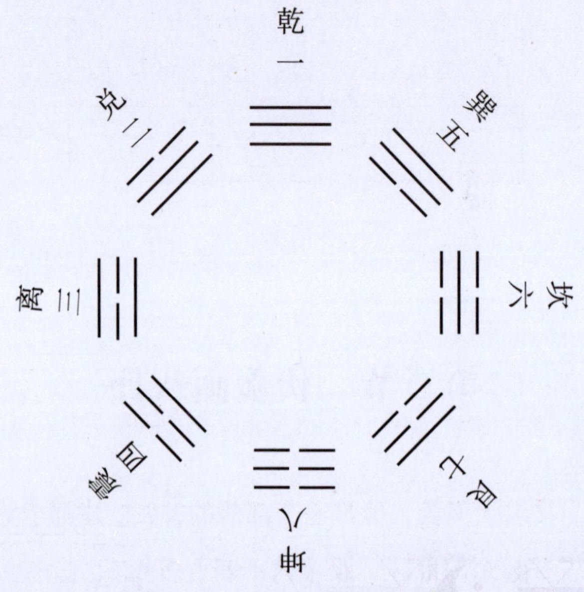

图5　先天（伏羲）八卦图

四象的基本形态，次序和位置是：1. 太阳（⚌）；2. 少阴（⚍）；3. 少阳（⚎）；4. 太阴（⚏）。由此形态再作进一步地复合，可得出如下程式：

太阳之上再复一阳，以成乾卦☰；居其一。

太阳之上再复一阴，以成兑卦☱；居其二。（乾兑同源）

少阴之上再复一阳，以成离卦☲；居其三。

少阴之上再复一阴，以成震卦☳；居其四。（离震同源）

少阳之上再复一阳，以成巽卦☴；居其五。

少阳之上再复一阴，以成坎卦☵；居其六。（巽坎同源）

太阴之上再复一阳，以成艮卦☶；居其七。

太阴之上再复一阴，以成坤卦☷；居其八。（艮坤同源）

由以上程式的推演，可见八卦是由太极演化而成，经过两仪，四象的复合，自然衍生出乾一、兑二、离三、震四、巽五、坎六、艮七、坤八的卦象（见图6）。把八卦的组成比喻成乾父、坤母、再生下三男震、坎、艮，三女，巽、离、兑（见图7）。

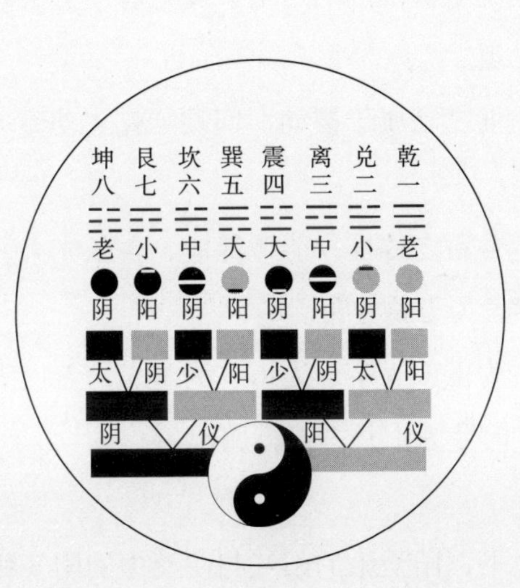

图6　太极两仪四象八卦图

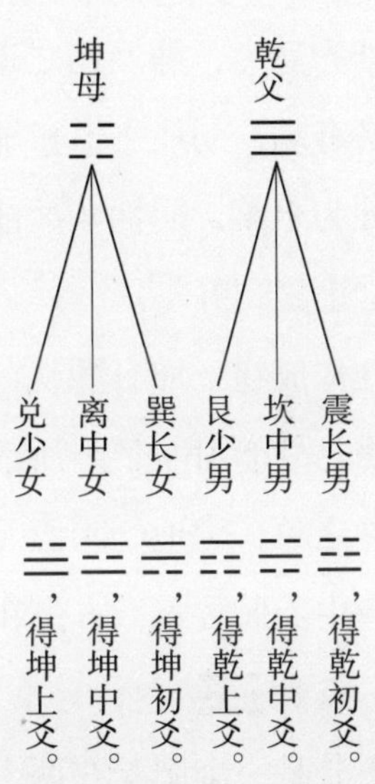

图7

第四节　八卦释义

1. 乾卦 ☰

乾卦主动，象征天，上古天的画法为三竖|||，即，日、月、星三光向下照射，日、月、星三光形成一切动力之源。《易经》称乾为“元”。元者始也，乾元积阳气而成，为万物始。

乾为刚建，阳性刚，乾卦由三阳组成，刚行则健，故乾有自强之性，不依赖外力，自强不息。

乾之象，为天、为君王、为老人、为首领、为金玉、为寒冰、为老马、为武人等，在易数中为奇数九，方位为西北，时令为四月，五行属金。

2. 坤卦 ☷

坤卦主静，象征地，接天上的日、月、星三光照射在地上得到伸张，也就是大地受天空阳能灵气放射而孕育万物。

坤为静力，静乃动之退，凡运动至极限则向后退，此乃有动必有静，有静必有动，动静之道相辅相成之理。

坤为至柔，阴性顺故能顺承。坤之动属于被动，即顺承乾之动而动，而顺动谓之“静”。

坤作成物，坤有顺从，承受，含蓄之德性，能顺能应，含弘光大，厚德载物，故能附丽于阳而孕育生存，为万物之母。

坤之象，为地、为腹、为母、为臣、为牛、为市、为釜、为万民等，在易数中为偶数六，方位在西南，时令为十月，五行属土。

3. 震卦 ☳

震卦是一个阳爻在两个阴爻之下，阳爻中的阳气与阴爻中的阴气相碰产生的雷电，故震为雷动，以显示一切震动的本原。

震卦之义有，为动力激发静态之肇始，为阳气初动生机始现之契机，为生物之萌芽，开始的原始动力。

震之象，为雷、为龙、为足、为长男等，方位在东方，时令为三月，五行属木。

4. 巽卦 ☴

巽卦一阴起于重阳之下，像两人跪膝相从之状，巽字有相从、相合、柔顺、恭让、侥伏等含义，巽还有柔顺，纯洁之义，故巽为白、为清白，为纯洁。巽为阴交于阳，故人之相交必须守信。

巽之象，为风、为鸡、为木、为长女、为绳直、为进退等，方位在东南，时令为四月，五行属木。

5. 坎卦 ☵

坎卦、乾卦中间之爻进入坤卦阴爻之中，先天之金降为后天之水，而为一切生物之源。

坎为阴阳二气的结合，阴阳二气的旋转可构成旋涡，形成动力的中心，阳能入于阴气的中心，由外入内，像水之流动。

陆地高者为陵，低者为坎。坎从土，是陆地低洼之处，故坎为陷，为险。坎从人为心意，为心志，人心易于陷溺迷惘，故坎又为心忧，为险恶。人心平正则为圣贤，人心贪戾则为寇盗。

坎之象，为水、为月、为豕、为沟渎、为隐伏、为中男、为心忧、为盗等。方位在正北方，时令为十一月，五行属水。

6. 离卦 ☲

离卦是一阴爻居二阳爻之中，即坤卦中间一爻进入乾卦之中，先天之土降为后天之火，既能熟物，又能毁物，用之当则享而利，用之不当则害而凶。

离卦有美丽、明亮、佳美的含义，在外是辉煌，文明的象征。离卦也为中女。

离之象：为火、为日、为目、为雉、为耕牛、为美丽、为光明。时令为五月。位于南方，五行属火。

7. 艮卦 ☶

艮卦是由乾卦的一爻在上与坤卦的二爻在下组成，其义为止。止又有停止，限制之义，故艮为定、为静、为得、为果。

艮为静止，阳气升华至极点而后静，这是动极之静。人立身处世、不宜妄动，宜动中有静以静制动。

艮之象，为山、为手、为虎、为少男、为背、为宗庙、为社稷。位于东北，时令为十二月，五行属土。

8. 兑卦 ☱

兑卦是一阴附于二阳之上，像上阙之形。有开口发言及喜悦之象，又有更换，兑换，以新换陈之义。

兑为泽。泽有大水、大洋之义。水多为泽，又作水草交厝之地，引申为恩泽，德泽。

兑为说，为秋。草木至秋而结实成熟，故皆喜悦。兑又为正秋。金风萧杀，物老调谢，有萧杀之象，这是天地的义气，春生秋杀乃阴阳伸缩自然之理。春生为仁，秋杀为义。

兑之象，为泽、为口、为手、为常、为明、为少女、为讲习。位于正西方，时令为八月，五行属金。

用一个字概括八卦所代表的事物：乾为天、坤为地，震为雷、巽为风、坎为水、离为火、艮为山、兑为泽。

用一个字概括八卦最重要的特点：乾为健、坤为顺、震为动、巽为入、坎为陷、离为丽、艮为止、兑为说。

第五节　阴阳学说

我国远古先贤发现宇宙中万事万物内部都存在着既对立又统一的两个相辅相存的属性，这两个属性的进退、消长影响着事物的变化发展，他们把这两个属性称为阴阳。这是人类最早对宇宙规律的认识和把握。

阴主要具有以下的属性：向下、内敛、收缩、消极、隐蔽、含蓄、安静、黑暗、里面、模糊、休眠、顺从、柔弱、抽象、迟疑等。

阳主要具有以下的属性：向上、外露、伸展、积极、显露、浅显、躁动、光明、外表、清晰、生发、对抗、刚强、具体、果断等。

阴阳学说包含以下四大规律：

1. 对立统一规律。阴阳对立是指一个统一体的矛盾双方的相互排斥，相互斗争。只要事物具备了某一方面，就必然会滋生相反的另一方面。阴阳双方的争斗与比拼，推动着事物的运动变化。阴阳统一是矛盾的双方虽然相互对立，彼此斗争，但二者又都同时处于一个统一体并维护这个统一体。

2. 阴阳互根规律。阴阳互根就是阴阳之间的相互依存，双方互为根据和条件。阴阳双方都是以对方的存在为自身存在的前提和条件的，无阳则阴无以生，无阴则阳无以化。阴蕴含在阳之中，阳蕴含在阴之内。

3. 阴阳消长规律。阴阳消长是指对立的阴阳双方的增减、盛衰、进退等方面的运动变化。对立的阴阳双方不是处于静止不变的状态，而是始终处于此增彼减、此盛彼衰、此进彼退的运动变化状态之中。阴阳消长的规律是，阴消则阳长、阳消则阴长。阴阳的消长是成反比的，一方太过，必然导致另一方不及，反之，一方不及，就必然导致另一方太过。事物在阴阳消长过程保持相对平衡时，才能保持正常的运动状态。如果一方过盛或过衰，事物就不能保持正常的运动状态。

4. 阴阳的转化规律。阴阳转化是指阴阳对立的双方在一定条件下的相互转换，阴可以转化为阳，阳可以转化为阴。任何事物都包含着量和质两个方面，它们之间的关系是，当量的变化超过了一定范围时，就会产生质的变化，如果量的变化没有超过一定的范围，质不会产生突变。量变是质变的必要准备，质变是量变的必然趋势和结果。

应当注意的是，阴阳消长与阴阳转化的区别。当阴阳消长在一定度的范围内变化，则仍为阴阳消长；但当阴阳消长突破一定度的范围，就成为阴阳转化。

第六节　五行学说

随着易学文化的发展，古人为了准确而具体地判断所用卦中阴阳的平衡状况，引入了五行学说。古人认为，构成大自然的物质可以概括为五种，即水、火、木、金、土，并合称为“五行”。所谓五行，指的是宇宙气化五种运行的情态，并不是单指具体的五种实物。《尚书·洪范》对五行有很好的论述：“五行：一曰水、二曰火、三曰木、四曰金、五曰土。水曰润下，火曰炎上，木曰曲直，金曰从革，土曰稼穑。”“水曰润下”凡指具有寒凉、滋润向下性质的事物都归属于水；“火曰炎上”凡指具有温热、升腾、向上性质的事物都归于火；“木曰曲直”凡指具有生长、开发、条达、舒畅性质的事物都归属于木；“金曰从革”凡指具有清洁、肃降、收敛性质的事物都归属于金；“土曰稼穑”凡指具有生化、承载、受纳性质的事物都归属于土。以上是五行的基本特征，水的基本特征表现于正面时，还具有湿润、流动、渗透、漫延、聪明、智谋、灵活、变化、深入、扩散、奔放、欲望、艺术等正面特性；表现于负面时，还具有冲击、毁坏、无情、泛滥、放纵、偏激、贪淫、诡诈、多疑、阴谋等负面特性。火的基本特征表现于正面时，还具有热烈、照跃、光明、坦诚等正面特性；表现于负面时还具有谎言、酷烈、歹毒、急躁、冲动、无情、毁灭等负面特性。木的基本特征表现于正面时，还具有柔和、博爱、侧隐、仁慈、伸缩、生发、绵长、直爽、济助等正面特性；表现于负面时，还具有胆怯、软弱、屈服、嫉妒、狭隘、封闭、固执等负面特性。金的基本特征表现于正面时，具有革新、肃杀、延展、坚韧、威猛、刚强、豪侠、果敢、魄力、仗义、武力、力争上游等正面特性；表现于负面时，还具有鲁莽、贪婪、刻薄、尖锐、狠毒、淫威、无谋、攻击、无义、退却、缺乏自信、外强中干等负面特性。土的基本特征表现于正面时，具有孕育、藏纳、容忍、厚重、贡献、诚信、忠孝、宽广、踏实、守约、包涵等正面特性；表现于负面时，还具有倔强、固执、封闭、愚顽、吝啬、浅薄、轻佻、失信等负面特性。

宇宙间的万事万物都可以用五行进行归类，人们把万事万物各自的特性进行类比后，分别归于五行的一行。万事万物具有代表性的归类如下表：

五行典型归类表

五行	五色	五化	五气	五方	五季	五味	五脏	五官	形体	情志	五声	五常
木	青	生	风	东	春	酸	肝	目	筋	怒	呼	仁
火	赤	长	暑	南	夏	苦	心	舌	脉	喜	笑	礼
土	黄	化	湿	中	长夏	甘	脾	口	肉	思	歌	信
金	白	收	燥	西	秋	辣	肺	鼻	皮毛	悲	哭	义
水	黑	藏	寒	北	冬	咸	肾	耳	骨	恐	呻	智

五行的生克制化。生克是五行之间的两种不同的相互作用形式，生是资生的作用形式，克是克制的作用形式。“生”指的是金生水、水生木、木生火、火生土、土生金；“克”指的是金克木，木克土、土克水、水克火、火克金。生和克都不能有各种形式的过分，若过分就会适得其反：木赖水生，水多木漂；水赖金生，金多水浊；金赖土生，土多金埋；土赖火生，火多土焦；火赖木生，木多火窒；木能生火，火多木焚；火能生土，土多火晦；土能生金，金多土虚；金能生木，水多金沉；水能生木，

木多水缩；木本克土，土重木折；土本克水，水多土流；水木克火，火多水干；火本克金，金多火熄；金本克木，木坚金缺；木弱逢金，必被砍折；金弱逢火，必见销熔；火弱逢木，必至熄灭；水弱逢土，必为淤塞；土弱逢木，必遭塌陷。制化是制约和生化的合称，其作用是把一个系统中的五行进行调节，使每一行都受必要的制约而不致于太强，同时又使每一行都得到资生而不致于太弱。

五行四时旺衰

宇宙中每一类事物都有各自的发生、发展、壮大、衰败、灭亡的过程。各类事物在不同的宇宙时空状态下，存在的状态也不相同，五行在不同的时空状态下，旺衰的情况可见下表：

五行四时旺衰表

五行 四时	木	火	水	金	土
春	旺	相	休	囚	死
夏	休	旺	囚	死	相
季	囚	休	死	相	旺
秋	死	囚	相	旺	休
冬	相	死	旺	休	囚

旺：指事物发展到鼎盛时期的状态。

相：指事物处于受生受益时期正适宜发展的状态。

休：指一事物因生另一事物而被泄气，开始衰败的状态。

囚：指事物失去生的源泉又克制不了当令之事物，导致自身力量比休更弱的状态。当令是指事物正处在所旺之月。

死：指一事物受到力量极强的另一事物的重克，元气伤尽，走向灭亡的状态。

旺衰次序为：旺为最旺，相为次旺，休为小衰，囚为中衰，死为最衰。

一般情况下，当令者旺，令生者相，生令者休，克令者囚，令克者死。易学大师李顺祥先生在《易学经世真诠》一书中写道："在生克这个对立统一的矛盾中，无论是生得过分还是克得过分都会因对立而打破统一，或者叫作打破五行生克的相对平衡，事物就会向一方倾斜发展，为了维持相对平衡，生与克要相互牵制。当不能相互牵制时，平衡被打破，这时事物就出现了新的变化，这种变化就是人们常说的吉凶。"

第七节 天干地支

天干地支总称干支，是古人用以纪年月日时的工具，取义于树木的"干"和"枝"。天干共有十个，即甲、乙、丙、丁、戊、己、庚、辛、壬、癸，地支共有十二个，即子、丑、寅、卯、辰、巳、午、未、申、酉、戌、亥。纪时的方法是一个天干和一个地支依序相配。如甲子、乙丑、丙寅、丁卯。天干地支依序相配完共有六十个纪时单位，称为"六十甲子"。见下表：

干支纪时表

个位 十位	1	2	3	4	5	6	7	8	9	10
0	甲子	乙丑	丙寅	丁卯	戊辰	己巳	庚午	辛未	壬申	癸酉
1	甲戌	乙亥	丙子	丁丑	戊寅	己卯	庚辰	辛巳	壬午	癸未
2	甲申	乙酉	丙戌	丁亥	戊子	己丑	庚寅	辛卯	壬辰	癸巳
3	甲午	乙未	丙申	丁酉	戊戌	己亥	庚子	辛丑	壬寅	癸卯
4	甲辰	乙巳	丙午	丁未	戊申	己酉	庚戌	辛亥	壬子	癸丑
5	甲寅	乙卯	丙辰	丁巳	戊午	己未	庚申	辛酉	壬戌	癸亥

一、天干

天干与阴阳五行的关系：

天干不例外地具有阴阳属性。甲丙戊庚壬五干为阳干，乙丁己辛癸五干为阴干。

甲乙属木，甲为阳木，乙为阴木，

丙丁属火，丙为阳火，乙为阴火，

戊己属土，戊为阳土，己为阴土，

庚辛属金，庚为阳金，辛为阴金，

壬癸属水，壬为阳水，癸为阴水。

天干与方位四时的关系：

甲乙位东方处春季

丙丁位南方处夏季

戊己位中央处辰、戌、丑、未四个月

庚辛位西方处秋季

壬癸位北方处冬季

天干间的生克关系：

天干间的生克与五行生克一致。

甲乙木生丙丁火，丙丁火生戊己土，戊己土生庚辛金，庚辛金生壬癸水，壬癸水生甲乙木。

甲乙木克戊己土，丙丁火克庚辛金，戊己土克壬癸水，庚辛金克甲乙木，壬癸水克丙丁火。

天干五合：

甲与己合化土，乙与庚合化金，丙与辛合化水，丁与壬合化木，戊与癸合化火。

两个天干相合后，化为一个新的五行，原来各自的五行就不复存在了。

二、地支

地支序数

子1、丑2、寅3、卯4、辰5、巳6、午7、未8、申9、酉10、戌11、亥12。

地支与阴阳五行的关系：

地支同样具有阴阳属性。子、寅、辰、午、申、戌为阳支，丑、卯、巳、未、酉、亥为阴支。

寅卯属木，巳午属火，申酉属金，亥子属水，辰戌丑未属土。

地支与方位四时的关系：

寅卯位东方处春季

巳午位南方处夏季

申酉位西方处秋季

亥子位北方处冬季

辰戌丑未为四隅之土位

十二地支配月建：

正月建寅、二月建卯、三月建辰、四月建巳、五月建午、六月建未、七月建申、八月建酉、九月建戌、十月建亥、十一月建子、十二月建丑。这里的月份指的是农历，农历月份是以十二节令来划分的。即立春后为寅月，惊蛰后为卯月、清明后为辰月、立夏后为巳月、芒种后为午月，小暑后为六月、立秋后为七月、白露后为八月、寒露后为九月，立冬后为十月，大雪后为冬月（十一月）、小寒后为腊月（十二月）。

地支间的生克关系：

寅卯木生巳午火，巳午火生辰戌丑未土，辰戌丑未土生申酉金，申酉金生亥子水，亥子水生寅卯木。

寅卯木克辰戌丑未土，辰戌丑未土克亥子水，亥子水克巳午火，巳午火克申酉金，申酉金克寅卯木。

地支的合、会、冲、害、刑。

地支六合：

子丑合化土、寅亥合化木、卯戌合化火、辰酉合化金，巳申合化水、午未合化土。

地支合化，实质就是一支对另一支五行力量的生助、抑制或引化。如寅亥化合木，亥水生助寅木，亥的力量就被寅木引化。

地支三合局与三会局：

寅午戌三合火局，亥卯未三合木局，申子辰三合水局。巳酉丑三合金局。

寅卯辰三会东方木局，巳午未三会南方火局，申酉戌三会西方金局，亥子丑三会北方水局。

会成的五行力量要大于相同的合成的五行力量。

地支六冲：

子午相冲，丑未相冲，寅申相冲，卯酉相冲，辰戌相冲，巳亥相冲。冲为对立，排斥相击之意，六冲本身两支相克，再加上对立、相击的排斥力强，所以冲比克的力量还大。

地支六害：

子未相害，丑午相害，寅巳相害，卯辰相害，申亥相害，酉戌相害。

地支相刑：

子卯相刑，寅巳相刑，巳申相刑，申寅相刑，丑戌相刑，戌未相刑，未丑相刑，辰见辰自刑，午见午自刑，酉见酉自刑，亥见亥自刑。

害与刑都是克的一种形式，只是力量不及克大。

第八节　《易经》概述

周文王在伏羲八卦的基础上进行推演得出六十四卦，并写出每一卦的卦辞，他的儿子周公旦继父亲之后写出每一爻的爻辞，至此《易经》形成。

一、《易经》的基础内容

《易经》中的六十四卦是由三爻一组的“经卦”重叠而成，故称为“重卦”或“复卦”。重卦由六个爻组成，自下而上倒数，第一爻称为“初爻”，依次为二、三、四、五爻，第六爻称为“上爻”。又取奇数为阳，偶数为阴之义，把阳爻“—”称为“九”，把阴爻“--”称为“六”。如离卦“☲依”次称为“初九”“六二”“九三”“九四”“六五”“上九”。“重卦”六个爻中，一、三、五爻位为阳位，二、四、六爻位为阴位。如果阴爻居阴位，阳爻居阳位，就称为“得位”，阴爻居阳位，阳爻居阴位称为“失位”。“重卦”中的六个爻，还可按两个相邻为一组的原则，依次分为三个组，象征天、人、地“三才”。第一、第二爻为“地爻”，第三、第四爻为“人爻”，第五、第六爻为“天爻”。还可按爻位贵贱的原则，分为尊贵之位（君位）和卑贱之位。五爻位尊贵之位，二爻为卑贱之位。还可按同声相应、同气相求的原则，分为对应之位。初爻与四爻相对应，二爻与五爻相对应，三爻与上爻相对应。还可按三爻一组的原则，下面三爻组成一个单卦，称为“下卦”或“内卦”，上面三爻组成一个单卦，称为“上卦”或“外卦”。我们把一个重卦的第二、第三、第四爻作为下卦，第三、第四、第五爻作为上卦，形成一个新的重卦，它就是原重卦的“互卦”。一个重卦的一爻或多爻，在形成的相应重卦中，这些爻如果是阳爻就变成阴爻，是阴爻就变成阳爻，这个阴阳性质发生变化的爻，就称为“动爻”，形成的相应重卦就称为“变卦。

六十四卦的排列顺序为：乾卦、坤卦、屯卦、蒙卦、需卦、讼卦、师卦、比卦、小畜卦、履卦、泰卦、否卦、同人卦、大有卦、谦卦、豫卦、随卦、蛊卦、临卦、观卦、噬嗑卦、贲卦、剥卦、复卦、无妄卦、大畜卦、颐卦、大过卦、坎卦、离卦、咸卦、恒卦、遁卦、大壮卦、晋卦、明夷卦、家人卦、睽卦、蹇卦、解卦、损卦、益卦、夬卦、姤卦、萃卦、升卦、困卦、井卦、革卦、鼎卦、震卦、艮卦、渐卦、归妹卦、丰卦、旅卦、巽卦、兑卦、涣卦、节卦、中孚卦、小过卦、既济卦、未济卦。

六十四卦分为上下两经。上经三十卦，从乾卦、坤卦开始，至坎卦、离卦终止。组成原理是根据伏羲八卦方位图四正卦，以天地定位的乾卦坤卦为经，以水火不相射的坎卦离卦为纬，其余二十六卦，均包括在天地水火之中。其卦象以显现宇宙自然的形象为多，是藉天道以示人道。下经三十四卦，从咸卦、恒卦开始，至既济卦、未济卦终止。组成原理是依据伏羲八卦方位图中的四隅卦，以山泽通气的兑艮和雷风相搏的震巽相交而成的咸卦、恒卦与上经衔接，终于既济卦、未济卦。因既济卦中一阳一阴合坎卦离卦之象，而乾卦、坤卦又在坎卦离卦之中。这样下经到上经，周而复始、循环往复，自然而然又回到乾卦、坤卦。正所谓“天道好还”、“乾坤再造”。

二、先天八卦、后天八卦的特点

周文王在钻研、推演伏羲八卦时，把伏羲八卦的方位图作了调整，调整后的八卦方位图称为后天（文王）八卦方位图（见图8）。

先天八卦的特点：先天八卦是伏羲氏所画，目的是用以表示宇宙万有本体的现象，以便推演这些现象彼此间相互的关系与作用。杭辛斋认为：“先天八卦，以乾、坤、坎、离为四正，震、巽、艮、兑为四维，四正者所以立体。故河图之位，只列四方。乾坤坎离者，即天地水火。水火者，天地之大用，合天

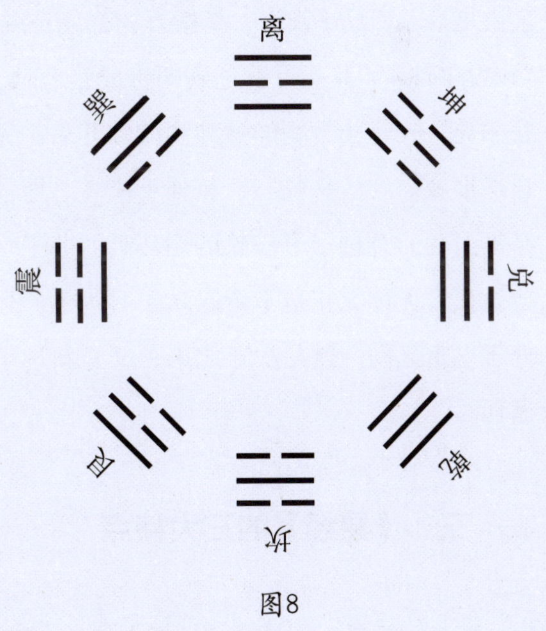

图8

地水火，而万象无不毕举矣。”说卦传曰：“天地定位”，是指天在上，地在下，在上为尊，在下为卑，也就是说天尊地卑的位置是确定不变。两者虽对立，但又统一。“山泽通气”，是指山岳虽高峻，泽水虽低下，然空间的气流和地下的气脉，仍是相互连通的。“雷风相薄”，是指雷风间也存在着相互关系，即雷声越响，风吹越烈，风吹越烈，雷声越响。“水火不相射”，是指水火看似互不相容，但火能增加万物的能量，水能滋润万物生长，若相互配合得当，就不会产生冲突。

后天八卦的特点：从后天八卦卦象的变化中可以推演出天地万物生成、盛衰、消息、盈虚之大用。杭辛斋认为，“后天八卦为人用之卦，古圣帝王制作之大原，治平之经纬，皆出于后天八卦之用；下而历象，推布、运气、乐律、占卜、风鉴、星命诸术，亦皆后天卦也。周易序卦，则以先天为体，后天为用，二者兼行。”说卦传曰：“帝出乎震”，是指震以一阳奋出于坤阴的实体之中，阳气萌动，给万物带来了生机。“齐乎巽”，是指在震卦的基础上，巽卦又增加一阳爻，使阳气渐长，有利于万物齐飞猛进地向前发展。“相见乎离”，是指万物都成长成形，可以看见其茂盛繁荣之状。“致役乎坤”，是指万物达到即将成熟之时，遇事委之于坤阴来致养。“说言乎兑”，是指万物经过坤阴的致养后，完全成熟，可以收获，喜悦之情自然形成。“战乎乾”，乾处于戌亥之地，阴阳交接之处，阴阳相互争斗必不可免，开创了下一轮的循环。“劳乎坎”，坎为水，而水流不息，不分昼夜，无休无止地辛劳。坎于时为冬，也有退藏义。“成言乎艮”，艮处于丑寅之间，既是一年之末，又是新一年之始，成终成始，周而复始的循环。

三、《易经》的三大特点

变易、简易、不易是《易经》的三大特点。“变易”讲的是宇宙大化，流变不息，日新不已，万事万物随时随地都在变化中，没有一成不变的事物。变易的特点启承人们刻苦学习、努力奋斗、不断进取、革故鼎新、与时俱进，大大地促进了人类社会的发展。“简易”讲的是万事万物在变化中呈现出纷繁复杂的状况，人们应透过这些纷繁复杂的现象去抓住事物的要点和本质，才能搞清楚事物的变化，才能寻找出变化的规律。启发人们对变化多端的事物，高深莫测的知识、五光十色、无奇不有的社会要以简驭繁。这样就会大大地提高学习的成绩、处理事情的效果、管理社会的效能。“不易“讲的是在万事万物不断的变化中，也存在相对的不变，如天高地低的位置，一年春夏秋冬的顺序，人从儿童到少年到青年到中年到老年的成长过程。这就使人们认识到，一个人充当的社会角色是随时可以改变的，而每一种社会角色所承担的主要社会责任是相对不变的，农民的主要社会责任是提供粮食、蔬菜和水果，工人的主要社会责任是生产各种用品，军人的主要社会责任是保家卫国，教师的社会责任是传播知识和技术、培养各种人才。如果每一个社会角色都安分守已地完成自己的主要社会责任，社会就比较安宁，这就容易形成和谐社会。不易还体现在万事万物永远都在发展变化上，即万事万物在发展变化这一方面是永远不变的。

第九节 《易传》概述

《易传》又称《十翼》，是最早解读《易经》的经典之作，对后世学习、研究、解读和运用《易经》有深远影响。多数专家认为，它是孔子及其门徒们共同完成的。《易传》包括《彖》上下、《象》上下、《系辞》上下、《文言》《说卦》《序卦》和《杂卦》。

《彖》是对每一卦卦名、卦象的分析，放在各卦卦辞之后。唐代孔颖达在《周易正义》中说："夫子所作彖辞，统论一卦之义，或说其外之德，或说其卦之义，或说其卦之名。"

《象》是对卦象、爻象的分析，对卦象进行分析的称为"大象"，对爻象进行分析的称为"小象"。如在乾卦中对卦象进行分析的"天行健，君子自强不息"就称为大象，对爻象进行分析的"潜龙勿用，阳在下也"就称为小象。

《系辞》是对《易经》进行较全面的辨析阐扬的通论性专著，它叙述了《易经》的著作过程、命名含义、著作意向、学习方法、占筮原理、卦辞爻辞的凡例分析、吉凶断辞的意义与治国原理、卦象与器物之间的关系等，非常有助于后人学习、理解、运用《易经》。《系辞》中的许多哲学思想，如"对立与统一"、"穷则变""变则通""通则久"等，对中国哲学产生了深远影响。

《文言》是对乾、坤两卦的卦辞和爻辞作专门解读。朱熹在《周易本义》中说，"此篇中《彖传》《象传》之意，此尽乾坤二卦之蕴，而余卦之说，因可以例推出。"

《说卦》是先追溯周易创作者用蓍草来演绎卦的历史，然后解释先后天八卦的两种不同的方位和意义，以及它们的体用关系，并依次说明八卦取象的特点，强调八种基本物象的功能，及所象征的意义，并举例说明。孔颖达在《周易正义》中说："说卦者，陈说八卦之德业变化及法象所为也。"

《序卦》是对六十四卦排列次序的合理性，在义理方面所作的详细解读。上经始于乾坤终于坎离，因为乾坤是阴阳的本始，万物的祖宗，所以为上经之始。泰否为阴阳二气运化的均衡反复，为上经居中的枢纽。离为日，月为坎，日月之道，阴阳之精，始终万物，故以坎离为上经之经。咸恒是男女的肇始，夫妻之正道，因人道盛兴必依赖夫妻，所以奉承祖宗为天地之主，为下经之始。损盈为盛衰盈亏的变化消长，与上经的泰否遥相呼应，为下经前后之关键。既济未济为六十四卦的终点，所以明戒慎而全王道。

《杂卦》是把六十四卦分为三十二对，两两一组，一正一反。用极简单的字句，解释其卦义和相互的关系，以与《序卦》互相补充印证。杂卦，乍看似杂乱无章，但其着眼深刻，用心极为细密。杂卦之所以如此对举其义，一方面由于事物的发展，往往在正反对待的因素中体现其规律；另一方面六十四卦的卦体形式均存在反对、旁通的现象。晋代韩康伯说："杂卦者，杂糅众卦，错踪其义，或以同相类，或以异相明也。"

第十节　《易传》促进了易学文化的发展

《易传》对易学文化的发展有很大的推动作用。著名学者周山的论述最具说服力。下面引用周山论述的一部分内容：

"易传"是开启玄奥之门的钥匙。

"易传"汇集了先人关于卦体之象征意义的典型材料，并在此基础上对卦体的种种意蕴作了比较准确的解释。"说卦"是汇集先人关于八经卦象征材料最为丰富的一篇文字。在汇集材料时，"说卦"作者采取了有序与无序的方法进行编排。所谓有序，是指八经卦所象征的对象为同一系列的内容，例如按身体的各个部位，汇编成"乾为首、坤为腹、震为足、巽为股、坎为耳、离为目、艮为手、说为口"。所谓无序，是将八经卦象征的对象按类合并在一起，亦即将每个卦所象征的所有对象汇聚在一起。例如："乾为天，为园、为君、为父、为玉、为金、为寒、为冰、为良马、为老马、为瘠马、为驳马、为木果"。切莫轻视"说卦"中的这些资料汇编。若无这些材料，我们就无法对一个六爻重卦进行上、下经卦关系的分析，也就很难理解六十四个六爻重卦究竟象征什么事物情况。而有了这些基本材料，我们就能对“象”中的“云雷，屯”“山下出泉，蒙”“天与水违行，讼”这类文字有所理解。与“说卦”相比，“象”对卦体的解释就更进了一步。它不仅对八经卦的象征对象作了简单罗列，而且也对由重卦中上、下两经卦的象征对象之间的关系作了一定的解释。例如《讼》䷅上卦是乾下卦是坎，乾是天，坎是水，天上升而水下流，两者相悖逆，因而有“天与水违行”之解。卦名卦辞的作用虽是明象，但由于它是结合卦象而列举的一个例子，也由于早期先人那种只有同时代的人才能熟悉和理解的语言形式，因而后人在阅读时便有艰难之感，甚至早如春秋末期智慧如孔子那样的大贤大哲，读起卦爻辞来依然难以理解。“象”对六十四卦的卦名及其卦辞作了精辟的解释，使得后人在阅读《易经》时，对每个卦象征的意义以及这卦的主要内容的理解有了比较准确的引导。“象”的作者在对卦名卦辞进行解释的同时，也将自己学习《易经》的心得融汇了进去。例如：《乾》的卦名、卦辞，总共只有五个字：“乾，元、亨、利、贞”。“象”的作者却由此发出“万物资始，乃统天；云行雨施，品物流行”的思想，认为万物就是有了天才开始，万物的产生，是通过云气的流行，雨水的布施，物资的相互流动激荡渐渐凝聚成各自的形态。不仅如此，“象”的作者还进一步说明了万物属性的形成，是由天道的作用：“乾道变化，各正性命，保合太和。”“象”辞在对卦名、卦辞进行释义的时候，往往是结合卦象对卦辞作出解释，这就表明了卦名、卦辞的含义，更富有内在的可靠性。“系辞”中有一句话，道出了“象”辞在解释《易经》中的重要作用，“知者观其象辞，则思过半矣。”

“系辞”无疑是“十翼”中最为重要的文字。它对于《易经》的理解和阐释，更是全方位的，并且富有哲理。除了对《易经》的起源作出了说明、对象与辞的关系作出了哲学的理解，援引孔子语录对许多重要的卦爻辞进行了阐释之外，还对重卦六个爻的功能与属性进行了言简意赅的剖析。且看下面这两段文字：

六爻相杂，唯其时物也，其初难知，其上易知，本末也。

二与四同功而异位，二多誉，四多惧，近也。柔之为道，不利远者，其要无咎，其用柔中也。三与五，同功而异位，三多凶，五多功，贵贱之等也。

前一段文字，是关于六个爻的属性的总论，以及初爻与上爻的属性分析。认为六个爻的阴阳相杂，表示事物在不同时间和环境条件下的状态。初爻象征事物刚开始，对于它所反映的事物对象的发展趋向还难以知晓；上爻象征事物的终结，它所反映的事物对象的结局已经明显；初爻与上爻，是卦的本末，反映了事物情况的初始与结局。

但是，任何事物都有一个发展变化的过程，因而仅仅用初爻上爻去反映是不完整的。要完整地反映事物发展过程中的种种是非得失及其规律，则非分析研究中间的四个爻不可。第二爻与第四爻的功能相同，即都是阴位，但是这两个爻在整个卦体中的位置却不相同，它们的结果就不一样，第二爻多荣誉。第四爻多恐惧。原因是第二爻处在下卦的中位，具有柔顺中正的德性，与君位的第五爻既保持一定的距离又有相互呼应的关系，而第四爻虽则柔而不中，紧靠着君位的第五爻，不免时时有伴君如伴虎的恐惧。第三爻与第五爻同属阳位，功用相同，可是这两个爻在整个卦体中的位置却不同，他们的结果也就不一样，第三爻多凶险，第五爻多功绩。原因是第三爻象征低贱之位，第五爻却象征高贵的君王之位。但凡事情失败了，第三爻是替罪羊，事情成功了，功劳归君王。

“系辞”作者关于“二多誉、四多惧”“三多凶、五多功”的分析总结，显然是在归纳六十四卦中间四个爻辞的吉凶断语基础上得出的。六爻卦体中的中间几个位置不同而造成功能与结果的差异，反映了《易经》作者的思想，但是“系辞”作者将它准确地概括并一语道破，这在易学史上的贡献是不言而喻的，对于后人准确理解《易经》起了很好的引导作用。

对事物情况之间的种种联系进行了系统的分析。

《易经》六十四卦以乾卦、坤卦开首，以既济卦、未济卦告终，其排列的顺序究竟以什么为根据？若无“序传”，可能至今仍是一团谜。“序卦”在“十翼”前几篇文字对各个卦、爻分析的基础上又前进了一步，不仅揭示了事物内容的发展规律，而且揭示了事物情况之间的种种联系。“序卦”作者对六十四种事物情况内部的发展规律及其相互之间的联系，运用了以下五种语言表达形式加以揭示：

第一种表达形式是，运用“有……然后有”的联系词，揭示事物情况之间的自然演进关系。例如：

有天地，然后有万物。

有万物，然后有男女。

有男女，然后有夫妻。

有夫妻，然后有父子。

有父子，然后有君臣。

有君臣，然后有上下。

有上下，然后礼仪有所错。

从天地万物一直到等级礼仪的叙述，反映了战国时期的先人已经对生物进化、社会进化的历史有了正确的认识，正是在这个前提下，“序卦”作者才可能对事物之间的相互联系有了一个合乎逻辑的分析。

第二种表达形式是，运用“……必有……故……”的联系词，揭示两类事物情况之间的某种联系。例如：

饮食必有讼，故受之以讼。

讼必有众起，故受之以师。

众必有所比，故受之以比。

比必有所畜，故受之以小畜。

豫必有随，故受之以随。

以喜随人者必有事，故受之以蛊。

陷必有所丽，故受之以离。

这种表达形式，揭示了前一类事物情况为后一类事物情况的充分条件。由此可以看出，“序卦”作者对于事物之间的必然性联系，已经有了较深的认识。

第三种表达形式是，“……不可以终(久)……故……”。这种表达形式在“序卦”中较多。例如：

物不可以终通，故受之以否。

物不可以久居其所，故受之以遁。

物不可以终壮，故受之以晋。

物不可以终难，故受之以解。

物不可以终动，止之，故受之以艮。

物不可以终止，故受之以渐。

“序卦”作者对以上六组事物情况之间的联系作了辩证分析，认为任何事物情况都不可能永远处于某种状态之中，它必然会发生变化，向着其对立面转。又从哲学高度揭示了事物的运动亦即发展变化的绝对性。

第四种表达形式是，“……不可(以)不……故……”。这种表达形式在“序卦”中仅有三处：

物稚不可以不养也，故受之以需，

夫妻之道不可以不久也，故受之以恒。

井道不可以不革，故受之以革。

幼稚的儿童(蒙)与饮食养育(需)、夫妻关系(咸)与感情持久(恒)、居住条件(井)与环境变化(革)，这是人类生存中最切身因而也是至关重要的三大问题。该付予的必须付予，该持久的必须持久，该变革的必须变革。“序传”作者运用双重否定的表达形式，目的在于强调这一类事物情况之间的重要联系。

第五种表达形式是，“……莫若……故……”。这种表达形式在“序卦”中共有两处：

革物者莫若鼎，故受之以鼎。

主器者莫若长子，故受子以震。

运用“莫若”这种具有选择意蕴的词语作为联结词，以强调后者之于前的最佳选择性。这是选择的结果，省略了选择的过程。

“序卦”作者运用上述表达形式，揭示了六十四卦事物情况之间的有序联系，从而对《易经》作者关于《易经》符号系统的排列顺序的逻辑性作出了解释。这在整个易学史上既是第一次也是唯一的一次解释，对于尔后的学习研究有极为重要的影响。

关于象、辞、意三者关系的分析。

《易经》由卦象和卦辞、爻辞组成。在《易传》之前，尤其在春秋中期，人们普遍运用《易经》决疑解难，但是对于先人制作卦象的根据和目的究竟是什么，卦象与卦辞、爻辞之间究竟是什么关系等问题，似乎并没有作过认真的反思。而在易学史上，是《易传》作者第一次对这些问题进行了思考，阐述了自己的见解。

《易传》关于象、辞、意的分析，集中在“系辞”这篇文章中。“系辞”作者认为，“《易》者，象也；象也者，像也。”《易经》是讲卦象的一部书，而卦象则是对事物的象征。

那么，这种象征事物的卦象，又是怎样产生的呢？“……大象，圣人有以见天之赜，而拟诸其形容，象其物宜，是故谓之象。”“系辞”作者认为，卦象的产生，是圣人看到天下事物纷繁复杂，因而仿照各种事物的外部形态，根据事物的固有属性，进行恰如其分的抽象而形成相应的卦体。

先人为什么要创制卦象？“系辞”作者援引孔子的话说，“书不尽言，言不尽意。”因为任何著作都不可能写尽所欲抒发的言语，而言语也不可能道尽所欲表达的思想。因此，便创制了能够完全展示人的思想的卦象，并且通过卦爻穷尽事物发生发展的阴阳变化，通过系于卦，爻之后的文辞道尽所要表达的言语：“圣人立象以尽意，设卦以尽情伪，系辞焉以尽其言。”

在卦象与卦、爻辞的功能以及相互之间的关系方面，《易传》作者并没有作明确的区分，而往往是联系在一起论述的。例如，“圣人设卦观象，系辞焉而明吉凶”“君子居则观其象而玩其辞”。虽然如此，还是从中体会到卦体与系辞的功用之不同，卦体的功用是“观象”，而所系之辞的功能是“明吉凶”。正因为通过辞可以辨明“吉凶”，所以对卦、爻辞所含蕴义，要仔细把玩、潜心体悟。

对“道”的阐述。

早在春秋中、后期，先人就开始使用“道”这个概念，例如治理郑国的子产便提出“天道远，人道迩，所非及也”(《左传，昭公十八年》)。稍后的老子，更是进行了专题性的研究，写下了“道可道，非常(恒)道”的《道德经》，认为“道”是先天地而生的宇宙本原：“有物混成，先天地生，寂兮寥兮，独立而不改，周行而不殆，可以为天下母。吾不知其名，字之曰道。”(《老子·三十五章》)这种无法用语言、概念来定义的自然之道，称为“常道”(或称“恒道”)：“道可道，非常(恒)道”(《老子·第一章》)。与老子同时的孔子，也谈“道”，但他在“天道”与“人道”之间，偏重于人人皆可学、人人皆须学的人道：“君子学道则爱人，小人学道则易使也。”(《论语·阳货》)

与《易传·系辞》作者年代相近的战国中期学者庄子，在老子与孔子之间，选择了老子，也从宇宙本原方面探讨“道”的理论。他对“道”作了这样一番描述：“大道，有情有信，无为无形，可传而不可受，可得而不可见，自本自根，未有天地，自古以固存；神鬼神帝，生天生地，在太极之上而不为高，在六极之下不为深；先天地而不为久，长于上古而不为老。(《庄子·大宗师》)

《易传》作者，则综合了老子、孔子关于“道”的思辨成果，将不可道的“常(恒)道”与可道的“非常道”结合在一起，亦即将缥缈的宇宙本原及其秩序、关系等结构的探索与人类社会的理想法则及其道德秩序、人际关系等合理的结合糅合到了一个理论体系中加以分析和研究，展示了“道”的“至大无外，至小无内”的属性，

“系辞”作者在这方面的最大贡献，是不仅对“道”作了描述性定义，将无形的“道”与有形的“器”加以严格的区分：“形而上者谓之道、形而下者谓之器”(“系辞”)，认为无形的“道”是居于有形的器物之上的理性的东西；而且对“道”作了内涵性定义：“一阴一阳之谓道”(同上)，认为“道”是阴与阳这两种矛盾势力的对立统一。

在老子的时代，还认为宇宙本原的“道”是不可道的“恒道”，然而到了战国初、中期，《易传》作者却已经找到了“恒道”亦可道的“形而上者”的表述，从而抹去了老子加诸于“道”的那种只可意会而不能言传的神秘色彩。《易传》作者认为，《易经》是依照天地的自然法则作成，能够摹略天地万物之然：“易与天地准，故能弥纶天地之道”(“系

辞”)，因此，《易经》中包含着形而上的“恒道”，这种恒道又称“太极”。从宇宙的本原“太极”到反映世界的八种基本元素的八卦之间，共有四个层次：“易有太极，是生两仪，两仪生四象，四象生八卦。”(“系辞”)这是《易传》作者以“道”这个宇宙本原出发演绎出来的一整套概念体系。

可以看出，这一系列概念是从“恒道”亦即“太极”这个最高范畴不断演绎出来的，构成了反映宇宙本原、世界结构的高层面的概念系统。从这个概念系统出发《易传》作者又多视角多层次地分析了《易经》的“道”的理论体系。“三道”说，就是其中的一大成就。“系辞”认为，《易经》这部书“广大悉备”，概括起来有三种道，即“有天道焉，有人道焉，有地道焉”。“说卦”作者则揭示了《易经》中的天道、地道、人道的主要属性：“立天之道曰阴与阳，立地之道曰柔与刚，立人之道曰仁与义。”“三道”之下自然又有种种的可道之道。例如，人道之下有“家道”，“彖”辞在论及《家人》卦时说：“父父、子子、兄兄、弟弟、夫夫、妇妇，而家道正也。”

在《易传》作者看来，《易经》六十四卦的每一卦象，都蕴含着一种可道之道，它们之所以不是“恒道”，是因为始终处在流动变化之中。这些非“恒道”的变化流动性，通过卦中各爻的变化得以体现。例如，《坤》卦的上六爻，通过“龙战于野”的比喻，体现了“其道穷”；《大畜》卦的上九爻，通过“何天之衢”的比喻，体现了“道大行”；《颐》卦的六三爻，通过“十年勿用”的比喻，体现了“道大悖”。

由上述分析可以看到，《易传》关于宇宙本体及其世界结构、次序的“道”的分析，既有老子注重“天道”的思想色彩，也有孔子注重“人道”、主张“仁”与“义”的思想色彩，尤其对于“道”的多层次的分析以及易道流变的思想，对于尔后的宇宙本体研究具有深刻的影响。

第十一节 《易经》应用——八卦预测

《易经》的内容广博宏大，无所不备，既有天道规律、地道法则、也有人道准则。是历代政治家、军事家、企业家的必修之术。它高深的哲学功能和强大的预测功能成为经邦济世之宝典，上至经国大略，下到市井小智，凝聚着千古智慧韬略。现代社会若能掌握《易经》的预测功能，对人生发展和社会和谐都是大有裨益的。

《易经》的应用极为广泛。古代的《黄帝内经》就是第一部应用《易经》来医治人类疾病的经典之作。

《易经》的应用作用非凡，上可用于经邦济世，下可用于个人吉凶祸福的推断。这里只简要介绍三种最常见的《易经》应用方法。即八卦预测、命理分析、环境规划。本节简要介绍八卦预测。

一、象数预测法

象数预测法（又称为梅花易数），就是通过对体卦和用卦间生克比和的分析而作出判定的预测方法。

（一）起卦方法

起卦方法按大类分有两种：一是以数起卦，二是以象起卦。

1. 以数起卦方法

按时间起卦方法：

以夏历为准，将年、月、日三数之和除以 8，取余数为上卦数，将年、月、日、时四数之和除以 8，取余数为下卦数。若余数为 0，则作 8 数。按先天八卦数对应之卦则可以得出上下卦（即乾一、兑二、离三、震四、巽五、坎六、艮七、坤八），为了找出上下卦的体用关系应求出一动爻，动爻所在之经卦为用卦，无动爻的经卦为体卦。动爻的寻求方法是：以年、月、日、时四数之和除以 6，其余数则为动爻。若余数为 0，就视为 6。动爻就是在前后卦中阴阳属性要改变的爻。动爻的阴阳属性改变后，就会形成一个新的卦象。这个新的卦象，称为变卦。

年数的取法为：子年取 1，丑年取 2，寅年取 3，卯年取 4，辰年取 5，巳年取 6，午年取 7，未年取 8，申年取 9，酉年取 10，戌年取 11，亥年取 12。

月数的取法为：正月取 1，二月取 2，三月取 3，四月取 4，五月取 5，六月取 6，七月取 7，八月取 8，九月取 9，十月取 10，十一月取 11，十二月取 12。

日数的取法为：日数是多少就取多少，如日数为 16 日就取 16。

时数的取法为：与年数的取法相同，如子时取 1，丑时取 2。

例：以夏历一九九七年十一月初八戌时起卦，年干支为丁丑，丑为乙数，月、日、时数依次为 11、8、11，（2+11+8）÷8 余 5，为上卦数，与数代表巽，（2+11+8+11）÷8 余 0，0 作 8 算为下卦数，8 数代表坤，则主卦“为风地观”；（2+11+8+11）÷6 余 2，二爻动，动爻在下卦，下卦坤为用卦，上卦巽为体卦；变卦为“风水涣”。

按数字起卦法：

如果一组数字的字数为偶数，则平分为二，以前一半数字之和除以 8 取余数得上卦，以后一半数字之和除以 8 取余数得下卦，上下卦数加时辰数除以 6 取余数为动爻。如果一组数字的字数为奇数，划分时后一部分比前一部分应多一个数字。

例：按 4796 起卦，（4+7）÷8 余 3，（9+6）÷8 余 7，得火山旅卦，若时辰为辰时，（3+7+5）÷6 余 3，三爻动，变卦就是“火地晋”卦。

2. 按象起卦方法

按静象起卦方法：

杯置于长桌上，上卦为兑，下卦为巽，得“泽风大过”卦。老男睡觉上卦为乾，下卦为艮，得“天山遁”卦。

按动象起卦方法：

少女骑车行驶，上卦为兑，下卦为坎，得“泽水困”卦。江水流动，上卦为坎，下卦为震，得“水雷屯”卦。

还有不少起卦方法，就不再一一讲述。

（二）推断方法（体用互变生克法）

体用互变生克法就是根据体卦与它卦之间的生克关系进行断卦的方法。

用起卦方法获得的卦为主卦。以主卦的二、三、四爻为下卦，三、四、五爻为上卦组成的一个新卦，称为互卦，原卦通过动爻构成的新卦，称为变卦。原卦代表事物的初始阶段，互卦代表事物的发展中间阶段，变卦代表事物发展的最终阶段，也就是事物发展的结果。

在分析卦时，若主卦中用卦生体卦，但在互卦和变卦中却克体卦，表示的事物情况为先易后难，先吉后凶；主卦中用卦克体卦，但在互卦和变卦却生体卦，则表示的事情为先难后易，先凶后吉，为凶中有救；主卦和变卦都生体卦，只有在互卦中克体卦，表示的事物为初始阶段和结尾阶段都吉利，而中间阶段会出现一些困难和波折，甚至还会出现小凶现象。（在判断事物的利弊得失，阻碍与通畅，吉凶祸福，成功与失败时，要以主卦与变卦为主，互卦为次。）如果变卦比和（即上卦和下卦的五行属同一），基本上就可以判定事物情况最终会获得好的结果。

若主卦中体卦生用卦，在互卦和变卦中却克用卦，表示的事物情况为，先不利而后利；主卦中体卦克用卦，在互卦和变卦中却生用卦，则表示的事物事情为，先利而后不利；主卦和变卦都生用卦，只有在互卦中克用卦，表示的事物情况为初始阶段与结尾阶段都不利，中间阶段可能获得一些小利。

古代还有一种断卦方法，就是用动爻的爻辞来断。

例如：邵康节先生见一少年喜形于色，问到底有何事，少年回答："没有"。邵先生感到这是一种预兆，于是起得"贲"卦五爻动，其动爻辞曰："贲于丘园，束帛戋，吝，终吉"爻辞已见其吉，卦象又为"贲"之"家人"，婚喜之象，故断少年十七日内有定亲之喜。果然如期应验。

对一个卦的最终断定，是一个非常复杂的过程。上面所讲的推断结果，只是从总体上讲的。要想准确推断，还涉及其他许多知识，需要进一步学习才行。请看下面两个象数预测法的案例。

例 1：摘自由中央编译出版社出版的李顺祥先生撰写的《易学经世真诠 2 时空信息学》上册第四章象数预测方法的外应一节中的一个实例：1997 年 10 月 4 日（丁丑年己酉月己卯日），一求测者走进预测室，要求测事，我问他测何事，他回答说："不告诉你能测出什么？"我见他态度生硬不愿合作，便当即以其身穿绿色上装和红棕色下装起得"雷火丰"卦，见其双手抱于腹部，即以艮为变爻数，艮数为七，动爻为初九，故得：

主卦	互卦	变卦
——	——	——
——	——	——
——	——	——
——	——	——
——	——	——
——○	——	——

我根据卦象断了以下几条：

1.“你脾胃有病。”（双手抱腹，腹部必病弱而需护持，此为直观外应信息；今酉月金旺土虚，木值日克土，土为腹部之脾胃，受克必病，外应卦象相等。）

2.“你腿部受过伤。”（互卦“泽风大过”初爻和上爻为阴爻为缺损之象，且兑为金器，有克伤它物之能，兑又正当酉月可克木，巽为下互，为身体下部，为股［大腿］，巽虽值日但不及兑当月令帝旺之力，金木相战，木被伤，故断其腿部受伤。而兑金既无太过之嫌，又无不及之弊，且面测可当场观看，未见其头部有伤痕，故未断头部之伤，此为灵活运用，正确把握。）

3.“你儿子鼻上有病。”（艮为少男为其儿子，艮为鼻，遭震木之克，又遭酉月之泄，主其儿子鼻有病。求测者回答道：“有鼻窦炎。”）

4.“你家里曾来过一条蛇，被家里女人打死。”求测者惊奇地瞪大眼睛，待了一会儿才说：“家里是来过一条蛇，被老婆用锄头打死。”（当时我看他一排上衣纽扣之斑纹，很像蛇皮斑纹，再看互卦，下巽正好代表蛇，遭上互兑之克，兑上巽下，蛇被击而死。但当时没想到“泽风大过”卦为金短木长〈巽为长〉之象，故未断出蛇是被锄头、铁锹之类的金短木长之物打死。兑为女人，故断蛇被女人打死。“泽风大过”卦，兑卦之金当令，兑居上克下巽，表示此女人在家居领导地位，而这样的女人理应为家庭主妇，为其妻子。但当时却未想到这一点。）

5.“在兄弟姐妹中你排行不是老大。”回答：“对！”（震为体为求测者，震木本为长男，但震虽值日，却仍不免受月令之金所克，且体生用泄气，互体为兑金又克体卦，震气受损不够强，故不为长男。）

6.“你妻子向庙里许过愿未还。”（离为中女为妻，艮为庙，艮遭下互巽之克，故断其妻曾向庙里许愿未还。他说与事实完全符合。）

例 2：邵康节先生在辰年十二月十七日申时，见二雀争枝坠地，感到奇怪，于是起卦，辰年数 5、12 月数 12，17 日数 17，共 34，以 8 除之，余数为 2，上卦为兑；加辰时数 9，总数 43，再以 8 除之，余数为 3，下卦为离，又以 6 除之求动爻，得一爻动。本卦为泽火革，互卦为天风姤，变卦为泽山咸。推断出“明晚当有女子折花，园丁不知而逐之，女子失惊坠地，遂伤其股。”推演过程是：本卦泽火革 ䷰，上兑下离，其中二、三、四爻为巽卦，三、四、五爻为乾卦，所谓“互见乾巽”。泽火革初爻动变为泽山咸䷞。以本卦兑为体卦，兑属金。以本卦离为用卦，离属火。在五行生克中，火克金，即用卦克体卦所以说这卦要出问题。兑在八卦大家庭中的为少女，所以说是将要倒霉的是个女子。互卦中乾属金，巽属木。因金克木，巽既被乾金所克，又被兑金所克，自然要受伤，巽为股，故有伤股之应，少女的伤重不重呢？泽火革变成了泽山咸，表明了过程到结果，在泽山咸中，上卦为兑，下卦为艮，兑属金，艮属土。在五行生克中，土生金，非但不克反而生，所以女子虽然受伤，但伤得很轻，皮毛之伤，问题不大。

二、纳甲预测法

《周易概论》中对纳甲预测法作了如下的概括：纳甲预测法，就是将六十四卦按“八宫”排列，每宫八个卦，由一经卦领首，宫中每卦有“世爻”“应爻”，再将天干地支按一定规律排列于八经卦的六个爻画中，以得卦所值地支五行，与遇卦本宫所属五行之生克而定出“六亲”，即“父母”“兄弟”“妻财”“子孙”“官鬼”(克爻的代名词)。此外又有“六兽”(亦称“六神”)，即“青龙”“朱雀”“勾陈”“滕蛇”“白虎”“玄武”，以“六兽”及天干地支所属五行生克及占卦时所处的月、日的干友与各爻干支的生克，推断占事的吉凶。而“世爻”“应爻”为卦中之主，主要凭此二爻推断。

起列卦方法：用三个一模一样的铜钱（如乾隆通宝、光绪通宝），让求测者放在两手心中，既要能罩住铜钱不使其漏出，又要使铜钱在两手心中有充分活动的空间，一边集中精力思考要预测之事，一边随意摇动若干下后约一分钟，松开两手，使铜钱落在平整、较硬的物体平面上，依三个铜钱的正背面组合分别阴阳，如此连续六次，每摇一次就得到一个爻象(如果三个铜钱都是正面或背面的爻，就称是变爻)。第一次所得的爻为初爻，第二次所得的爻为二爻，依此类推，就得到一个六爻卦。无动爻则无变卦，有动爻则有变卦。变卦的结构为，主卦的动爻阴阳属性改变，静爻依旧。到此就可以列卦了。三个正面，可记为“×”三个负面可记为“○”，一个正面、两个负面，为阴记为“- -”，一个背面、两个正面，为阳记为“—”。“×”和“○”为动爻。如摇得地山谦卦，若二爻动，变卦就为地风升，若三爻四爻两个爻动，变卦就为雷地豫。列式如下：

地山谦地风升　地山谦雷地豫

— —	— —	— —	— —
— —	— —	— —	— —
— —	— —	— —×	——
——	——	——○	— —
— —×	——	— —	— —
— —	— —	— —	— —

卦列好后，就按一定的规矩装上世爻和应爻。世爻为测事的主体，应爻为测事的客体(一般情况如此)。在装世爻、应爻前应了解八宫卦。

八宫卦是以乾、兑、离、震、巽、坎、艮、坤八个纯卦（上下卦相同）为卦首，又称为“首卦”，并以首卦为宫名。每宫的卦，按一定次序排列。

八宫卦的卦序排列如下：

乾宫八卦

乾为天、天风姤、天山遁、天地否、风地观、山地剥、火地晋、火天大有。

兑宫八卦

兑为泽、泽水困、泽地萃、泽山咸、水山蹇、雷山小过、雷泽归妹。

离宫八卦

离为火、火山旅、火风鼎、火水未既、山水蒙、风水涣、天水讼、天火同人。

震宫八卦

震为雷、雷地豫、雷水解、雷风恒、地风升、水风井、泽风大过、泽雷随。

巽宫八卦

巽为风、风天小畜、风火家人、风雷益、天雷无妄、火雷噬嗑、山雷颐、山风蛊。

坎宫八卦

坎为水、水泽节、水雷屯、水火既济、泽火革、雷火丰、地火明夷、地水师。

艮宫八卦

艮为山、山火贲、山天大畜、山泽损、火泽睽、天泽履、风泽中孚、风山渐。

坤宫八卦

坤为地、地雷复、地泽临、地天泰、雷天大壮、泽天夬、水天需、水地比。

世爻与应爻在一个卦中的位置总是相隔二爻，因此，只要知道世爻的位置，应爻的位置也就知道了。

世爻在卦中的位置有规律可循，现以乾卦为例给予说明。每宫的首卦是基础卦，无变爻，世爻就居于上爻之位（其余各宫首卦世爻都居于上爻之位）第二卦天风姤，世爻在初爻之位，第三卦天山遁，世爻在二爻之位，第四卦天地否，世爻在三爻之位，第五卦地风观，世爻在四爻之位，第六卦山地剥，世爻在五爻之位，第七卦火地晋，世爻在四爻之位，第八卦火天大有，世爻在三爻之位。其余七个宫各个卦的世爻位置与乾宫完全相同。

世应爻位置确定后，就要把地支装配在卦中，装配地支的规定如下：

乾卦的下卦装配子寅辰，上卦装配午申戌；

兑卦的下卦装配巳卯丑，上卦装配亥酉未；

离卦的下卦装配卯丑亥，上卦装配酉未巳；

震卦的下卦装配子寅辰，上卦装配午申戌；

巽卦的下卦装配丑亥酉，上卦装配未巳卯；

坎卦的下卦装配寅辰午，上卦装配申戌子；

艮卦的下卦装配辰午申，上卦装配戌子寅；

坤卦的下卦装配未巳卯，上卦装配丑亥酉。

地支装配完后，再把“六亲”装配在卦中。“六亲”是以卦所在之宫的五行属性为基准划分的，即本宫五行为“我”，以地支的生克装配六亲：

生我者为“父母”（能保护，支持我方的代名词）

我生者为“子孙”（需要我方保护，扶植者的代名词）

克我者为“官鬼”（制约我方的代名词）

我克者为“妻财”（我方可以支配，可以制约者的代名词）

比和者为“兄弟”（可与我方相互支持者的代名词）

六亲装配完后，最后就装配六神。所谓六种，是指青龙、朱雀、勾陈、朧蛇、白虎、玄武，又称为六兽。它们在预测中具有辅助作用。它们具有一定的导向作用，青龙属东方木主吉庆，体面、进取，导向好的方面；朱雀属南方火，主文书、艺术、口舌；勾陈、螣蛇属中央土，勾陈、主田地、暗中、守旧、螣蛇主虚惊、怪异、猜疑；白虎属西方金，主血光、丧孝、凶险、导向灾异；玄武属北方水，主盗贼、暗昧、变化。装配六神是以起卦日的日干为准，即甲乙日初爻起青龙，丙丁日初爻起朱雀，戊日初爻起勾陈，己日初爻起螣蛇，庚辛日初爻起白虎，壬癸日初爻起玄武，其余五个爻依序装配六神。以上装配后，还有一个重要环节，即取用神。所谓用神，就是以卦中六亲对所测人、事、物的代称。如测妻子，就以卦中的妻财爻来代表，那么妻财爻就是用神。纳甲预测法取用神很重要，若用神取错了，预测就不会准确。用神得生助，势必胜利，用神被克破，势必不吉。有了用神就可以对卦的预测结果进行推断了。

推断的过程是一个非常复杂的过程，还要涉及原神、忌神、仇神、伏神、飞神、太岁、月令、月破、日辰、旬空等诸多的知识。下面用由中央编译出版社出版的李顺祥先生撰写的《易学经世真诠 2 时空信息学》中所列的二卦加以说明：

例 1：西宁夏小姐求测与丈夫的婚姻前景：

壬午癸卯己卯辛未

雷泽归妹泽天夬六神

父母庚戌土″ 应父母丁未土″　勾陈

兄弟庚申金 ×　兄弟丁酉金′ 世朱雀

官鬼庚午火′　子孙丁亥水′　青龙

父母丁丑土× 世父母甲辰土′　玄武

妻财丁卯木′　妻财甲寅木′ 应白虎

官鬼丁巳火′　子孙甲子水′　螣蛇

世爻为本人，应爻为丈夫。世应丑戌相刑，说明夫妻关系有隔阂，同床异梦。父母临世应，世应都是土，土主倔强，土虽失令，但党众多，说明夫妻的脾气都比较倔强，互不相让；世应都化土，双方的这种脾气最终都难以改变。

月建和日辰卯木同时入卦克世应，使双方都受到克制，受到克制则难以自主，因而任何一方想离婚都难办到。由于双方同床异梦，离婚的念头总是不会打消。但要离婚，就必须解除卯木对双方的克制。能解除这种克制的是申酉金，卦中正好有一个申金发动，但这个申金却临旬空，必须等到申金填实的流年它才能克制卯木。2004 年为甲申年，卯木被流年克制，它就再不能克制世应，这时，夫妻双方都不受卯木的克制，就有了自由，离婚的念头就能变成事实。

后来果然于 2004 年离婚。

例 2：北京刘先生回家发现几岁的儿子不在家，到处寻找无果，非常着急，于是找我求测孩子的吉凶：

壬辰乙巳辛巳丙申

雷风恒雷天大壮六神

妻财庚戌土″ 应妻财庚戌土″ 螣蛇

官鬼庚申金″ 官鬼庚申金″ 勾陈

子孙庚午火′ 子孙庚午火′ 世朱雀

官鬼辛酉金′ 世妻财甲辰土′ 青龙

父母辛亥水′ 兄弟甲寅木′ 玄武

妻财辛丑土 × 父母甲子水′ 应白虎

第一，此是以孩子姓名起卦，世爻代表孩子本人为用神。

第二，世爻为辛酉双体之金，得流年辰土、动爻丑土和暗动的上爻戌土之生，又得时辰申金之助，故世爻力量并不太弱。

第三，世爻看似被月日旺火克，但其实巳火远不如午火克金的力量大，加之巳申相合，克力再减，对世爻构不成威胁，并且卦中也无动爻克世，因而孩子必定平安无事。

第四，财动生世，世临青龙，主酒色之事，但孩子年仅几岁，不可能喝酒、谈恋爱，因而推测可能是在与小朋友一起喝饮料。

第五，世爻旬空安静，但有青龙（卯木）临世相冲为动，加之自身不弱，应期近在眼前；到了酉时，酉金引动世爻而填实出空，孩子就会到家。

我告诉刘先生不必担心，过半小时（酉时）孩子自己就会回来。

果然，半小时后，孩子回到家中，一问得知，确实和小朋友一起在快餐厅喝饮料。

第十二节　《易经》应用——命理分析

命理是关于人类个体来到这个世界上时的种种环境条件的考察分析，是关于制约人类个体的种种行为及其生老病死原因的探究和推演。先圣孔子就非常重视命理。他在总结自己一生的认识历程时说：“吾十有五而志于学，三十而立，四十而不惑，五十而知天命，六十而耳顺，七十而从心所欲，不逾矩。”(《论语·为政》) 命理分析经过两个阶段。第一阶段是通过“命相”的形式展开，形成了一套被后人称为“外五行”的相学理论。尔后由表及里，从人的出生环境中寻找“知命”的线索，创造出了“四柱八字”的命运理论，这就是被后人称为“内五行”的命理。

“命相”根据《易经》的理论，把八封排列在面相上和手相上。由于八卦的位置、所代表的含义以及八卦之间的关系是固定的，其理论体系是严密的，所以“命相”研究也就因之获得了八卦所具有的相应性。又由于八卦所具有的无限可分割性，它可以使预测判断的层次深入精微，甚至还可以扩展其预测的判断范围。如一见面或一握手，就可以看出其人的生命状况，甚至可以看出其配偶、子女的大概情况。中国古代哲学关于阴阳五行的宇宙运行模式，促进了“命相”的发展。“命相”借助五行理论构建了五行形相。所谓五行形相，就是根据五行原理，区分形相及气质类型的方法，外形特征基本分为方、直、圆、尖、厚五类，共分为金、木、水、火、土五个正形和金木、金水、金火、金土、木金、木水、木火、木土、水金、水木、水土、火金、火木、火水、火土、土金、土木、土火、土水二十合形。合形以一种形相为主，兼有另一种形相的特点。其组合方式有顺逆之分，顺合如木合火、水合木之类，多主有利；逆合组成相，有的有利、有的不利，如金形带火木、水形带土为有利，火形带金、土形带水为不利。“命相”还把个人的形体、器官、气色的五行特征与五德相配。如认为身材瘦高、眉目清秀的木形人多仁，短小竖方的金形人多义，敦实厚重的土形人多信，上轻下重的火形人多礼，浮阔短小的水形人多智。

“四柱八字”的命理演算在“命相”的外表特征难以准确推定人的品性、命运时，就应运而生。所谓四柱八字，就是把一个人出生之年的天干地支作为第一柱、出生之月的天干地支作为第二柱，出生之日的天干地支作为第三柱，出生之时的天干地支作为第四柱。四柱相加的天干地支字数共八个字，故称八字。排好“八字”后，再将各个天干地支配于阴阳五行，根据八字之中五行的生克变化等错综关系，推论一个人命运的大致情况。这就是“四柱八字”命理演算，俗称“排八字算命”。为了对这一演算方法有一个大致的了解，下面作一梗概介绍。天干之数有十位，依次为，甲、乙、丙、丁、戊、己、庚、辛、壬、癸。地支之数有十二位，依次为，子、丑、寅、卯、辰、巳、午、未、申、酉、戌、亥。天干十与地支十二的最小公倍数是六十，也就是说，它们从头到尾相结合的一个循环，为六十之数，依次为甲子、乙丑、丙寅、丁卯……第六十个干支结合单位是癸亥。因为开首是“甲子”，所以称为“六十甲子”。以之纪年，第一年为甲子年，第二年为乙丑年，每年都有一个相应的干支纪年。六十年一轮回，故六十年又称“一轮甲子”或“花甲”。干支纪月，在地支上是以寅字起为正月，以此顺延，二月为卯，三月为辰……十一月为子，十二月为丑。因此地支数与一年十二月之数相同，所以用地支纪月是固定不变的。纪月的天干，以纪年的第一年即甲子年的第一个月配以甲，依次二月配以乙，三月配以丙，……天干地支结合，则第一年十二个月份的干支为：正月甲寅、二月乙卯、三月丙辰、四月丁巳、五月戊午、六月己未、七月庚申、八月辛酉、九月壬戌、十月癸亥、十一月甲子、十二月乙丑。

干支纪日，开始的那天为甲子日，顺序排列，六十天一个轮回。由于农历的确定主要以朔望及回归年为标准，所以大月为三十天，小月为二十九天。但是干支纪日不受此限制，仍以六十天为一个循环。干支纪时是将每日二十四小时按两小时一组分为十二个时辰，以夜十一点钟为一日之始，具体纪时如下，23–1 为子时、1–3 为丑时、3–5 为寅时、5–7 为卯时、7–9 为辰时、9–11 为巳时、11–13 为午时、13–15 为未时、15–17 为申时、17–19 为酉时、19–21 为戌时、21–23 为亥时。由于十二时辰与十二地支之数相同，所以与地支纪月一样，用地支纪时也是固定不变的。即午夜二十三点至一点必定是子时。可是当配以天干时，却因为天干只有十个数而要发生变化，形成每五天(六十时辰)一次循环的局面。

由于上述的干支相配，任何一个人的出生，便都拥有一个确定的“八字”。然而，仅靠“八字”还不能说明任何问题，还不能据此推算一个人的富贵贫贱、吉凶祸福。天干地支，还要与阴阳五行相配合，才能进行推算。

当阴阳观念与命理推演系统中的干支相配合时，要按阳数奇阴数偶的原则，将偶数位的干支归入阴类，将奇数位的干支归入阳类。在十个天干中，逢单数的甲、丙、戊、庚、壬属阳，逢双数的乙、丁、己、辛、癸属阴。

同样，十二个地支中，逢单数的子、寅、辰、午、申、戌属阳，逢双数的丑、卯、巳、未、酉、亥属阴。

五行观念，可能脱胎于八卦，因为在八卦中就有乾为金、坤为土、巽为木、坎为水、离为火的内容。五行与天干、地支的配合如下：五行属木的有，天干中的甲、乙，地支中的寅、卯、辰，五行属火的有，天干中的丙、丁，地支中的巳、午、未，五行属土的有，天干中戊、己，地支中的辰、戌、丑、未，五行属金的有，天干中的庚、辛，地支中的申、酉、戌，五行属水的有，天干中的壬、癸，地支中的亥、子、丑。在五行与干支的配合中，天干的五行强于地支的五行。如天干的甲乙木要强于地支的寅卯辰木。在天干中，同样的五行属性，属阳的强于属阴的。如在天干的甲乙木中，甲木为阳木，乙木为阴木，甲木强于乙木。在地支中，则以顺序的前后决定五行属性的强弱。如寅、卯、辰同样是木，但寅是初生之木，卯为极盛之木，辰为渐衰之木。

当一个人的四柱八字列出之后，还要结合一年中的春、夏、秋、冬四时以及东、西、南、北、中五个方位，进行通盘分析。

下面以木为例来阐述结合四时的分析：

春月之木，犹有余寒。得火温之，始无盘屈之患，得水润之，便可舒展。然水多则木湿，水缺则木枯，必须水火既济方佳。至于土多则损力堪虞，土薄则财丰可许。如逢金重，见火无伤；假使木强，得金乃发。

夏月之木，根干叶燥。由曲向直，由屈而伸。喜水盛以润之，忌火炎以焚之。宜薄土不宜厚土，厚则为灾；恶多金不恶少金，多则受制。假若重重见木，徒自成林，叠叠逢华，终无结果。

秋月之木，形渐凋零。初秋则火气犹在，喜水土以资生，中秋则果实已成，爱刚金以砍削；霜降后不宜水盛，水盛则木漂，寒露前又宜火炎，火炎则木实。木多有多材之美，土厚无自立之能。

冬月之木，盘屈在地。欲土多以培养，恐水盛则亡形。金纵多，克伐无害；火重见，温暖有功。归根复命之时，木病安能辅助。惟忌死绝，只宜生旺。

五行与方位的结合，是将五行分别安置于东、南、西、北、中的相应位置，以便在算命的时候，根据八字的五行情况，推算其生息、活动的最佳方位。

五行之间存在着五种关系，即生我、克我、助我、泄我（我生）、耗我（我克），它们与阴阳配合，就产生十种关系了。人们把这十种关系成为十神，即正印（生扶日干，并与日干五行阴阳相异者）、偏印（生扶日干，并与日干五行阴阳一致者）、正官（克制日干，并与日干五行阴阳相异者）、偏官（克制日干并与五行日干阴阳一致者）、比肩（扶助日干并与日干五行阴阳相异者）、食神（消泄日干并与日干五行相异者）、伤官（消泄日干并与日干五行阴阳一致者）、正财（被日干克制并与日干五行阴阳相异者）、偏财（被日干克制并与日干五行阴阳一致者）。十种是命理学中的重要概念，通过它能推导出人生中的许多信息。

由于天干地支与阴阳五行、四时方位的结合，单调的“八字”也就活跃起来。当干支八字化为五行内容时，便可以对每一组八字中的各种成分的多寡进行衡量，分析是否平衡。如果不平衡，就有“病”，亦即命中有缺陷，应该根据五行的生克原理加以调节，使之趋于平衡，从而减轻或消除命中缺陷带来的不利因素。

例 1：摘自由中央编译出版社出版的李顺祥先生撰写的《易学经世真诠 1 人生信息学》下册第二十五章命运调控第一节中的一个实例：

江西某女士

癸亥乙丑辛丑戊子

大运：丙寅 1993 丁卯 2003 戊辰 2013……

原局土旺，性格倔强。偏印丑土当令在地支，性格内向，想法奇特，不善交际。丑月之水不是很弱，因而食伤有一定力量，但伤官子水被丑土合，难以发挥作用，因而缺乏胆量。食神癸亥无合而能发挥作用，虽然食神力量并不强，但食神透干，也有中等口才，加上食神主性情温和，有耐心，因而适宜从事教学工作。

她从小性格内向，一般不和陌生人说话和交往，非常害羞，交际能力很差。她的数学成绩一直很好，但其他科目的成绩却不怎么样。

2002年高中毕业面临高考，因为当时是先填志愿后考试，所以只有根据自己的平时成绩去估计今后的高考分数。因为她的家庭经济条件不好，不可能再去复读，只能选个差一点的高校走。那几年师范的录取线较低，为了保险，她想填报师范。但父母知道女儿的性格过于内向，非常害羞，今后师范毕业了恐怕不敢上讲台。因此，一家人对到底填报什么专业而感到左右为难。于是，她的父母便来找我咨询。

从原命局看，她之所以害羞而不敢面对陌生人，是因为食伤被旺土所克，加上丙寅运寅木旺而合住食神，这样，食神就难以发挥作用。因此，在丙寅运她会沉默寡言、内向闭塞。到了丁卯运，食神不再被完全合住，可以发挥作用，加上卯木旺克住丑土，偏印失去作用，食伤挣脱了偏印的束缚，可以充分发挥自身的作用。因此，到了丁卯运，她的性格会有很大改变，会变得能言善辩、大方得体，因而不存在师范毕业后不敢登台讲课的问题。

她的父母相信了我的分析，决定让她第一志愿填报重庆市的某师范院校。不久，高考分数和各个档次的录取线公布，她的分数刚好上了那个师范院校的调档线，由于她的数学考分很高，所以被优先录取。按照她的分数，一般的大专学校都不会录取她，所以，她填报的第一志愿可以说是最恰当的。

2005年她回到中学时的母校实习，给人面貌一新的感觉，待人落落大方，彬彬有礼，说话得体，完全是一副职业教师的模样！

实习结束后，她去城里应聘，由于她的数学特别优秀，加上说话得体，因此被优先聘用。

一年多的执教实践表明，她是一个很不错的老师，随着教学经验的增加，相信她今后会表现得更好。

如果以她在读中学时给人的印象看，谁也不会相信她会成为一名优秀的老师。可见，发现和开发一个人的天赋是很有价值的。

例 2：摘自由中央编译出版社出版的李顺祥先生撰写的《易学经世真诠 1 人生信息学》下册第二十五章命运调控第一节中的一个实例：

坤造：辛丑己亥辛亥己丑

大运：庚子辛丑壬寅癸卯甲辰……

这个四柱只有土金水三行，十神组合比较单一，因此，命主的性格和行为特征也比较鲜明。

天干十神只有己土偏印和辛金比肩。偏印强，其心性能充分显现；比肩弱，但得偏印生不会很弱，所以它的心性也能显现。偏印主精明干练、善于谋略、与众不同，辛金比肩主为人仗义、柔中带刚，不会向人低头。偏印与比肩的这些心性不相矛盾，复合时把它们加在一起就行了，它们的心性都能显现出来。

地支十神有丑土偏印和亥水食神。水主聪明，偏印为湿土，湿土含水，食神又为水，所以她生性聪明，点子多，办法好，办事常以智慧取胜，稳重可靠，不会蛮干。由于食神很强，所以特别喜欢自由，自我意识很强，但心眼不坏，同时，她还特别注重精神生活，属于多情善感的女性。食神和偏印都与正官星不合拍，所以她不喜欢涉足官场上的人和事，会给人一种自命清高的印象。

从以上实例可以看到，对命局十神复合的分析并不难，关键是要掌握前面讲的复合规律和规则，另外，要对十神的含义非常熟悉，复合时要能够信手拈来，运用自如。如果对十神含义不够熟悉，一边分析一边还要去看书上的十神含义，就会打断分析时所需要的流畅思路，从而影响对十神复合含义的合理筛选与正确归纳。

第十三节　《易经》应用——环境规划

环境的规划与“风水”有关。这是我国古人日常生活的常识，本节仅介绍其缘由。“风水”就是为生者寻找或配置良好的生存环境，为死者寻找良好的安息之地的学问。“风水”分为阴宅“风水”和阳宅“风水”两种。古代人比较重视阴宅“风水”，认为阴宅“风水”的好坏能影响后代的旺衰富穷，而现代人则比较重视阳宅风水，认为阳宅风水的好坏能影响个人事业的发展、身体的健康、家庭的和睦。本节只对阳宅风水作简要的阐述，而且对派系众多、内容庞杂的阳宅风水，也只介绍其中相对较为简单的“八宅”风水。在介绍“八宅”风水之前，首先应介绍选择修建住宅地址的宜、忌。宜选：居于高处，面朝缓缓流动的河水，或平静的湖水，可直接从宇宙气场中获益；坐北向南，房前平坦空旷，夏日南风会带来上乘之气；前低后高，前面有低地，后面有高地，才能有所凭托和蓄住气。忌选，阴极之地(很难见到阳光之地)；低洼之地，空气流通差，容易被水淹；靠近恶山(山形狰狞、怪石林立、寸草不生)；前高后低，视线被挡，看不远，进屋后往下走，感觉不好；建在悬岩上或靠近海边，容易在潜思识中造成“不踏实”的感觉，三角形地形或极不规则地形，可用的有效面积不大，环境形成的气场不正，易造成精神紧张，家庭不好；土壤性致病地(指土壤的地下水中含坤量高，或缺碘，或缺钙、或缺硒等)；直接在火灾发生过的地方(可能残留有污染物或致癌物)；四周有排水沟的地方，排水沟排的污水、浊水、废水四面围绕，会影响健康。还要忌在立交桥、医院、加油站、教堂、寺庙、菜市场、戏院和电影院、高压电塔和电视塔、垃圾站、坟地附近建房。也要忌在道路直冲的地方或紧挨路边建房。

“八宅”风水是以八卦五行来配“命”与“宅”。倘若“命”与“宅”同类则相配，要是“命”与“宅”不同类则不配，相配的吉，不配的不吉。房屋坐东的，称为震宅；坐东南的，称为巽宅；坐南的，称为离宅；坐北的，称为坎宅。房屋坐西的，称为兑宅；坐西北的，称为乾宅；坐东北的，称为艮宅；坐西南的，称为坤宅。八经卦中，震、巽、坎、离四卦，称为“东四卦”，而乾、兑、艮、坤则称为“西四卦”。正因这样，震宅、巽宅、坎宅、离宅就称为“东四宅”，乾宅、兑宅、艮宅、坤宅就称为“西四宅”。

人的“命卦”，是以出生年为准来推算的。其推算公式分为男命公式和女命公式。男命公式如下：(100—出生年)÷9→求余数。如1971年出生的男士的命卦：(100—71)÷9→2(坤命)。女命公式如下：(出生年-4)÷9→求余数。如1971年出生的女士的命卦：(71-4)÷9→4(巽命)。推算出来的余数所代表的命卦如下：1代表坎命，2代表坤命，3代表震命，4代表巽命，5代表(男)坤命、(女)艮命，6代表乾命，7代表兑命，8代表艮命，9代表离命。

震命、巽命、坎命、离命的人住“东四宅”，乾命、兑命、艮命、坤命的人住“西四宅”，就称为宅命相配，反之，则宅命不相配。宅命相配的吉，宅命不相配的不吉。

在“八宅”风水中，大门的方位也很重要。命卦为震、巽、坎、离的人，住宅的大门应开在东、东南、南或北这四个“东四卦”的方位上。命卦为乾、兑、艮、坤的人，住宅的大门应开在西、西南、西北或东北这四个“西四卦”的方位上。在宅命不能相配的情况下，倘若做到“门命相配”，也有所补益。这就是说，当“东四命”的人住进“西四宅”，“西四命”的人住进“东四宅”，“宅命”不相配，把大门开在吉方上是很有必要的。“东四命”的人把大门开在东、东南、南或北四个方位上，称为四吉门；“西四命”的人把大门开在西、西南、西北或东北四个方位上，也称为四吉门。

阳宅风水非常看重大门、主人房以及厨灶的方位吉凶。“东四命”的人，应把主人房放在东、东南、南或北四个吉方上；“西四命”的人，应该把主人房放在西、西南、西北或东北四个吉方上。厨灶对健康影响很大，应引起人们的高度重视。首先要重视厨灶的忌讳，忌入门见灶、忌与厕所相对、忌与房门相对、不宜贴近睡床、忌背后空旷、忌窗光照射、忌安装在沟渠上、忌尖角冲射、忌水火相冲。炉灶安放方位最重要的原则是“坐凶向吉”。“震命”或“震宅”，炉灶的安放，应坐西北向东南；“巽命”或“巽宅”，炉灶的安放，应坐西向东；“坎命”或“坎宅”，炉灶的安放，应坐西北向东南；“离命”或“离宅”，应坐西向东；“乾命”或“乾宅”，应坐东向西；“兑命”或“兑宅”，应坐东南向西北；“艮命”或“艮宅 "，应坐东南向西北；“坤命”或“坤宅”，应坐东向西。

环境规划的目的是人与环境相协调，首先是人的命运与住宅相协调，其次是人的命格与大门方向相协调，再次是人的命格与厨灶方位的协调。在实际环境规划中达到三方面都协调的甚少，若达不到三个方面都协调时，应按重要秩序进行调整。

易经中的人生智慧

第二部分

《易经》历经三千多年，依然光芒四射。究其亘古弥新的主要原因，就是其一直从以下诸方面教化着人类：敬天畏地，尊重自然，天人合一，阴阳平衡，物极必反，对立统一，变化发展，自强不息，厚德载物，进退有度，善恶有报，闻过则止，知错必改，德位相配，诚实无妄，择善而从，裒多益少，称物平施，见微知著，未雨绸缪，同中存异，异中求同，合久必分，分久必合，以身作则，修身齐家，谦虚礼让，中庸处事，居安思危，明而后晦，以德化人……它不仅是一部指导人类正确认识世界的哲学著作，更是一部教化人类的教科书。它的每一卦，甚至每一爻都在教导人们用最正确的原则，最佳的方法去处理某一方面的问题。所以，《易经》中充满了人生智慧。

第一节　乾坤两卦中的人生智慧

乾卦和坤卦是《易经》中的第一、第二卦，也是最基础、最重要的两卦，乾卦代表天，坤卦代表地，乾卦表示阳，坤卦表示阴，天地阴阳育化万物。就人生智慧而言，乾卦教导人们自强不息，争做有利于人民的强人或领导者；坤卦教导人们厚德载物，甘做配角或下属，永远追随正道。

（一）乾卦中的人生智慧

乾卦是《易经》中的第一卦，用符号表示为“☰”，卦辞为“元、亨、利、贞”。其含义是上天创造万物，通畅成长，祥和发展，固守正道，前景美好。每个人都应效法上天那种日复一日年复一年，从不懈怠、自强不息的运转精神，效法日东升西落，月西升东落、春夏秋冬按序运转，从不错乱，执著予正道的精神，效法上天毫不利己，利益万物的精神，去争取做一个领导者，或做一个有利于国家，有利于社会，有利于人民的强人。在争取做领导或者强者的过程中，要善知进退，不懈努力，终生奋斗。

乾卦以龙喻人，阐述了从潜龙到亢龙不同阶段，龙应采取的相应行为。

第一爻的爻辞为“潜龙勿用”。古人认为，龙是一种善变的灵异之物，能飞于天，潜于水，行于地，隐现无常，变化莫测。卦以龙的变化，象征人生进取的规律。“潜龙勿用”的含义是龙的力量不足以跃出地面时，切不可轻举妄动。也指阳气之初动于潜藏的地下。象征一个人地位卑微，能力低下，需刻苦学习，努力钻研，积蓄力量，徐图发展，时机未到，不宜贸然妄动，否则就会遭遇挫折，甚至身败名裂。

第二爻的爻辞为“见龙在田，利见大人”。此爻阳气渐增，龙出潜离隐，跃于地面，初露头角。象征人经过一段时间的努力，具有了一定的能力，开始被社会认识，但此时力量积蓄尚未达到腾空而起的地步，还需争取有权有势，有德的人士及社会广泛支持和帮助。人生在此迈开了重要的一步，虽然离成功尚远，但由于此爻居于下卦中位而不偏，加之阳爻处在阴爻的位置上，显得刚中有柔。具备了成功的基本条件，只要不懈努力，成功就指日可待。

第三爻的爻辞为“君子终日乾乾，夕惕若，厉，无咎”。指阳刚之气，乾乾不已，象征当人的地位和能力上升到可称之为君子之时，也不能有丝毫的松懈，仍需全天强健振作，奋勇精进，而且晚上还要思考、反省自己白天是否坚持了正道，有无骄傲情绪，有无失误之处，随时小心谨慎。即一方面奋斗不息，一方面警钟长鸣。做到了这一点，即使面临险境也能转危为安。如果当官的学一点易经中的智慧，就会少犯错误，更不会身陷囹圄。第三爻是阳爻处在阳爻的位置上，过刚易折，必须时时警惕。

第四爻的爻辞为“或跃在渊，无咎”。此爻指阳气渐进，由下至上似若游龙，在向前行进时，须审时度势，待机而行，就不会有险阻，切不可掉以轻心。六爻卦的三、四爻是天、人、地三才中的人爻。此爻处在人爻的上位，象征人的地位较高，如果始终能保持如临深渊，如履薄冰之心，即使地位高名气大也不会发生过失或灾难。

第五爻的爻辞为“飞龙在天，利见大人”。此爻处在天、人、地三才中的天爻上，阳爻处在阳爻的位置上，刚健中正，而且居于上卦的中位，既尊且贵。象征处在极高位置的大人物，甚至君王到了大展宏图的鼎盛时期，要善于使贤用能，让贤能们充分发挥自己的才干，把国家治理好，福泽万民。

第六爻的爻辞是“亢龙有悔”。此爻穷居一卦之终，阳刚亢极，阴开始滋生，事物将走向反面，盈则亏，满则损，这是事物发展的自然规律，象征久处领导地位者，听惯了歌功颂德的奉承话，再也不喜欢听到逆耳忠言。此时必须培养自悔意识，危机观念，不可老子天下第一，独断专行，要居高思危，谨防乐极生悲。

用爻的爻辞为“见群龙无首、吉”。用爻是对纯阳之卦的整体把握运用，乾卦整个卦象都是阳爻，都充满着阳刚之气。然而每一个爻所体现的精神都是自强而不争强，因而“吉”。“见群龙无首、吉”是说一群龙不争强好胜，一定吉祥。象征贤德之士，在发展过程中要善于掌握事物变化的法则，始终保持自强而不逞强的状态。居于领导地位之后，要懂得盈则亏，满则损的自然法则与部属平等相处，和衷共济。如此，任何问题都会得到解决，任何事情都会吉祥如意。

乾卦中的人生智慧主要体现在以下六个方面：第一方面，任何事物都有一个潜藏、萌发，茁壮全盛，然后由盛至衰，由盈而亏，返归原始的发展过程。人类的行为，也应当遵循这一自然规律。第二方面，每一个人都应学习上天那种日夜运转、自强不息的精神，学习上天始终按一定轨道运行的精神，学习上天有利万物，无私奉献的精神。第三方面，当一个人能力不足时，应潜心学习，刻苦钻研，不要轻举妄动，待羽毛丰满时，才能起飞。第四方面，在取得一定成绩后，仍要奋发努力，而且还要经常反省自己的思想和行为有无缺点和错误，以便及时纠正。第五方面，在争做领导者或强者的过程中要善知进退，当力量较弱之时，应聚集力量，不可妄动；当可以出世而羽毛未丰满之时，应争取贤能之士和民众的支持；当羽毛渐丰之时，应一方面发愤图强，振作精进，一方面戒骄戒躁，谨慎处世，警钟长鸣；当机会来临可以展翅高飞之时，应抓住时机一举成功；当位高权重之时，应不忘初心，为民众排忧解难造福社会；当久居高位又力不逮及之时，应中流勇退，让位于人。第六方面，作为领导者或强者，要居高处低，平等待人，要清除逞强争能抢功之心，方能立于不败之的。

（二）坤卦中的人生智慧

坤卦是《易经》中的第二卦，用符号表示为“☷”，卦辞为“元、亨、利，牝马之贞。君子有攸往，先迷后得，主利。西南得朋，东北丧朋。安贞，吉”。卦辞告诉我们，一个人若像母马一样温顺的同时，又坚守正道，就可获得一生的幸福。一个人去实现自己的目标时，如果遇事就争先居首，往往就会迷失方向；如果跟随领导者向前，就容易实现自己的目标。一个人在预测中占得坤卦时，应向西南方去寻求问题的解决，因为在西南方会得到朋友的帮助，有利于问题的解决。不要去东北方寻求问题的解决，因为那里没有朋友的帮助。

乾、坤两卦是《易经》六十四卦中最重要的两卦，乾象征天，坤象征地。乾德如天高，是万物创始的根源；坤德似地厚，滋生万物。如果说乾卦中的智慧体现在教导人们，如何争取和做好一个领导者或强人，那么坤卦中的智慧则体现在教导人们如何甘愿做和做好一个下属或普通的人。对于人类社会来说，坤卦的重要性并不亚于乾卦，原因是人世间能做领导或者强者的人毕竟是少数，而大多数人只能做普通的人。我们每一个人都应知道，要是人人都要唱“主角”，不唱“配角”，就会引起天下大乱，万事难成。从这个角度讲，修养坤德，培养自己甘当“配角”，当好“配角”的高尚品质，是为人做事的更基础的需要。进一步而论，一个人应效法大地那样，虽与天共创万物，然而不居傲自负的美德。效法大地那样，能包容万物使之顺利生长的宽厚情怀；效法大地那种始终如一，执着追求正道的德行。

第一爻的爻辞为"履霜、坚冰至"。这一爻辞说明事物的发展变化是有规律的，而且事物在发生质变之前，量变阶段是渐进的，不容易被察觉到。启示人们要见微私著，善于发现规律、总结规律、运用规律。当人们发现一个家庭，不断做好事，坚持做好事，朋友就多，发展的道路就宽，得到的支持和帮助就大，家庭就幸福富裕；一个家庭不断做坏事，而坚持不改，朋友就少，发展道路就窄，得到的支持和帮助就小，家庭就破败穷困。于是总结出积善之家，父有余庆，积不善之家，父有余殃。"由此告诫人们，不要因为善小而不为，不要因为悉小而为之。若行为能产生好的结果，就要坚持不懈地做；若行为会产生坏的结果，就要防微杜渐，及时纠正，防止坏结果的产生。

第二爻的爻辞为"直、方、大，不习无不利"。大地展现给人们的是率直坦荡、方整规矩、广大宽厚，做到诚实可信、遵规守矩、宽厚包容。第二爻处在地爻的上面，象征大地的延伸，宏大、宽广。加之阴爻居阴位，又在内卦的中位上。启示我们，要以恭敬慎重态度作为内心正直的准则，以合乎理义的行为处理外界事物，做到了这两方面就能广布美德，得到广大群众的信任支持。这样，即使不去学习他人的为人处事经验，也能把事情办好。

第三爻的爻辞为"含章可贞，或从王事，无成有终"。阴柔固然是美德，但应含蓄隐藏。若去辅助君王，则不可以居功，这是大地的法则，下属的原则，地道顺天道的法则，是有成就也不居功的美德。其指导意义是：即使非常有涵养，有才华的下属也不要锋芒毕露，显出比上司能干的样子。假若去辅佐君王，则要避免功高盖主之嫌，如能做到大智若愚，就是居君之侧，也不会出大问题，也能得到善终。

第四爻的爻辞为"括囊、无咎、无誉"。本爻处在人爻中的上爻，说明地位很高，权力越来越大，此时特别要谨言慎行，明哲保身。既不让上司有地位不保之忧，又不要让同僚感到有威胁或危险存在。这样虽得不到赞誉，但也不会有人攻击你，陷害你，才能保住自己的地位。

第五爻的爻辞为“黄裳、元吉”。“黄裳、元吉”是指穿贵重衣服时不彰显，而要穿在他人不容易察觉到的地方。此爻启示我们，在作下属时，即使得到领导的信任和重用，都要遵循中庸之道，谦虚谨慎，不能居功自傲，张扬跋扈，这样就会带来吉祥。

第六爻的爻辞为“龙战于野，其血玄黄”。阴上升到了极致就会向阳转化。当下属发展到能与领导者势均力敌或者能取而代之的时候，一场争夺之战必然爆发，战斗的结果也必然是两败俱伤。本爻告诫我们，阴走到极端，就必然有凶险，因此，作为下属，如果领导者不是好话说尽、坏事做绝的暴君或者荒淫无耻，道德败坏的上司，就应中流勇退，不去争权夺位，保住自己的既得利益。

用爻的爻辞为“利永贞”。本爻启示我们，只要永远坚持追随正道，必然会有好的结果。

本卦六个爻皆为阴。有至柔至顺的德性，而且两坤重叠，象征宽广无边的大地。最纯粹的“阴”，虚而有容的“体”，柔而顺成的“质”，故能厚德载物，含弘光大。本卦以乾元为元，应乾之亨为亨，寓有乾元资始，坤元资生，阳施阴承，阳先阴后，两气氤氲，有衍生万物之义。

坤卦中的人生智慧主要体现在以下六个方面：第一方面，当我们作为下属或者普通的人的时候，要加强德的修养，应处处体现纯正、宽容、谦虚谨慎、甘为人下的品德，而且要坚定不移地追随正道。第二方面，要实现自己目标的最好方法是，不一味争先居首，而应虚心向贤能之士学习和借鉴成功之法。第三方面，办事在遵循自然规律的同时，要见微知著，防微杜渐，不因善小而不为，不因恶小而为之，总之要多行善积德。第四方面，要认清主从关系，在坚持纯正的原则下，冷静观察，通权达变，掌握事物变化的尺度，当柔则柔，因为柔能克刚，当不应柔的则不柔，因为过分的柔顺也会带来不利。第五方面，无论是得到领导的信任和重用，还是权力越来越大，都应谨言慎行、戒骄戒躁，更不能居功自傲，不可一世。第六方面，厚德才能获得人们的尊重，柔顺才能得到他人的亲近与爱护。这样才有利于个人的发展和社会的进步。

第二节　屯蒙两卦中的人生智慧

（一）屯卦中的人生智慧

屯卦是《易经》中的第三卦，用符号表示为“䷂”，它又称为水雷屯卦，其卦辞为“元、亨、利、贞、勿用，有攸往，利建侯”。可解读为，屯卦象乾卦一样具有创始、亨通、祥和、坚贞四德，但由于处于初生阶段较为幼弱还不堪大用，只要不畏艰难险阻，奋勇向前，当力量积蓄到一定程度的时候，便可建立公侯基业。我们可以从中悟出，如果要开创一番事业，绝不会一帆风顺，必定会遇到诸多的风险。有了这种思维准备，当遇到困难时，就不会被困难吓倒，而要奋起抗争战胜困难，去迎接事业的成功。

第一爻的爻辞为“盘桓，利居贞，利建侯”。指事业初创就像幼芽生长受到大石和树根的阻拦一样，困难重重、举步维艰，让人踌躇，甚至徘徊不前。此时如果被困难吓倒，事业就会夭折；如果敢于面对困难，坚持正道，战胜困难，就会大有作为，有利于事业的成功。

第二爻的爻辞为“屯如邅如，乘马班如；匪寇婚媾，女子贞不字，十年乃字”。指求婚者出门时还犹豫不决，骑在马上徘徊不前。既然不是强行求婚，坚贞的女子就概然拒绝了还未深爱自己的求婚者，宁愿推迟出嫁时间十年，务必找一个深爱自己的人结成良缘。此爻给我们的启示是，办事首先要有正确的目标，然后毫不犹豫地向目标奋进。

第三爻的爻辞为“即鹿无虞，惟入于林中，君子几，不如舍，往吝”。我们想猎取野鹿，如果没有熟悉路径的人作向导，就会在茫茫的林海中随着野鹿狂追，机警聪慧的人能见微洞幽，知难而退，立即停止追赶。否则，不仅追获不了野鹿，还会使自己犯险。此爻使我们悟出，遇事需先辩明利弊，决定取舍，切不可盲目行动。

第四爻的爻辞为“乘马班如，求婚媾，往吉，无不利”。指在机遇出现之时，要善于抓住机遇，勇往直前，就会实现自己的愿望。切不可像第二爻的求婚者，骑在马上踯躅不前，失去了求婚的机遇。启发我们，在机遇来临之际，不可犹豫徘徊，而要采取积极进取的态度，去抓住机遇，实现愿望，或如有所求，就应立即采取行动。

第五爻的爻辞为“屯其膏，小贞吉，大贞凶”。指我们积蓄了较多的钱财时，如果用于扶困济穷，用于日常生活中的不时之需，就会带来吉祥；如果用于大兴土木、铺张浪费，甚至用于发动战争，就会带来凶险。此爻给我们的教训是，积蓄的钱财，积聚的力量必须用在刀刃上，用在正道上，千万不能用在做坏事上。否则，积蓄的钱财和积聚的力量越多，造成的不良后果就越大。

第六爻的爻辞为“乘马班如，泣血涟如”。骑在马上徘徊不前，泪血不断下流。这是对上面一爻选择错了的追悔。由于认识错误深刻，痛定思痛以后，决心痛改前非，所以“泣血涟如”之痛不会长久。此爻告诉我们，一旦选择错误，滥施钱财，滥用其力，后果极其严重，痛苦是巨大的。第五爻和第六爻告诫我们，当钱财积蓄起来，力量积聚起来之时，一定要谨慎选择，千万不要出错。

屯卦中的人生智慧主要体现在以下五个方面：第一方面，万物成长之初，都不会是一帆风顺的，只有坚守正道，勇敢进取，排除困难，才能茁壮成长。第二方面，在确定发展目标之后，不能犹豫不绝、徘徊不前，而要向着既定目标奋勇前进，不达目的绝不罢休。第三方面，遇事需先辨明利弊，尽快决定取舍，切不可盲目行动。否则，就会有不利的结果产生。第四方面，当钱财积蓄较多，力量积聚较强时，应谨慎行事，选择好目标，把钱财和力量都用在当用之处，不能把钱财和力量用在大兴土木、劳命伤财，甚至发动战争诸类坏事上。第五方面，若是犯了错误，造成了损失，就应痛定思痛，彻底悔改，方能避免再犯此类错误。

（二）蒙卦中的人生智慧

蒙卦是《易经》中的第四卦，用符号表示为“䷃”，它又称为山水蒙卦。其卦辞为“亨。匪我求童蒙，童蒙求我。初筮告，再三渎，渎则不告。利贞”。可解读为，重视教育，人类社会的发展就亨通。古代重视教育表现在两个方面，一方面有条件的地方朝庭就开设学堂，不具备条件的地方朝庭就鼓励民间举办私塾；另一方面朝庭不用行政命令干涉教育，让从事教育工作者自行按照教育规律办事。儿童蒙昧，需要教育。教育儿童应讲究方法。上课时，不懂的地方，只让学生提问一次，如果学生一次提问后仍未懂，再提问时，老师就不再回答了（另外的时间再提问，老师要回答）。用这种方法可以促使学生认真听讲，专心学习。这种方法是在前人测卦中学来的。前人测卦时，对一件事只测一次，如果再测，就认为是对神灵的亵渎，也测不准了。因为亵渎了神灵，神灵就不会告诉你正确的结果。这种教育方法有利于儿童求教之心的规正，让其养成良好的学习习惯。除了能形成良好的学风，还可以形成尊师重教的良好社会风气。现在我们一味迁就学生，难以形成良好的校风和学风，也影响良好社会风气的形成。

第一爻的爻辞为“发蒙，利用刑人，用说桎梏，以往吝”。指对初受教育的人要严格要求，对其所犯错误，进行严厉处罚，让其改正错误，如同对犯罪之人采用刑法处理使其痛改前非一样。这样不断用强制的方法规范初受教育者的行为，能使其逐渐走向正道，以免成人后犯大错误，受牢狱之苦。但对初受教育者的处罚，要适度，不能过分，如果超过了一定的限度，就会适得其反，容易引起初受教育者的逆反心理，不利于纠正其错误。

第二爻的爻辞为“包蒙吉，纳妇吉，子克家”。指教育儿童要有包容之心，无论何等资质的儿童都要耐心施教。孔子的“有教无类”就是由“包蒙”思想发展而来的。具有包容精神不仅在教育儿童方面产生好的作用，而且在婚姻、恋爱、教子方面同样产生好的作用，它使家庭祥和，子女有出息，能兴家立业。

第三爻的爻辞为“勿用取女，见金夫，不有躬，无攸利”。指收取儿童时，对信念不坚定，见异思迁者，一律不收取。就像选择恋爱对象时，不选择那种见到有权、有钱的人，就不顾廉耻地失身投靠的女人一样。静得下心来学习，对社会的各种诱惑视而不见的人，才有培养的价值。

第四爻的爻辞为“困蒙，吝”。教育儿童应根据儿童年龄的发展阶段和生活阅历进行生动、活泼、具体的知识传授，让儿童乐于学习，易于接受。不宜脱离实际去灌输一些抽象的、晦涩的、高深的、空洞的知识，使童蒙害怕学习，苦于学习。

第五爻的爻辞为“童蒙，吉”。指对儿童要进行启蒙教育，要结合儿童的生活实际教一些好的生活习惯，符合礼仪的行为规则，为人处世的基础道德准则，使他们从小获得良好的教育，从小养成良好的道德品质。这对每一个儿童和整个社会都是有利的、吉祥的。

第六爻的爻辞为“击蒙，不利为寇，利御寇”。指对儿童殴打他人，损坏公物、盗窃钱财等的不良行为要进行体罚，目的是让其懂得侵犯他人或集体的行为，不仅对他人或集体不利，而且对自己也不利。这样有利于他们改正错误，有利于防止不良行为的发生。

蒙卦中的人生智慧主要体现在以下五个方面：第一方面，一个社会良好风气的形成，要靠每个社会成员良好的行为习惯，每个社会成员的良好行为习惯，要靠从小教育养成。第二方面，对各种资质的儿童都要进行教育，概莫能外，也就是孔子的“有教无类”。第三方面，教育儿童要讲究方式方法，首先要严格要求，规正儿童的各种习惯，对违规的儿童可以进行体罚，目的是令其牢记所犯的错误，避免再犯类似错误。因此要掌握好度，过分严厉，会引起儿童的逆反心理，造成适得其反的结果。第四方面，教育儿童要遵循教育规律，要循序渐进，先易后难，要结合儿童的生活实际，不要向儿童灌输空洞抽象，深奥玄乎的知识，不拔苗助长。第五方面，教育儿童者必须德厚、学高，要做到言必行，行必果，身正为范。因为身教的效果远远高于言教的效果。

第三节　需讼两卦的人生智慧

（一）需卦中的人生智慧

需卦是《易经》中的第五卦，用符号表示为“䷄”，又称为水天需卦，其卦辞为“有孚，光亨；贞吉，利涉大川”。指在前进的道路上难免遭遇险阻，一旦遇到险阻，一定要增强克服困难，战胜险阻的信心，勇往直前，就会通过险阻。加之在任何情况下都坚守正道，险阻自然就会减少，即使有险阻出现，也能战而胜之，化险为夷。甚至在渡大河这样的险阻面前，也能泰然处之，顺利通过。从水天需卦象中，可得知，云方上于天，雨尚未降，需要等待，就像君子蓄其才未施于用，宜怀其德安以待时，养好身体，调整好心态，当时机出现时，立即采取行动，获得成功。

第一爻的爻辞为“需于郊，利用恒，无咎”。此爻辞的寓意是，当我们的事业刚开始时，对前进中的艰难险阻要有充分的估计，要未雨绸缪，制订正确的战略计划，并有条不紊地逐步实施，就不会出现过错和失败。爻辞是说，到了郊外，不宜冒险前行，宜等待克服困难险阻时机的到来，并坚守正道，就不会产生过失殃灾。

第二爻的爻辞为“需于沙，小有言，终吉”。是指在即将面临险阻之时，要认真研究各方面的情况，做好突破险阻的充分准备，即使有人指责我们畏缩不前，我们也不能盲目行动去犯险。我们只有保持清醒的头脑，等待、寻找突破险阻的最佳时机，才能战胜困难，获得成功。

第三爻的爻辞为“需于泥，致寇至”。是指遇到险阻之际，不要惊慌失措，而要沉着冷静，不可轻举妄动，而须谨慎小心，否则，就会招来匪寇，出现危险。

第四爻的爻辞为“需于血，出自穴”。是指处在险境之中，甚至受到诸种伤害，危及生存时，不要惊恐万状，而要遇险不惊，冷静分析，寻找脱险的时机，创造脱险的条件，更不可在条件不具备的时候，贸然采取行动，增加脱险的难度。

第五爻的爻辞为“需于酒食，贞吉”。是指即使处于险阻之中，只要自己品端行正，坚守正道，不断化解不利因素，积极创造有利条件，险阻就会逐渐变成通途。爻辞是说，对美酒佳肴也不能掉以轻心，否则仍有危险产生，只有恒守正道，才能获得吉祥。

第六爻的爻辞为“入于穴，有不速之客，三人来，敬之，终吉”。是指不仅陷于险阻之中，而且还来了三位怀有敌意的人，增大了险阻的难度，但对三位怀有敌意的人以礼相待，化敌为友，就能以柔克刚，达到阴阳平衡，最终突破险阻，事业获得成功。

需卦中的人生智慧主要体现在以下五个方面：第一方面，我们开创事业要预先估计到将要遇到的险阻，并制定长远的发展战略，逐步实施，确保事业成功。第二方面，我们在发展事业时，一定要品端行正，坚守正道，合法经营，这是事业成功的根本保证。第三方面，前进中遇到险阻时，不要惊慌失措，要冷静分析，等待突破险阻时机的到来。第四方面，在陷于险阻中时，不要惊恐万状，要泰然处之，积极创造条件脱险，切不可盲目行动，自取其辱。第五方面，要善于化敌为友，以柔克刚，达到阴阳平衡，获得事业成功。

（二）讼卦中的人生智慧

讼卦是《易经》中的第六卦，用符号表示为“䷅”，又名天水讼卦，其卦辞为“有孚，窒惕。中吉，终凶；利见大人，不利涉大川”。指在产生纠纷时，务必谨慎行事，不能轻启事端；如果诉讼不能避免，也要去躁抑忿，摆事实讲道理，重证据依法理。要知道在诉讼中，即使胜诉，也会和对方结怨，给自己的发展带来不利因素。如果判案法官公正廉洁，自己可能胜出，倘若判案法官受贿枉法，则会判自己败诉。总之，诉讼不是一件好事，充满着危险。面临纠纷，不可逞一时之忿扩大事态，应尽量进行调解，化大为小，化小为无，努力避免进入诉讼程序。

第一爻的爻辞为“不永所事，小有言，终吉”。指在诉讼中要进行法庭辩论，法庭辩论的目的是要辨明是非，在辨明是非之时，只需依法陈述自己的理由，切忌强词夺理，胡搅乱缠，扰乱法庭。否则，会适得其反。只要适可而止，不过分纠缠，最终会获得如意的判决结果。

第二爻的爻辞为“不克讼，归而逋，其邑人三百户，无眚”。指官司没有打赢，逃到偏僻乡村躲藏起来避祸。寓意我们做事不要一味逞强好胜，得让人处，就得让人，尽量化解矛盾，减少纠纷，与人和平相处，共同发展，就不会有什么殃祸。爻辞是说，争讼没有打赢，逃避到偏僻地区，隐居在不到三百人的小村庄里，便无人可知，逃过追捕。

第三爻的爻辞为“食旧德，贞厉，终吉。或从王事，无成”。指躲藏在祖先遗德所及的地方生活，朋友多，群众关系好，只需坚守正道，努力工作，发愤图强，就会事业有成，过上好日子。假如缺乏自知之明，不自量力，拼命挤入仕途，一定不会有好结果。

第四爻的爻辞为“不克讼，复即命，谕安，贞吉”。指如果我们与别人打官司，在力量不足，理由不充分，估计打不赢对方时，就应该改变初衷，尽快撤诉，避免造成更大的损失。平时我们一定要坚守正道，官司就难以找上门，事业就能平安、顺利地发展，结果自然就好。

第五爻的爻辞为“讼，元吉”。指在诉讼中如果法官能秉公执法，依法判案，就能做出公正判决。这样，不仅诉讼双方都满意，而且对形成良好的社会风气都大有裨益，同时法官也无愧于国家和社会对法律工作者的期望。

第六爻的爻辞为“或锡之鞶带，终朝三褫之”。指即使我们在诉讼中获胜，但依靠诉讼来达到目的的方法不可取。因为诉讼无论是胜还是败，都会树敌，失去合作的朋友，从而使前进的道路越走越窄，给事业发展带来极大的困难。从这个意义上讲，诉讼虽胜尤败。因为虽然能获得利益，但随时又有可能失去利益。爻辞是说，因诉讼获胜，或者能得到赏赐的高级腰带这样显贵的服饰，然而也可能在一天之内，多次被剥夺。

讼卦中的人生智慧主要体现在以下五个方面：第一方面，在与他人产生纠纷时，不要凭意气用事，更不要逞一时之忿去激化矛盾，扩大事态，而要采取大事化小，小事化了的态度，息事宁人，尽量避免诉讼的产生。第二方面，在诉讼中不确定因素较多，不要以为占理就一定能打赢官司，如果判案法官秉公执法，业务能力强、判案经验丰富，占理就能获胜。如果判案法官贪污枉法，业务能力差，收取贿赂后，占理也要输官司。第三方面，告诫我们做事不要一味逞强好胜，得让人处，就得让人，尽量化解矛盾、减少纠纷，要与人和平共处，共同发展。第四方面，告诫我们，诉讼不是一件好事。官司打输了，既损失了利益，又丢了面子；即使官司打胜了，所获利益随时都有失去的可能。而且，使合作伙伴变成竞争对手，对自己以后的发展带来了诸多的不利因素。总之，冤家宜解不宜结。第五方面，要力争把诉讼消除在起事之初。做事前要深谋远虑，宁可先小人后君子，排除引起纷争的一切因素。

第四节　师比两卦中的人生智慧

（一）师卦中的人生智慧

师卦是《易经》中的第七卦，可用符号表示为“䷆”，又名地水师卦，其卦辞为“贞，丈人吉，无咎”。指行军打仗必须遵循师出有名的原则，即军事行动的目的一定是维护正义，讨伐邪恶，而绝不是为野心家夺取政权或侵略他国，荼毒生灵。如果战争不可避免，那么最重要的事情就是挑选指挥官。必须挑选稳妥谨慎，老成持重，作战经验丰富的人作为指挥官。要是挑选血气方刚，好大喜功，缺乏作战经验的年轻人作为指挥官，很可能使本来可以取胜的战事遭到失败，或者，很可能使本来可以避免的大规模杀戮成为不可避免。

第一爻的爻辞为“师出以律，否藏凶”。指行军作战时要有铁的纪律，令行禁止，一切服从命令，哪怕有生命危险，也要毫不含糊地执行命令，这样的军队才能打胜仗。一支纪律松懈的军队，是不堪一击的。因此，严明纪律是行军作战的首要任务。出征前必须强调严格遵守纪律，一切听从指挥。否则，就会产生凶险。

第二爻的爻辞为“在师中，吉，无咎，王三锡命”。指军队的统帅像第二爻的阳爻处在阴爻的位置上，刚毅而柔顺，而且还处在下卦的中间，说明他指挥军队进退有度，遵循战争规律，得到将士们的尊敬和拥护，不断打胜仗，同时虽胜不骄，不仅严格要求自己，也严格要求部下，使部队所到之处，秋毫无犯。君王了解情况后，接二连三地进行嘉奖。

第三爻的爻辞为“师或舆尸，凶”。指军队的统帅如果不像上段中的统帅那样，刚毅而柔顺，遵循战争规律，获得广大的将士的尊敬和拥护，而优柔寡断，刚愎自用，缺乏御军之才，或者挥兵冒进，或者贻误战机，结果必定大败，车辆载回的不是什么战利品，而是广大将士的尸体。

第四爻的爻辞为“师左次，无咎”。第四爻刚脱离坎卦，表明军队还没有完全脱离危险，军队统帅在觉察到前进没有胜利把握时，把军队撤退到高地的左前方扎营，按照兵法办事，确保部队安全。此时军队统帅切不可违反兵法，一意孤行，或者冒险前进，或者慌忙后退，前者有陷入敌人重围的危险，后者有遭到敌人追击而溃败的危险。只有小心谨慎，循规蹈矩，待机而动，才不会犯错误，才能脱离危险。

第五爻的爻辞为“田有禽，利执言，无咎。长子帅师，弟子舆尸，贞凶”。指我们对田中损害庄稼的禽鸟一吆吼，它就飞走了，两军对阵前，我们应向对方将士喊话，晓以大义，也能产生好的作用，一方面可消减对方的锐气，动摇对方的军心，降低对方的作战能力，另一方面可助长己方为正义而战的斗志。这样做是有利而无害的。本爻还启发我们，在战争中要挑选老成持重，具有丰富的战争经验，又具有威服众者作为军队的统帅，并赋予他绝对的指挥权，让他能统一指挥和调度，保持军队中的“一元化”领导，千万不能让一些夸夸其谈、志大才疏的小人分权干扰。否则，即使为正义而战，原本可以大胜的战争，也会大败亏输。

第六爻的爻辞为“大君有命，开国承家，小人勿用”。指战争结束后，君王对有功者进行奖赏的原则。这些奖赏原则体现了治国的智慧。对功大德也高的人封侯赠地，参与国家大事的管理；对功小有德的人封妻荫子世袭官爵，参加国家事务的管理；对居功自傲有才无德的人，只赏金钱财物，不加官进爵，不封官任用。因为小人一旦拥有权力，就会损害群众的利益，就会扰乱国家的安宁。

师卦中的人生智慧主要体现在以下五个方面：第一方面，国家不能轻启战争，若战争无法避免，都必须是正义之战。第二方面，倘若进行战争，就得挑选老练持重，富有战争经验，威信高，享众望之人作军队的统帅。第三方面，军队统帅应刚毅柔顺，严明纪律，赏罚公正，遵循战争规律，按兵法行军布阵。第四方面，让军队统帅有绝对的指挥权，进行统一指挥和调度，不得有其他人分权干扰，影响战斗。第五方面，在论功行赏时，有功必赏，但要分有德与否，对有德者赐爵，让其参与国家管理，对无德者只赏金银财物，不封荫子，不让其参加国家管理，以免给国家带来混乱。

（二）比卦中的人生智慧

比卦是《易经》中的第八卦，可用符号表示为“䷇”，又名水地比卦，其卦辞为“吉。原筮，元永贞，无咎。不宁方来，后夫凶”。本卦用水因地而流，地因水而润的亲密关系，比喻人与人之间应相亲相助，国与国之间应和平共处。要是人与人之间做到了相亲相助，国与国之间做到了和平共处，必定会大吉大利。不用测卦也知如此，即使测卦，测出的结果也是如此，不会有差错产生。相亲相助必须出自内心，如果看到他人相亲相助，才勉强去相亲相助，就会产生凶险。

第一爻的爻辞为“有孚比之，无咎。有孚盈缶，终来有它吉”。指互有诚意的相亲相助，是不会有错的。如果你的诚意像储罐酒一样的充实，那么，人们就会争先恐后地来和你相亲相助，必然能获得吉祥。

第二爻的爻辞为“比之自内，贞吉”。指倘若相亲相助发自于内心，动机纯正，主动积极，就会吉祥如意。

第三爻的爻辞为“比之匪人”。指相亲相助除了要发自内心以外，还要注意选择相亲相助的对象，切不能与阳奉阴违、心怀叵测的小人相亲相助。

第四爻的爻辞为“外比之，贞吉”。指相亲相助应选择贤明高尚的人，并积极主动地向他们靠拢，会从他们身上学到许多好的东西，从中提高自己的综合素质。由于自己动机纯正，就不会有“趋炎附势”去高攀之嫌。

第五爻的爻辞为“显比，王用三驱，失前禽。邑人不诫，吉”。指在相亲相助中，难免有小摩擦、小矛盾，对此我们应宽宏大量，不要兢兢计较。就像君王狩猎，网开一面，对不愿投入网中忘命奔逃的猎物一律不追，让其逃命，这种仁义宽宏之为，臣民们就不会产生戒慎惶恐之心一样，相亲相助的对象就乐于与你合作，产生好的结果。

第六爻的爻辞为“比之无首，凶”。指消极、被动、勉强的不首先进行相亲相助的行为，会带来危险。相亲相助必须是出自内心的，真诚的、主动进行的，才能获得吉祥如意的结果。

比卦中的人生智慧主要体现在以下五个方面：第一方面，用水入地中，具有相亲相融之象。以此来启发人类要相亲相融，人与人之间应该相亲相助，国与国之间应和平共处，不应尔虞我诈、明争暗斗。第二方面，相亲相助要看对象，首要的是不与无德无品、心怀鬼胎的小人进行相亲相助；其次是多与品德高尚，才华出众的优秀人物进行相亲相助。第三方面，相亲相助的出发点必须正确，即首先是有利于他人，然后才是有利于自己。第四方面，在相亲相助过程中，难免会有不愉快的事情发生，对此要宽宏大量，首先检查自己有无做错的地方，不要苛求对方，更不要轻易指责对方。第五方面，相亲相助应积极主动，不要消极等待。须出于真诚，不能虚与委蛇。

第五节　小畜履两卦中的人生智慧

（一）小畜卦中的人生智慧

小畜卦是《易经》中的第九卦，可用符号表示为“☴”，又称为风天小畜卦，其卦辞为“亨。密云不雨，自我西郊”。指由于人们要从事的事业具有正义性，又有发展前景，所以，事业的发展较为顺利，而且也小有收获。但办任何事情都不会是一帆风顺的。即使人们的事业具有正义性，又有发展前景，也难免有遭受挫折或停滞不前之时，犹如乌云密布而雨却未下，在此时别灰心丧气，而应振作精神，奋发努力，积蓄力量，在往前行。

第一爻的爻辞为“复其道，何其咎？吉”。指在前进的过程中走了弯路或者错路，就不继续走下去了，立即返回原来的出发点，再按正确的道路前进。这样做是完全必要的，无所指责的，其结果是大吉大利的。关键是自己往往很难发现走了弯路或错路，多数情况下都是靠朋友来指出。因此，在前进道路上是离不开朋友帮助的。

第二爻的爻辞为“牵复，吉”。指在重新走上正道后，要修身养性，谨守中庸之道，团结志同道合者共同去面对前进中的艰难险阻，排除万难，冲破阻碍，实现理想。

第三爻的爻辞为“舆说辐，夫妻反目”。指事业发展到一定阶段，特别是在处于困难或赢利较多之时，必定有一些貌合神离的员工，或者是因怕走不出困境，而另谋出路；或者是嫌报酬少了，而大吵大闹，甚至出卖团队利益，这是避免不到的现象。舆与辐关系密切，也有脱离之时，夫与妻亲密无间，也会产生反目。了解此理，正确对待，大浪淘沙，留下精英，轻装奋进。

第四爻的爻辞为“有孚，血去惕出，无咎”。指事业在发展过程中，尤其是在突破险阻之时，要真诚磊落，信守承诺，柔顺待人，看淡利益，就能远离血光之灾，避免忧患恐惧，正常发展，冲破障碍，就不会有什么差错产生。

第五爻的爻辞为“有孚挛如，富以其邻”。指事业在发展过程中，不仅要讲诚信，取信于社会，还要善于团结其他企业共同发展，有难同当，有利共赢。这样做，自己能富起来，共同发展的其他企业也能富起来；这样做，就会得到众人的拥护和尊重，就会成为领头人，享誉社会。

第六爻的爻辞为“既雨既处，尚德载，妇贞厉，月几望，君子征凶”。本爻通过几则物极必反的例子，云飘浮在天上，非常好看，但云积多了就会变成雨，积德非常重要，但过分强调就有虚伪之嫌，妇人要讲贞操，讲过分了，正常活动也要受到干涉，这些现象正如月亮一旦近圆便是缺的开始。它们都说明，力量和财产的积蓄也有一个度，积聚过分就会给自己带来灾难和凶险。

小畜卦中的人生智慧主要体现以下五个方面：第一方面，事业的发展离不开朋友的帮助，要争取更多朋友的帮助。第二方面，如何增加朋友，首先是以真诚、信守、和顺待人，其次是与志同道合者携手并进，同舟共济。第三方面，正确认识和处理在事业发展过程中，特别是处于困难之时闹分裂的人。要大浪淘沙，给精英提供更大的平台。第四方面，深知“一花独放不是景，百花齐放方是景”的道理，在发展过程中不仅自己富起来，还要带动大家共同富起来。第五方面，深知物极必反的自然规律，不过分积聚力量和财富，避免其给自己带来凶险。

（二）履卦中的人生智慧

履卦是《易经》中的第十卦，可用符号表示为“䷉”，又称为天泽履卦，其卦辞为“履虎尾，不咥人，亨”。人类社会的发展不仅要遵循自然规律，而且还要用法律、道德、纪律、礼仪来规范所有社会成员的行为，才能够不断向前。远古时期的社会管理，还处于初级阶段，存在你争我抢，弱肉强食的混乱状态，人们的财产，甚至生命都没有安全保证。到了殷末周初之时，领导者认识到必须要制定一套礼仪制度来约束人们的行为。礼仪制度让人们能辨上下、明尊卑、守秩序、安本分。礼仪制度实施后，混乱的社会状态得到明显的改善，社会也比较稳定地向前发展。卦辞反映的是礼仪制度实施后，人们安分守己，天下太平无事，即使不小心踩到了老虎尾巴，也不会被虎咬，仍能安全通行。

第一爻的爻辞为“素履，往无咎”。第一爻处在履卦的最下面，暗示有德才者，虽然居于底层，仍要安分守己，不想非分之利，不争非分之位，特立独处，不随世俗，也表示其在未来的发展过程中不会出现差错，能够不断向前。

第二爻的爻辞为“履道坦坦，幽人贞吉”。指耿直刚毅、心胸坦荡、不追逐名利之人，选择正确的道路，尊礼而行，不急躁冒进，随时保持心态的幽静安逸，才能顺利达到目的地。倘若不保持心态的平静，急躁冒进，则欲速不达，适得其反。

第三爻的爻辞为“眇能视，跛能履，履虎尾，咥人，凶；武人为于大君”。指一切行为都必须遵循礼仪规范，不符合礼仪规范的行为，就像难以睁眼视物的人，强行睁眼视物；就像跛子勉强去远行；就像不顾一切去踩虎尾被咬伤；就像不懂政治的武夫去治理国家一样不合正道，结果必然不好。

第四爻的爻辞为“履虎尾，愬愬，终吉”。上一爻不顾一切去踩虎尾被虎咬伤，第一爻遵礼而行踩了虎尾，也没有被虎咬伤。喻示，在遇危险之时，不要惊慌失措，不能鲁莽行事，而应以柔克刚，循礼而进，待机脱险。这样做才能走出险境，获得吉祥。

第五爻的爻辞为“夬履，贞厉”。地位高又得到人们的尊敬和拥护，这本来是一件非常好的事。但时间一长，养尊处优、刚愎自用、一意孤行、傲视群贤，独断专行，听不进不同意见，长此以往，必然犯大错。若及时醒悟，尚可亡羊补牢。

第六爻的爻辞为“视履，考祥其旋，元吉”。指行事审慎，一切行为都符合礼仪规范，而且行事前，思考周详，计划严密，尽量避免重大失误。这样就会大吉大利，圆满成功。

履卦中的人生智慧主要表现在以下五个方面：第一方面，人类社会要稳定向前发展就必须制定礼仪制度来规范所有社会成员的行为。否则人类社会仍就会处于弱肉强食，你争我抢的混乱状态。第二方面，人生的道路坎坷不平，要想有平坦的人生道路，就得循礼而为，安分守己，不作非分之想，一步一个脚印地向前迈进。第三方面，在人生道路上，不能急躁冒进，要遵礼而行，就必须保持安静恬然的心态，具有坦荡的胸怀，选择正确的道路前进。第四方面，所有违反礼仪规范的行为都会给自己带来不良的后果，哪怕是小小的违反也应避免。第五方面，当位高权重之时，往往会养尊处优，自以为是，傲视一切，一意孤行，置礼仪规范于不顾，造成大错而陷于凶险。

第六节　泰否两卦中的人生智慧

（一）泰卦中的人生智慧

泰卦是《易经》中的第十一卦，可用符号表示为“䷊”，又称为地天泰卦。其卦辞为“小往大来，吉，亨”。“小往大来”是指天大地小，阳大阴小，代表天和阳的乾卦本应在外却来到了内卦，代表地和阴的坤卦本应在内却跑到了外卦。天气往上升，地气往下降，或阳气往上升，阴气往下降。阴阳二气或天地二气交融资生万物，吉祥、通泰。老子在《道德经》第二十五章中指出“人法地，地法天，天法道，道法自然”。做人应效法自然，内阳而外阴，内刚健而外柔顺，具有君子风度。以社会而言，应上下相互沟通，同心同德，共建和谐社会。

第一爻的爻辞为“拔茅茹，以其汇，征吉”。茅草为什么生命力那么强，长得那么茂盛？把它拔起来观察，发现其根系紧密地缠连在一起。寓示我们的事业要发达、要强盛，就必须看淡自我，顾全大局，像茅草根系一样紧密地团结在一起，形成不可战胜的力量。

第二爻的爻辞为“包荒，用冯河，不遐遗朋；（弗）亡。得尚于中行”。指渡河失败，漂落在水中，突抓住一大瓠，将其绑在身上再渡，并冒险抓住落水的同伴，游到河岸，两人死里逃生。此后两人同心同德、互利前行。又指有包容他人缺点的广阔胸怀，有飞跃大河的英雄气概，有广纳各类人才的德性，不拉帮结派，不徇私舞弊。这一切都是由于所思所为皆光明正大之故。

第三爻的爻辞为“无平不陂，无往不复，艰贞无咎；勿恤其孚，于食有福”。自然界的一切事物都是相对立而存在的。没有平坦就无所谓坡坎，没有往也无所谓来，没有失败就无所谓成功。了解自然界的这一对立统一规律，并遵循之，有助于人们在失败面前，不灰心丧气，而是振奋精神，顽强战斗，去争取胜利，获得幸福。

第四爻的爻辞为“翩翩，不富以其邻，不戒以孚”。任何事物都是相对立而存在的。事物的存在一定有一个度的问题，超过了一定的度，事物就会向另一方转化。第四爻是阴爻又处在阴位，柔顺过度，成为媚态，甚至成为虚伪。如果左邻右舍都是这样，又无人告诫诚实做人的道理，大家都得一起贫穷。所以才有“不富以其邻，不戒以孚”之说。

第五爻的爻辞为“帝乙归妹，以祉元吉”。第五爻是阴爻，处在尊位上，应为天子之妹，与之相应的第二爻是阳爻，处在阴位上，外刚内柔，同时又处于下卦的中位，应是一个正直贤能之人。天子选择这样的人作为妹夫，是想进一步团结贤臣良将共同把国家治理好，让老百姓有好日子过。这是大吉大利之事。

第六爻的爻辞为“城复于隍，勿用师，自邑告命，贞吝”。第六爻是阴爻，又处在阴位上，力量薄弱到极点，就像坚固的城墙颓塌到城墙下的壕沟里。而且又居于泰卦的顶端，预示着泰极否来，盛极而衰。在此情况下，老百姓劝说君王不要出兵征讨，否则，即使战争是正义的，也可能打败仗，自取其辱。唯有认清形势顺应其变。

泰卦中的人生智慧主要体现在以下六个方面：第一方面，无论做人还是管理社会，都应效法自然，上下沟通，相互沟通，和谐相处，共谋发展。第二方面，发展事业，要弘扬团队精神，所有员工要紧密团结在一起，顾全大局，形成合力。这样事业就会兴旺强盛。第三方面，当遭到危险或受到挫折时，不要惊慌失措，而要沉着镇静，善于抓住机会，转危为安，或死里逃生。第四方面，任何优良的个人修为，都来自内心的光明正大。第五方面，无平不陂，无往不复，为人们揭示了对立统一的自然规律，让人们懂得了事物都是相对立而存在，又通过相互转化向前发展的道理。第六方面，要懂得盛极而衰泰极否来的规律，一旦到了物极必反的境地，宜因势利导，不逞一时之强，顺应其变。

（二）否卦中的人生智慧

否卦是《易经》中的第十二卦，可用符号表示为“䷋”。又称为天地否卦。其卦辞为“否之匪人，不利于君子贞，大往小来”。否卦与泰卦恰好相反，泰卦是天内地外、天下地上，而否卦是地内天外、地下天上，泰卦寓示天地相交、万物相通，社会繁昌，否卦寓示天地不交、万物不通、社会衰败。泰极否来，否极泰来反映事物发展到一定阶段，就会向对立面转化的哲学思想。卦辞指小人当道，嫉贤妒能，贤德之士的正确举动都要受到打击、迫害，使得贤德之士远远地避去，暂时不能避去的，也得隐贤埋才，不引人注意，肖小之徒出来主事。本卦的卦象中我们可以看出乾（天）在上、坤（地）在下，符合自然界的情况，然而天地不交，万物不畅，社会发展必然受阻。从中我们懂得了一个道理，即使表面上看来合情合理的现象，不一定就符合自然之理。

第一爻的爻辞为“拔茅茹，以其汇，贞吉亨”。指拔起一把茅草来观察，发现其根系紧密地缠连在一起，便知道了茅草长得健壮繁茂的原因。处在否卦天地不交的第一爻，当然也动不了，幸亏下卦三爻都是阴爻，同类。只要像茅草根系一样紧密团结在一起，并坚持下去，便能获吉祥，得一定的发展。

第二爻的爻辞为“包承，小人吉，大人否，亨”，指小人听了奉承的话认为是吉祥，君子听了奉承的话并不认为是吉祥，奉承你的人都是别有用心的，他会不顾事实，不顾客观，专挑一些你喜欢听的话来奉承你，使你被一派大好形势冲昏头脑，从而做出错误决策。君子不被奉承话干扰心志，客观冷静地做出决策，必然获得亨通顺利。

第三爻的爻辞为“包羞”。指君子一方面要拒绝奉承话，另一方面要包容批评、指责、羞辱自己的行为，方能为其君子。

第四爻的爻辞为“有命，无咎，畴离祉”。指转机到来时，若抓不住转机，定会出差错，抓住了转机，就不会出差错。而且还要善于团结所有志同道合者一起去打破最后的闭塞局面，才会有幸福可言。

第五爻的爻辞为“休否，大人吉。其亡其亡；系于苞桑”。指小人当道闭塞的局面终于终结，贤德之士兴高采烈，吉祥如意。但在天下太平之时不能高枕无忧，而要安不忘危，治不忘乱。开明通达的局面才能像根深叶茂的桑树一样牢实坚固。

第六爻的爻辞为“倾否，先否后喜”。指小人当道闭塞的局面彻底倾覆。早先的否运发展到了极点，现在已转变为开明通达的好运了。

否卦中的人生智慧主要表现在以下五个方面：第一方面，天在上地在下符合自然界实际情况，然而却导致天地不交，万物不畅。让我们悟出，从表现上看来合情合理的事情，不一定符合自然法则的道理。第二方面，当处于困境之时，要紧密团结志同道合者一起奋斗，并坚持不懈，就能走出困境。第三方面，不仅要拒绝奉承话，不让它干扰自己的心志，而且还要包容批评、指责、羞辱自己的行为；方能立于不败之地。第四方面，在天下太平之时，不能放松警惕，要具有居安思危的意识。第五方面，懂得物极必反，否极泰来的道理，在豺狼当道、世道闭塞之时，要韬光养晦、潜隐葆真，坚定信心，守时待运。

第七节　同人大有两卦中的人生智慧

（一）同人卦中的人生智慧

同人卦是《易经》中的第十三卦，可用符号表示为“䷌”，又称为天火同人卦，其卦辞为“同人于野，亨。利涉大川，利君子贞”。“同人于野”视野特别高远，心胸无比宽阔，不仅要团结家人向前发展，还要团结家族的人，甚至种族的人，不同文化的人，不同区域的人，不同国度的人。也就是说要团结一切人向前发展。显然这是建设大同世界的思想基础。在此思想指导下，不论贵贱、不论富穷、不论男女。不讲出身，广交朋友，形成强大的力量，遇敌战而胜之，遇事顺利办成，遇险安然度过，不断促进社会向前发展，对实现世界大同是有益无害的。

第一爻的爻辞为“同人于门，无咎”。指先在家族中，同乡中结交朋友，是无可指责的。

第二爻的爻辞为“同人于宗，吝”。指虽然先在家族、同乡中结交朋友，无差错可言，但是当力量逐渐强大，仍局限于在宗族和小区域内交往，不去宗族外和小区域外的人取得广泛联系和沟通，便会使人心胸狭窄，眼光短浅，不利于世界大同的实现。

第三爻的爻辞为“伏戎于莽，升其高陵，三岁不兴”。人类社会是非常复杂的，实现世界大同不可能一蹴而就。有时强敌压境，不能不作好战争的准备，为了防止强敌的侵入，不仅在林莽中设下伏兵，还派兵占据了居高临下的有利地形。由于准备充分敌人不敢来犯，确保几年平安无事。

第四爻的爻辞为“乘其墉，弗克攻，吉”。有时他人来侵犯我们的领土，有时我们又占领了他人的城市。当我们占领他人的城市时，突然意识到，这种夺城抢地的行为不符合大同世界的思想，立即下令停止进攻，退出所占领的他人城市。化干戈为玉帛，化敌人为朋友。为了团结更多的朋友，我们要勇于改正错误，迅速改正错误。

第五爻的爻辞为“同人，先号咷而后笑，大师克相遇”。志同道合聚在一起的人们，由于受到强大敌人的威胁，感到前途渺茫而号啕大哭。后来又因聚集的人越来越多，形成浩浩荡荡的大军，一举打败了强敌，又为胜利而欢笑。

第六爻的爻辞为“同人于郊，无悔”。经过一段时间的努力，志同道合的人越聚越多，由于受到种族、文化、区域、国别等的影响，离大同世界差之甚远。即使如此，毕竟打破了宗族、门户的限制，去与别人沟通交流，虽然没有达到“同人在野”的大同境界，却取得了“同人在郊”的可喜进步。因此，并无后悔之处，只有逐步向前。

同人卦中的人生智慧主要体现在以下五个方面：第一方面，与人沟通交往，要打破各种限制，尽可能多地与人结朋交友，共同去建设人类的理想社会——大同世界。第二方面，由于人类社会很复杂，同人世界的实现不是轻而易举的，艰难险阻层出不穷，应有充分的思想准备。第三方面，如果在沟通交往中结党营私，排除异己，就会使人心胸狭窄、眼光短浅，遇事寡助，遗臭万年。第四方面，知错则改，知过则止，以避免继续犯错，以避免造成更大的危害。第五方面，沟通交往的出发点要正确，应以道义为基准，实现大同世界为目的。拉帮结派、党同伐异都与同人思想格格不入。

（二）大有卦中的人生智慧

大有卦是《易经》中的第十四卦，可用符号表示为“䷍”，又称为火天大有卦。其卦辞为“大有，元亨”。在《易经》中含有大字的其他三卦（大畜、大过、大壮）要成其大，都有一个发展、积蓄、壮大的过程，但大有则不然，因为大有之年即大丰收之年，无须在经过积累。另一方面，离卦代表火，也代表日，离卦在乾卦之上，即日在天上，阳光普照，万物繁茂，大有富足，顺畅通达，无往不利。有的人在大有富足之时，不注意节俭，甚至铺张浪费，挥霍无度，导致好景不长，重返贫穷之恶果。关键是心正德厚，有此者，无可以转化为有，乃至大有；无此者，有也可以转化为无，甚至失去一切。

第一爻的爻辞为“无交害，匪咎，艰则无咎”。指人与人之间要友好相处，不要相互侵害。这样彼此就会相安无事，祸患就不会发生。即使处在艰难险阻的困境中，也会因为有人帮助而没有什么危险。侵害他人者，失道而寡助，最终结果是害己，无从大有。

第二爻的爻辞为“大车以载，有攸往，无咎”。大车装满货物，驶向目的地，让人们看到了大有的现象，从而增强了实现大有的信心。这样做是有益而无害的。

第三爻的爻辞为“公用亨于天下，小人勿克”。指贤能之士由于辅助君王治理好了国家，所以得到君王的信任和奖赏，赐予他们高官厚禄，而基层的普通百姓，由于无功于国家，所以得不到君王的重用和奖赏。

第四爻的爻辞为“匪其彭，无咎”。一个人在位高权重之时，往往自高自大，不可一世，结果落得身败名裂的悲惨下场。地位越高、权势越大，越要谦虚谨慎，平等待人。对上不可居功自傲、目中无人，对下不可盛气凌人，嚣张跋扈。这样才能得到信任和尊重。

第五爻的爻辞为“厥孚交如，威如，吉”。君王对臣民讲诚信，以诚信治天下，同时也得到了臣民的诚信回报。君王的威望越来越高，全国上下齐心协力共建大业，国家必然兴盛吉祥。

第六爻的爻辞为“自天佑之，吉无不利”。第六爻处于大有卦的最顶端，根据物极必反的规律，大有应向相反方向转化。然而，由于处于最高位的领导有自知之明，能够自我抑制，谦虚待人，诚信普于天下，得到上天的保佑。所以大有没有向相反方向转化，而保持长久。

大有卦的人生智慧主要体现在以下五个方面：第一方面，要想获得富足的生活，必须与人友好相处，互利互助，切不可相互侵害。第二方面，获得富足生活后，一方面要继续努力争取获得更多的财富，另一方面要增强他人去获得富足生活得信心。第三方面，不仅个人自己获得富足生活，而且还要为集体的富强尽力贡献力量，以便获得领导者的信任和保护。第四方面，当位高权重之时，要礼贤下士，诚信待人，上下沟通，确保自己的地位和权势。第五方面，懂得物极必反的规律，富足以后，不要持富自傲、踌躇满志、得意忘形，而要谦虚谨慎、自我抑制、救济贫穷、支持公益事业、做到满而不溢、“大盈若冲，其用无穷”（老子《道德经》第四十五章）。

第八节　谦豫两卦中的人生智慧

（一）谦卦中的人生智慧

谦卦是《易经》中的第十五卦，可用符号表示为“䷎”，又称为地山谦，其卦辞为“亨，君子有终”。谦卦是《易经》六十四卦中唯一六爻皆吉的卦。可见《易经》的作者非常看重它。古人在谦卦的运用中总结出“谦受益，满招损”的古训，今人在此基础上进一步总结出“谦虚使人进步，骄傲使人落后”的名言。《易经》是中华文化的源头活水，谦卦主张的谦德是中华文化的核心元素，谦德也是中华民族最为显著的民族特征之一。从谦卦的卦象中可以看出，代表山的艮卦居于代表地的坤卦之下。山体高大，大地平坦，即以高居下，处尊而居卑。谦德要求抑高居下，有若无、实若虚、屈躬下物，先人后己，损有余益不足，尽量缩短尊卑富贫间的差距。具有谦德的人万事亨通。修养谦德，保持谦德都不是一件容易的事。只有君子才能修获谦德，才能把这一美德贯彻始终。中国在长期皇权统治之下，不少人都具有奴性。谦德与奴性表面上有相同之处，即自愿处下，但实质却大相径庭。谦德是对人的尊重和谦让，保持独立的人格，而奴性是对他人的服从，听其使唤，不具有独立的人格。两者风马牛不相及，不能混为一谈。修养谦德也不能自轻于人，自己都瞧不起自己，谁还能瞧得起你，必自取其辱。

第一爻的爻辞为“谦谦君子，用涉大川，吉”。谦虚，一再谦虚，只要是真正的谦虚，而不是虚伪的行为，就不会产生过犹不及的问题。谦虚这种美德，尊重他人，礼让他人，甘居他人之后不争先。他人定不会产生嫉妒，定不会在你前进道路上设置障碍，而且还会大力帮助你克服困难。这样任何艰难险阻都拦不住你，都会被你踏在脚下。

第二爻的爻辞为“鸣谦，贞吉”。有名望的人往往会自命不凡、不可一世。有了名望仍能谦虚待人，当然这种谦虚是发自内心的，而不是装模装样的，定能吉祥如意。

第三爻的爻辞为“劳谦，君子有终，吉”。有功劳的人往往会居功自傲、蔑视一切，常常爱自高自大，盛气凌人。有了功劳，可以骄傲而不骄傲，仍能保持谦虚的态度，礼让于人，是难而可贵的。常人很难做到，或做得到一时而不能坚持一世，只有贤德之士才能坚持始终，获得吉祥。

第四爻的爻辞为“无不利，抝谦”。运用好谦德，做什么事情都不会不顺利。怎样才能运用好谦德呢，首先是要发自内心，不能作秀，其次是要掌握好分寸，过分谦虚就会有虚伪之嫌，再其次是谦让要看对象，如果对方是贪得无厌之辈，一再谦让，对方就会认为你柔弱可欺，对你施加更大的压力。

第五爻的爻辞为“不富以其邻，利用侵我，无不利”。由于邻国对土地的侵占，对财产的抢夺，国家越来越贫穷。此时再退让就是愚蠢，必须奋起反抗，夺回被侵占的领土，抢回被掠夺的财产，使国家重新富起来，这样做没有什么不好之处，对谦虚的美德也毫无损伤。

第六爻的爻辞为“鸣谦，利用行师，征邑国”。君王的谦德众人传播、四海扬名，有利于行军打仗，征服领国，平息叛乱。可见，谦德的作用广泛。具有谦德和宣传谦德是大有好处的。

谦卦中的人生智慧主要体现在以下五个方面：第一方面，使我们明白了日中则昃、月满则亏，损有余以补不足的天道，懂得了满招损、谦受益的人道。第二方面，知道了谦德的内涵，即尊重他人，礼让他人，甘居他人之后不争先和谦德的诸多作用，即避免嫉妒、减少发展障碍，获得支持与帮助。第三方面，谦虚必须出于内心，不能用于作秀，不能作为权术与政治的附庸，否则就是虚伪。第四方面，德高望重和建有丰功伟绩之士也不能骄傲自满，仍需谦虚谨慎，并保持始终，方能保平安。第五方面，谦虚要讲原则。当利益受到重大侵害时，就无谦虚可谈，必须奋起战斗，夺回被侵害的利益。

（二）豫卦中的人生智慧

豫卦是《易经》中的第十六卦，可用符号，表示“䷏”，又称为雷地豫卦，其卦辞为“利建侯行师”。春种、夏耘、秋收、冬藏，人们根据天地运行时序，及时做好农耕。在春天还未到来之前，人们就做好了种子、肥料、农具、劳力等各方面的准备，当春天到来时，就能按时节播种，获得好收成。如果不预先做好相应的准备，播种季节到来之时，就会手忙脚乱，影响播种的正常进行，导致收成不好。事前有所预见，做好相应的准备，事情就会办得顺利；事前没有预见，事临时措手不及，就会把事情办砸。古人经过长年累月对此类事情的体验，总结出“凡事预则立，不预则废”。从坤下震上的卦象上看，惊雷震于平野，使大地振奋，这是阴阳最和乐的现象，有利于行军作战建功立业。

第一爻的爻辞为“鸣豫，吉”。指一个人有一点小成就便自鸣得意，一味行乐，胸无大志不求进取，时间一长，必有凶险。要避免凶险，就必须“先天下之忧而忧，后天下之乐而乐”（《岳阳楼记》范仲淹）。

第二爻的爻辞为“介于石，不终日，贞吉”。由于具有忧患意识，在众人于欢乐环境中沉迷不悟之时，却头脑清醒，不受其影响，意坚如石，决心执着于正道，待机而行去发展自己。这样做当然有好结果。

第三爻的爻辞为“盱豫，悔；迟，有悔”。欢乐应建立在有所成就之上，而有所成就又应建立在自己辛勤付出之上。若靠巧取豪夺或欺蒙拐骗或阿谀奉承等不正当手段获得的欢乐，是不长久的。如果不知改悔，麻烦之事就会接踵而来，也难再获得欢乐了。

第四爻的爻辞为“由豫，大有得；勿疑，朋盍簪”。负有国家和乐重任之人，要忠于君王，善待下属，相互信任，互不猜疑。这样定会得到君王的信赖，朋友的鼎力相助，形成上下团结一致，共同去创建和维持和乐的局面。

第五爻的爻辞为“贞疾，恒不死”。君王在长期的和乐环境中越来越不能自控，越来越得意忘形，甚至骄横奢侈、荒淫无度，致使国将不国。幸好有良相忠臣的鼎力相助，国家政权才得以延续。本爻告诫我们，切不可乐而忘忧，骄奢恣欲，而要居乐思苦，节欲自控，才能使和乐的局面长期延续下去。

第六爻的爻辞为“冥豫，或有渝，无咎”。指在一阵忘乎所以、昏天黑地的狂欢之后，突然悟出“乐极生悲”之理。从此再不举行不顾一切的过分狂欢了，使一切工作恢复正常，也就避免了灾祸的发生。

豫卦中的人生智慧主要体现在以下五个方面：第一方面，我们做任何事情都应遵循“凡事预则立，不预则废”的古训，做好全面地规划有序推进的办事与手忙脚乱的办事结果是大相径庭的。第二方面，我们应建立正确的欢乐原则，即“先下之忧而忧，后天下之乐而乐”。只顾个人欢乐，置集体于不顾的欢乐原则的影响。第三方面，获取欢乐的方法要正确，必须用自己的血汗和辛劳来获取欢乐，不能采取巧取豪夺，坑蒙拐骗，吹嘘拍马等不正当手段来获取欢乐。第四方面，欢乐应有度。在欢乐中要善于自控，不得意忘形，不乐而忘忧。不丧志沉溺，不骄奢淫逸，应保持清醒的头脑，适可而止。第五方面，不仅要懂得“物及必反”规律，而且要在物极必反之时，善于应对，果断采取措施，把损失减少到最低限度，或者延缓转化时间。

第九节　随蛊两卦中的人生智慧

（一）随卦中的人生智慧

随卦是《易经》中的第十七卦，可用符号表示为“䷐”，又称为泽雷随卦，其卦辞为“元、亨、利、贞，无咎”。天道运行创始、成长、和进、成果。万事万物都随天道运行，自然不会出现错误。本卦雷震于泽中，泽随雷以动。由于震代表动，兑代表悦，震动兑悦，由此动彼悦，这就产生了“随”的意义。人们要修养随德，就必须降尊屈贵，忘其贤智以下于人，而且要择善而随，切不可盲目随从。凡事要辨明利弊，慎于取舍，必如是而后方可言随。如果决定跟随时，则须顺应天时，遵序而进，才能顺利实现目的。

第一爻的爻辞为“官有渝，贞吉；出门交有功”。第一爻是阳爻，第二爻是阴爻，阳刚降其尊贵而从阴柔。即使官职被降低了，只要不抱怨，不灰心丧气，仍然追随正道，也会吉祥。打破门户之见，出门广交朋友，跟随众人一起去追求幸福，幸福就会到来。

第二爻的爻辞为“系小人，失丈夫”。指我们在追随他人时，一定要辨明忠奸、正邪、智愚，小心谨慎地进行选择，不可见权就跟，见利就随，如果追随的是坏人、庸人，就失去了追随贤德之士，智慧之人的机会，陷入万劫不复的困境。

第三爻的爻辞为“系丈夫，失小人，随有求得，利居贞”。指一心去追随能为国家或集体作出贡献的强人，而不去追随碌碌无为的庸人，自己也能为国家或集体作出一定的贡献。追随强人往往有趋炎附势之嫌，但只要我们动机纯正，就不必介意有什么样的闲言碎语。路走得正，哪管他人指手画脚，说三道四。

第四爻的爻辞为“随有获，贞凶；有孚在道，以明何咎”。追随他人的目的必须纯正，如果目的不纯正，只是为了给自己谋利益，那么就不会有好的结果，甚至遭灭顶之灾。唯利是图的人至死也不明白自己所犯之错，只有坚持走正道之人，才会幡然醒悟明白自己所犯的动机不纯之错。

第五爻的爻辞为“孚于嘉，吉”。追随什么人，最关键的问题是要选择正确。选择的总原则是择善而从。这个原则既包括下属对领导者的追随，也包括领导者对下属的选择与吸引。如果领导者以仁政与善行吸引下属，下属定会趋之若鹜。追随的对象选择正确，就会有好的结果。

第六爻的爻辞为“拘系之，乃从维之，王用享于西山”。一个人发展顺利，既有权又有钱，追随的人多，这是很自然的。如果一个人发展不顺利，既无权又无钱，甚至身陷囹圄，仍有人紧紧地追随，这就难而可贵了，其赤诚之心，犹如君王祭祀西山的祖先一样。

随卦中的人生智慧主要体现在以下五个方面：第一方面，追随他人的动机要纯，应是为了国家的富强，集体的发展，他人的利益去追随，切不可为了个人的私利去追随。第二方面，对追随对象的选择，忠奸随忠，正邪随正，强弱随强，智愚随智。总的原则是择善而从。第三方面，只要追随的是有德才之人，无论别人骂你趋炎附势，还是骂你卑鄙小人，均可置之不理，只管走自己的路。第四方面，始终坚持走正道，即使在追随中犯了动机不纯的错误，也要幡然醒悟，及时纠正。否则就会坚持错误，下场可悲。第五方面，要修身养性，做一个高尚的人，吸引他人都来追随自己，共同去建设美好的未来。

（二）蛊卦中的人生智慧

蛊卦是《易经》中的第十八卦，可用符号表示为“䷑”，又称为山风蛊卦，其卦辞为“元亨，利涉大川；先甲三日，后甲三日”。蛊者，腐朽败坏之象。事物腐朽败坏本是一件坏事，但也是一件好事。事物腐朽败坏到极点就必然走向反面。人们就要奋起改变这种状况，使事物获得新生。在这革故鼎新的过程中，存在有如渡涉大江的风险。但只要事前做好充分的准备，制订好周密的行动计划，即先甲三日，并估计到事后可能产生的结果，即后甲三日，就会无往而不胜，新的局面就一定会出现。

第一爻的爻辞为“干父之蛊，有子，考无咎，厉，终吉”。父亲存在的腐败，儿子有义务去消除。要消除父亲的腐败，谈何容易，困难重重。但儿子只要本着百善孝为先的原则去消除，就能克服重重困难，使父亲免于腐败带来的灾祸，结果吉祥如意。

第二爻的爻辞为“干母之蛊，不可贞”。清除母亲身边的情人，比清除父亲的腐败更为棘手。原因有三，其一家丑不可外扬，其二亲情不能伤害，其三母亲必须孝敬。鉴此，只有采用中庸缓和的方法来消除母亲之蛊。以劝恶向善、致力于未来为原则，尽量避免过多谴责已过去的事，维护好母亲的面子，有礼有节地缓和有序地，悄然无声地去掉母亲之蛊。

第三爻的爻辞为“干父之蛊，小有悔，无大咎”。儿子在消除父亲的腐败时，难免采取了一些矫枉过正之举，有伤父亲的尊严，事后稍感心中不安。在整治父亲的腐败过程中，虽对父亲有不敬之处，但不存在大的过错。

第四爻的爻辞为“裕父之蛊，往见咎”。如果儿子在消除父亲腐败之时，碍于父亲的尊严，不刨根究底，不彻底整顿，不矫枉过正，那么父亲身边的腐败势力未被消除，腐败现象依旧存在。这样父亲之蛊仍在，儿子只能自取其辱。

第五爻的爻辞为“干父之蛊，用誉”。要想彻底清除父亲身边的腐败势力，必须要任用贤能之士，刚柔并举，彻底整治，不留后患，方能见效。如果没有贤能之士相助，父亲之蛊就难以被消除。

第六爻的爻辞为“不事王侯，高尚其事”。贤能之士在整治国家和事业的腐败之后，看清了人们为了权力和利益不择手段，甚至违背道德良心地你争我夺的丑恶面貌，决然放弃高官厚禄，隐身市井做一些自己喜欢的对国家和人民有益的事情，尽自己微薄之力推动社会向前发展。比起那些偷鸡摸狗，尔虞我诈的人来说，是高尚无比的。

蛊卦中的人生智慧主要体现在以下五个方面：第一方面，蛊卦的蛊象是山下有风，风遇山阻而产生回荡，回荡之风使万物散乱，久之蛊败必然产生。告诫人们，一个社会各种信息都要流通，内外、上下、平行方向都要畅通无阻。这样社会就透明了，透明的社会进步就快。如果故意阻塞一些信息的流通，时间一长，蛊败现象就会产生。第二方面，腐败既是一件坏事，又是一件好事。因为腐败的事物经整治之后，将会以人们乐见的形式出现在人们的面前。第三方面，清除腐败是一个长期的艰苦的过程，不可能一蹴而就，必须事先进行充分的准备，制订周密的实施计划，并充分考虑到每项实行措施可能产生的后果，以及补救的方法。第四方面，清除蛊败要讲究方式方法，对父亲事业中的腐败现象，应采取矫枉过正，严肃整治的方法；清除母亲身边的情人，则宜采取中庸缓和，秘密进行的方法。第五方面，整治腐败，除旧迎新，必须任用贤能之士，只有他们才具有挽救败坏事业的智慧和能力，没有他们相助，整治腐败是难以成功的。

第十节　临观两卦中的人生智慧

（一）临卦中的人生智慧

临卦是《易经》中的第十九卦，可用符号表示为“䷒”，又称为地泽临卦，其卦辞为“元、亨、利、贞，至于八月有凶”。指阳气在增长之时，亨通、顺利、向好，但好景不长，到了阳光盛极而衰的八月，就可能产生凶险之事。本卦把人世之理寓于自然之理之中。君临天下之初，采取了一系列改善国家管理，减轻民众负担，促进农工商业发展，各方面都得到了休养生息。在这大好的局面下，时间一长，君王和官僚们逐渐得意忘形，进而骄奢、享乐、淫逸、腐化，老百姓生活在水深火热之中，改朝换代不可避免。假如君王和官僚们在大好局面下，仍能修身养性、居安思危，警钟长鸣，励精图治，大好局面仍能维持下来。

第一爻的爻辞为“咸临，贞吉”。第一爻是阳爻，又处在阳位上得正，象征阳气向阴气进逼时，是以谦卑至诚的人格和严谨端庄的行为进行感召，阴气自然与其配合，所以吉祥如意。用高尚的品德、真诚待人，人必服之。

第二爻的爻辞为“咸临，吉无不利”。君临天下治理国家，一方面要施仁政，以人为本，减轻老百姓的负担，尽量让老百姓过上好日子；另一方面严明法纪，使人们的行为都不超越法纪的规范，对以身试法者绝不宽容姑息，形成安定的社会局面。恩威并举，四海臣服，一派大好形势。

第三爻的爻辞为“甘临，无攸利；既忧之，无咎”。君临天下，最关键的是要给老百姓看得见摸得着的实惠，老百姓自然就会臣服。如果用一些不着边际的空话、大话，如远大宏伟的目标，美好无比的未来等来哄骗老百姓，时间一长，老百姓没有从中获得实利，就会失去老百姓的信任。如果及时发现自己的错误，并立即进行纠正，尚不至导致灾祸的到来。否则，后果是极其严重的，不堪设想的。

第四爻的爻辞为“至临，无咎”。君王不辞劳苦，亲自理政，深入民间进行巡查，对贪官污吏革职待审，对欺压百姓的恶霸就地处决。对自然灾害进行有效治理，对百姓疾苦及时解决，对冤假错案一律平反昭雪，这样做自然会得到老百姓的真心拥护。国家的灾祸就不会发生。

第五爻的爻辞为“知临，大君之宜，吉”。君王亲自理政当然好，但当疾病缠身或经验缺乏或精力不足之时，应选用贤能之士来管理国家大事。国家在贤能之士的有效管理下，定会逐步走向富强。

第六爻的爻辞为“敦临，吉无咎”。处在国家管理层面上的人需修身养性，善良敦厚，宽宏大量，才能在行使国家管理权力时体恤民众，爱护民众，也能得到民众的尊重和拥护。才会使国家富强，民众幸福。

临卦中的人生智慧主要体现在以下五个方面：第一方面，人世之理相同于自然之理，即万物到了“阳临阴消”，阳气盛极而衰的时期，就发展受阻，局面不利。这一认识，使我们在“阴临阳消”之时，保持高度警惕，尽量保持住好的局面，尽量减少损失。第二方面，处在管理层面上的人首先要修身养性，提高道德修养，应用高尚的人格感召人、吸引人。千万不要迷信权力，用权力去压服别人的人，最终会被他人的权力压服。第三方面，国家管理既需要仁政，以人为本、宽容体恤，也需要纪律和法律来规范人们的行为，对作奸犯科者，严惩不贷。第四方面，管理国家一定要给老百姓实惠，老百姓天天面临油盐柴米的具体生活问题，只有让他们感到衣食无忧，他们才无怨言，更不会起来反抗。如果只用一些好听的空话、假话来哄骗老百姓，时间一长，老百姓的穷困生活没有得到改善，老百姓就会揭竿而起。第五方面，管理国家君王最好是亲自理政，到民间巡查疾苦。倘若因其他原因不能亲自理政时，则要任用贤能之士来管理国家，国家才能管理好。如若任用爱讲奉承话的奸佞小人，亡国就是迟早的事。

（二）观卦中的人生智慧

观卦是《易经》中的第二十卦，可用符号表示为“䷓”，又称为风地观卦，其卦辞为“盥而不荐，有孚颙若”。观看、观察是人类生存的本领之一，也是人类不断进步的阶梯。本卦中的观主要是指观瞻。因为二阳爻在上，四阴爻在下，形成柔顺的四阴爻观瞻刚毅有力的二阳爻之象。在观瞻时既要认真又要诚敬，要像在祭祀之前洗手时，虽尚未把祭品奉献给神灵、祖先，但态度却像奉献祭品时一样的虔诚和恭敬。老百姓观瞻君王将相，君王将相应以身作则，严格要求自己，以良好的德性、高尚的人格为老百姓作好学习的榜样。

第一爻的爻辞为“童观，小人无咎，君子吝”。儿童观察事物幼稚、浅显，甚至完全错误。老百姓像儿童一样用简单的头脑，短浅的目光去观察事物，并无大碍。如果有一定社会影响的君子不高瞻远瞩，深谋远虑地看问题，而是像老百姓一样幼稚，浅薄地看问题，给社会带来的负面影响就大，对本人来说也是一种耻辱。

第二爻的爻辞为“窥视，利女贞”。古时候女子一般都足不出户，只有在门缝中偷偷地观察外面的世界，必然会褊狭地看待事物，但情有可原。如果一个男子像女子一样在门缝中偷偷地观察事物，就缺乏堂堂正正，光明磊落的男子汉气概。

第三爻的爻辞为“观我生，进退”。观察审视自我的生活状况，该进取的则进取，该退避的则退避。本爻实指一位地方行政官员，要随时审视自己制定的方针政策，管理条例是否符合社会实际，是否能给老百姓带来实惠。能给老百姓带来实惠的要坚持，不能给老百姓带来实惠的，甚至是为害一方的要坚决取消，不要为了讨好上司，为了自己生官发财，而不顾百姓死活。

第四爻的爻辞为“观国之光，利用宾于王”。认真观察了解一个国家的管理情况，君王是否贤明，是否礼贤下士，政令是否畅通，官员是否尽职，社会是否稳定，道德风气是否良好，百姓是否安居乐业。如果了解到这个国家管理良好，君王又特别尊重贤能之士，便决定去辅佐这个国家。

第五爻的爻辞为“观我生，君子无咎”。本爻是阳爻居于尊位，又处在上卦之中，象征君王坚守正道，勤政爱民。君王想了解自己制定的方针政策在国家治理中发挥作用的好坏，不仅经常听取官员的汇报，而且还经常深入民间调查研究，一旦发现有不妥之处，就立即纠正，确保不发生大的错误，不产生大的损失。

第六爻的爻辞为“观其生，君子无咎”。要想把自己管理的地区治理得井井有条，就经常去观察了解其他地区的管理情况，认真吸取其他地区管理上的经验与教训，改善自己的管理方法，把自己管理的地区治理得更好，灾祸就不会降临。

观卦中的人生智慧主要体现在以下五个方面：第一方面，观察是人们了解事物认识世界的主要方法，必须勤于进行，绝不可懈怠。第二方面，领导者是被观察的重点，必须严格管控自己，不能随心所欲，言必有理，行必合道，才能让被领导者敬服。第三方面，居于管理层面上的人观察事物要站得高看得远，要看清问题的本质，要看出问题的重点，千万不能像一般的人看问题那样随便、浅薄，才有利于解决问题。第四方面，管理一地区的行政官员要随时审视自己所制定的管理条例是否符合社会实际，是否能给老百姓带来实惠。对老百姓的疾苦要如实上报，尽快解决，不能为了自己升官发财，不顾老百姓死活，一味奉承上司，不讲实情，为害一方。第五方面，一个地区的管理者要经常去观察其他地区的管理情况，善于吸取其他地区的经验教训，从而改进自己辖区的管理，让百姓能安居乐业。

第十一节　噬嗑贲两卦中的人生智慧

（一）噬嗑中的人生智慧

噬嗑卦是《易经》中的第二十一卦，可用符号表示为“䷔”，又称为火雷噬嗑卦，其卦辞为“亨，利用狱”。卦象似张大的嘴，第一爻与第六爻形似上下唇，第四爻似嘴中一硬物，如果不把硬物咬碎嚼细而吞下肚，就会产生消化不良的后果，反之肠胃就能顺利消化。社会中也存在坏人，如果不对其绳之以法，坏人就会破坏社会的安宁。只有把坏人关进监狱，限制自由，坏人对社会的破坏作用才能避免。

第一爻的爻辞为“屦校灭趾，无咎”。对初次犯罪的人处以较轻的刑罚，判其戴脚镣，割其大脚趾。这种惩罚，一方面使其悔过，不再犯罪，另一方面警示世人，犯罪没有好的下场，从而遵纪守法，不去犯罪。

第二爻的爻辞为“噬肤灭鼻，无咎”。对于罪行轻重的犯人，如偷吃好肉的人，加重惩罚，割掉鼻子，使人人皆知。对轻罪轻惩，对重罪重惩，可以使人戒惧，恰当量刑可以使人心服，从而达到惩凶禁恶的目的。

第三爻的爻辞为“噬腊肉遇毒，小吝，无咎”。第三爻是阴爻处在阳位上，不中不正，象征司法者在没有彻底调查清楚案情之前，就进行判处，存在定性不准、量刑不当的错误。但只要认识错误，并加以改正，再犯错误的情况就会大大减少。

第四爻的爻辞为“噬干胏，得金夫，利艰贞，吉”。本爻以啃食干硬的兽肉。而且肉中不仅带骨，还有折断的铜箭头来比喻司法审判的复杂和艰难。案情错综复杂，扑朔迷离，证言真假难辨，过程各说不一，检验报告不一定准确等。故此判案人员必须公正无私，刚毅果断，综合分析，冷静推导，反复斟酌，才会少犯或不犯错误，做出正确的判决。

第五爻的爻辞为“噬干肉，得黄金，贞厉，无咎”。本爻以啃干肉，肉中有黄金，不小心吞下肚，便有生命之忧，来比喻秉公判案也存在危险。一是有的案子坏人设有陷阱，稍有不慎就会落入其中。二是有的大案要案权贵要人牵涉在其中，如果置他们的利益于不顾，秉公判决，就会得罪他们，一有机会就会受到他们的打击报复。须慎之又慎，刚柔并济，不给机会与任何人。

第六爻的爻辞为“何校灭耳，凶”。对严重损害社会利益，对老百姓生命财产构成威胁的重犯，要严加惩处，枷锁其肩，割其耳朵，关进牢房，使其无法再危害社会。这是小错不改，大错必至，恶贯满盈者的必然下场。

噬嗑卦中的人生智慧主要体现在以下五个方面：第一方面，对危害社会安宁的作奸犯科者，应严加惩处，使其无法再危害社会。第二方面，对初犯和轻罪也要加以处罚，有效制止罪恶的蔓延，同时警示世人不要以身试法，达到小惩大诫的目的。第三方面，判处犯罪，定性要准确，量刑要恰当，轻罪应轻处，重罪应重处，使罪犯心服口服，从而改过自新，改恶从善。第四方面，由于案情的错综复杂，扑朔迷离，在判决过程中，难免会出现定性不准，量刑不当的情况，对此要及时加以纠正，尽量减少误判、错判。第五方面，审判者会受到各方面的干扰，黑社会的威胁、高官显贵的要挟、亲朋好友的说情等。只有不徇私舞弊、公正严明、不畏权贵、秉公审理，又把握好刚柔并济的原则，才能正确判案，维护法律的尊严。

（二）贲卦中的人生智慧

贲卦是《易经》中的第二十二卦，可用符号表示为“䷕”，又称为山火贲卦，其卦辞为“亨，小利有攸往”。“贲”的引申意义为修饰。人类社会发展到一定历史阶段，社会管理者认识到，必须构建一套礼仪制度，来规范人们的行为，才能把社会治理得井井有条，社会才能安宁。礼仪制度就是对人们行为的利益修饰，它的推行是人类社会进步的标志，它的意义不仅是促进了社会的进步和安宁，而且使人类社会集体生活得到美化。礼仪修饰推行起来畅通无阻，有利于社会的向前发展。

第一爻的爻辞为“贲其趾，舍车而徒”。人的社会地位不一样，即社会等级不同，对不同等级的人，礼仪修饰规范的内容也不一样。第一爻是本卦的最底层，象征人的地位卑下，如果他乘坐华丽的马车，就会给人不伦不类之感。因此他只好选择穿漂亮的鞋来修饰自己，而不去乘坐与自己等级不相符合的华丽马车。

第二爻的爻辞为“贲其须”。生活在社会最底层的人不能在身体的明显之处进行礼仪修饰。否则就有僭越身份之嫌。处在第二爻位置上的人们社会地位要高于最底层的人们，他们可以在身体的明显部位进行礼仪修饰，可以把胡须修饰得漂亮示人。

第三爻的爻辞为“贲如濡如，永贞吉”。第三爻是阳爻，处在第二爻、第四爻两阴爻的上下合围之中，很容易被润泽亮丽的修饰所惑，因此必须对光泽柔润令人陶醉的修饰保持清醒头脑，要透过外表看本质，并且随时严格要求自己，管控好自己，始终坚持走正道，不被金钱美色，高官显爵所惑，就会吉祥如意。

第四爻的爻辞为“贲如皤如，白马翰如，匪寇，婚媾”。一群穿白衣骑白马的男子汉，策马在路上狂奔，看起来就似一群打家劫舍的强盗，实际上却是一伙去娶亲的队伍。本爻用比喻告诫人们，修饰与本质是有区别的，不能把它们混为一谈。有的人礼仪修饰得文质彬彬，但却是一个男盗女娼之徒。识人辨物不能只看表面，必须看其本质。

第五爻的爻辞为“贲于丘园，束帛戋戋，吝，终吉”。嫁女方在庭院张灯结彩，把屋子装饰得富丽堂皇，来迎接娶亲队伍。男方送的聘礼并不丰厚，显得有点吝啬。然而姑娘嫁给这种俭朴的男人，以后的日子一定好过。由此说明在进行礼仪修饰时不能脱离朴质，过分的礼仪修饰就变成繁文缛礼，既脱离朴质，又显得虚伪。

第六爻的爻辞为“白贲，无咎”。礼仪规范的推行使社会得以安宁。此时，过分强调礼仪修饰的现象就产生了，繁文缛节、铺张浪费成风。社会管理者对此提出返璞归真的要求，主张朴实无华的修饰。这对推行礼仪修饰是有益无害的。

贲卦中的人生智慧主要体现在一下五个方面：第一方面，推行礼仪规范是人类社会从野蛮到文明的必由之路，它使一个动荡杂乱的社会安宁下来。第二方面，礼仪规范是根据社会地位的不同来制订的，社会地位不同礼仪规范的内容就不一样，这对当时的社会安定起了不可低估的作用。第三方面，礼仪修饰虽然是必要的，但应该恰如其分，不可过分进行，否则就会产生繁文缛节、铺张浪费的现象。第四方面，一个人的礼仪修饰好，不等于他的本质就好。修饰与本质是有区别的，要注意区别，要透过表面现象看其本质。第五方面，奢侈富丽的修饰既浪费，又虚伪，还有自我炫耀之嫌，朴素无华的修饰既节俭，又实在，还是修养贲德的必由之路。

第十二节　剥复两卦的人生智慧

（一）剥卦中的人生智慧

剥卦是《易经》中的第二十三卦，可用符号表示为“䷖”，又称为山地剥卦，其卦辞为“不利有攸往”。阴阳变化无常，一会儿阳长阴消，一会儿阴盛阳衰。本卦由下往上一连五爻皆阴，唯有第六爻是阳，阴盛阳衰之势非常明显。象征世上小人得势猖狂，贤能之士失势困顿。阴长阳消之时，阳宜静不宜动。同理，当小人占优势时，贤能之士亦宜静观其变，不可妄自进取，以免自取其辱。再有，本卦坤下艮上，坤代表地，艮代表山。山本高峻而巍峨，现却附于地，是尊附于卑，贵附于贱，剥蚀毁坏之象。若地基被剥蚀墙就可能倾倒，若百姓生活在水深火热之中，朝庭就有被推翻的危险。

第一爻的爻辞为“剥床以足，蔑贞凶”。床脚已剥蚀，若视而不见，就会有凶险。任何事物的剥蚀都有一个过程，如果在其开始剥蚀时，就加以注意，进行补救，必会延长其剥蚀过程。倘若对开始剥蚀时不予重视，必然加速事物的腐烂。

第二爻的爻辞为“剥床以辨，蔑贞凶”。不仅剥蚀床脚，而且还剥蚀到床板了，如果对越来越严重的剥蚀仍不予重视，就更有凶险。以此比喻，当邪恶势力逐渐壮大时，必须及时镇压，彻底打击，连根拔除。否则，一旦成气候，就难以对付了。

第三爻的爻辞为“剥之，无咎”。一架床在不重要的部分有轻微的剥蚀现象存在，不影响到床的安全问题。这架床仍然可以继续使用，不会出什么大的问题。以此说明，对剥蚀现象既要重视，不能掉以轻心，又要区别对待，不能因噎废食。

第四爻的爻辞为“剥床以肤，凶”。寝床由下到上，由内到外，四周都被剥蚀了，险象明显，应弃而不用。告诫人们，当一个事物被彻底剥蚀时，要勇于抛弃，决不留念。否则，就有凶险产生。

第五爻的爻辞为“贯鱼，以宫人宠，无不利”。以君王后妃如同贯穿在一起的鱼一样，依次入宫侍寝为喻。说明人类社会的剥蚀与事物的剥蚀不完全相同。人类社会中的剥蚀，剥蚀者可以根据情况改变剥蚀状况。本爻处在尊位象征皇后，以下四阴爻就应是皇妃，又居上卦之中，具有中正之心，本来想率领诸阴爻侵剥阳刚的第六爻，但自忖无此能力，使转而采取率领诸阴爻一起奉承在上的阳爻。这样的转变是非常有利的。

第六爻的爻辞为“硕果不食；君子得舆，小人剥庐”。社会积累的财富仅掌在一小撮当权的坏人手中，老百姓无从分享。因此，老百姓要选择和支持贤能之士去掌握政权，才能过上耕有其田、居有其屋，行有其车的好日子。如果让一小撮坏人继续控制朝庭，那么老百姓恐怕连茅草屋也住不上。

剥卦中的人生智慧主要体现在以下五个方面：第一方面，一味追求奢侈华丽的礼仪修饰，就必须会出现腐败现象。这一物极必反的规律是不以人的意志为转移的。对此应有清醒的认识和应对的措施。第二方面，在阴长阳消之时，阳宜静不宜动。即在小人得势，公理不彰，正义湮没，黑白颠倒，危机四伏之际，贤能之士宜韬光养晦，忍辱负重，待峰回路转之时。第三方面，事物刚开始剥蚀时，就要予以重视，不能置之不顾，不能任其发展，否则会产生凶险的后果。第四方面，人类社会中的剥蚀与事物的剥蚀不完全相同。事物的剥蚀会越来越严重，人类社会中的剥蚀，由于剥蚀者改变了态度和做法，剥蚀就会停止，甚至转变为反剥蚀。第五方面，在政治腐败时期，老百姓应全力支持贤能者上台掌控权力，才会有好日子过。如果让坏人继续搞腐败，日子就难以相继。

（二）复卦中的人生智慧

复卦是《易经》中的第二十四卦，可用符号表示为“䷗”，又称为地雷复卦，其卦辞为“亨，出入无疾，朋来无咎，反复其道，七日来复，利有攸往”。自然界中日月天天东升西落、西起东坠，春夏秋冬年年四季更迭，植物生茂老死过程不断重复，阴阳二气你消我长从不间断。《易经》以一阴初生的姤卦“䷫”开始，经过遁卦“䷠”、否卦“䷋”、观卦“䷓”、剥卦“䷖”，到坤卦“䷁”的全阴卦为止，又重新出现一阳初生的复卦“䷗”、临卦“䷒”、泰卦“䷊”、大壮卦“䷡”、夬卦“䷪”到乾卦“䷀”的全阳卦，来表达自然界有来必有往的规律（以上十二卦称为月卦或消息卦，泰卦为一月、大壮卦为二月、夬卦为三月、乾卦为四月、姤卦为五月、遁卦为六月、否卦为七月、观卦为八月、剥卦为九月、坤卦为十月、复卦为十一月、临卦为十二月）。阴极而阳，阳极而阴，阴阳往返循环，这是自然的法则。阳刚之气去而复返，阴消阳长，万物亨通，阳气自下而上运行不可阻挡，即使来很多朋友聚会，也不会闹出什么问题。阴阳的消长去而复返遵循每七天来回一次的规律、有利于万物生生不息，亨通顺利。

第一爻的爻辞为“不远复，无祇悔，元吉”。第一爻是本卦中唯一的阳爻，一阳初生，元气刚复，宜于静养，不可有大的动作，所以走出不远就返回了。一方面养精蓄锐，以便更好地前进；一方面检查有无过失，若有就马上纠正。这样不会犯盲目冒进的错误，也不会有后悔，此后会走得越来越顺利，越来越远。

第二爻的爻辞为“休复，吉”。第一爻的阳刚之气象征新生事物，也象征真、善、美，即正道。第二爻最靠近它，说明其紧紧地跟随正道。“休复“就是回归到正道，当然吉祥、亨通。

第三爻的爻辞为“频复，厉，无咎”。在前进的过程中不断犯错误、幸好每次都能及时发现错误，纠正错误，回到正确的方向上来。经常犯错具有一定的危险性，但每次都能及时改正，大的凶险就不会产生。如果犯了错误，既不认识错误，更不改正错误，凶险就一定会产生，灭顶之灾就会到来。

第四爻的爻辞为“中行独复”。和众人一起前行，发现前进的方向不对，独自一人脱离大队，返回到正确的方向上来。这种不随波逐流，独善其身的精神值得学习。人云我云，随其流，扬其波的人不一定有好下场。

第五爻的爻辞为“敦复，无悔”。位高权重之人，也应敢于承认错误，改正错误，真心实意地返回正道，给众人做好榜样，起好表率。这样才不会有悔恨。若是领头走错了路，就会遗憾终生。

第六爻的爻辞为“迷复，凶，有灾眚；用行师，终有大败，以其国君凶，至于十年不克征”。走错了道路，盲然不知，仍继续前进，没有及时返回到正道上来，必然产生凶险。如果领兵打仗出现这种情况，仗就打不胜，国家就会产生混乱，甚至君王都会遭殃。只要出现这种情况，十年都难重整旗鼓，东山再起。

复卦中的人生智慧主要体现在以下五个方面：第一方面，让人们懂得了阴长阳消、阴消阳长，阴阳循环，万物亨通，生生不息的规律。第二方面，当正义力量刚崭露头角时，不要盲目行动，而要积蓄力量，再谋发展，否则会遭受挫折。第三方面，在前进过程中错误是难免的，要勇于承认错误，改正错误，方能继续前进，若是坚持错误不改，必定产生凶险。第四方面，要坚持正道，就必须具有独立思考，独立判断的能力，哪怕许多人把错误当成真理，也能独善其身。第五方面，当手握大权时，也要敢于承认错误，真心诚意地回归正道，为众人做好榜样，营造良好的社会风气。

第十三节　无妄大畜两卦中的人生智慧

（一）无妄卦中的人生智慧

无妄卦是《易经》中的第二十五卦，可用符号表示为“䷘”，又称为天雷无妄卦，其卦辞为“元、亨、利、贞，其匪正，有眚，不利有攸往。”本卦下卦是“震”，为雷、为动，上卦是“乾”，为天、为健。天在上雷在下，动而健，刚毅正中，畅行无阻，创生万物，利益众生。卦辞是说，为人处世不虚伪、不妄为，就会顺利、亨通，就会获得利益，而且完全合乎正道。要是虚伪妄为，偏离正道，就会遭灾遇难，办什么事情都会以失败告终。

第一爻的爻辞为“无妄，往吉”。本爻是下卦的主爻，又是阳爻，又处在阳位上。阳气初升，就刚健有力，象征为人处事不虚伪、不妄为，是从内心出发的，办任何事情都吉祥如意，前途无量。

第二爻的爻辞为“不耕获；不菑畬。则利有攸往？”本爻是阴爻处在阴爻位置上，又处在下卦的中间，柔顺而中正，不存在不切实际的妄想。爻辞是说，没有播种耕耘就想收获粮食，没有开垦荒地就想得到良田熟地，这种不切实际的非分之想不会给我们带来任何好处。

第三爻的爻辞为“无妄之灾，或系之牛，行人之得，邑人之灾。”世间之事非常复杂，不要认为诚实无妄，就能避免灾祸。有时即使诚实无妄，也有灾祸降临。爻辞是说，哪怕你诚实无妄，也不能完全避免灾祸，依然存在产生灾祸的可能性，例如一头栓在路边树桩上的牛，被路人顺手牵羊带走，失牛者找不到牛，就会怀疑住在附近村庄里的人偷了他的牛，住在附近村庄里的人都遭受了不白之冤。

第四爻的爻辞为“可贞，无咎”。虽然诚实无妄不能完全避免灾祸，但为人之道，仍然要坚持诚实无妄，特别是身居高位的人，更应坚持不虚假、妄为的正道。如此，或能避免灾祸或能逢凶化吉。

第五爻的爻辞为“无妄之疾，勿药有喜。”第五爻是阳爻，既处在阳位上，又处在尊位上，处中得正。同时与相应的第二爻又阴阳相应，显然达到无妄中非常完美的程度，就像得了疾病不要吃药就好了一样。爻辞是说，偶感风寒，对自己的身体具有信心，不胡思乱想，不猜想神疑，镇静自若，积极进行身体调理，不用吃药，也能恢复到健康状态。

第六爻的爻辞为“无妄行，有眚，无攸利。”本爻处在无妄卦的顶端，诚实无妄到了极端，在任何情况下都不变通，应该变时，也不变通，就会走向反面。极端的诚实无妄，必然固持已见，对任何事情都不利，甚至给自己带来灾难。

无妄卦中的人生智慧主要体现在以下六个方面：第一方面，天地万物是客观存在的，我们必须正确认识，真实表达，才合乎正道。第二方面，为人处世必须诚实无妄，安守本分，才能得到人们的信任和尊重，事业的发展才会通畅、顺达、成功。第三方面，诚实无妄不能装模作样，进行作秀表演，而要发自内心，才能发挥良好的作用。第四方面，心存非分之想，为人处世虚伪狡诈，进行坑蒙拐骗，可能得逞于一时，最终是不会有好结果的。第五方面，世间之事复杂万分，不可简单认为诚实无妄就不会有灾祸产生。实际上偶然而来的灾祸，在任何情况下都可能降临。只是诚实无妄者往往能逢凶化吉，转祸为福。第六方面，诚实无妄到极点，就不知变通，固执己见对事不利，对坏人、敌人也诚实无妄，就会反遭祸殃。

（二）大畜卦中的人生智慧

大畜卦是《易经》中的第二十六卦，可用符号表示为“䷙”，又称为山天大畜卦，其卦辞为：“利贞，不家食吉，利涉大川。”本卦下卦是“乾”，为天、为健，上卦是“艮”为山，为止。止莫若山，大莫若天。天在山中，可见所畜之大。天又代表正道，可见所畜不仅大而且所畜的是正道。正道中最重要的是畜德，人畜其德，能善待他人，也会得到他人的爱戴和尊敬；国畜其德，能养贤用才，使贤能之士可充分发挥治国才干，把国家治理成为国强民富之国。其次是畜才，人畜其才，才能为国家建功立业，才有本事为人民谋福利；国蓄其才，科技才能发达、领先，国家才能强盛。再其次是畜财，人畜其财，不是为了解决个人的温饱，而是为了救济贫穷百姓。国畜其财，不是为少数统治者提供花天酒地的享乐和挥霍，而是为了普天下老百姓能过上幸福美满的生活。卦辞是说，德、才、财兼畜的贤能之士，不是在家无人问津，而是得到国家的重用，于国于己都是非常有利的。既有利于个人走出困境，发挥自己的治国之才，又有利于把国家建设得更好。

第一爻的爻辞为“有厉，利已”。意气风发向前行进之时，却遭到极大的阻碍，使继续前行困难重重。若贸然前行，就有被重创之险，若停下脚步，养精蓄锐，探寻能突破险阻之路，待继续前行的条件成熟之后，再前行才有是有利无害的。

第二爻的爻辞为“舆说輹”。当前行的车子革绳脱落后，就不要勉强前行，应停下来修理好了再前行。启发我们当停则停，应止则止，甚至在险阻出现之前，先机而止。应认识到止不完全是被动的、消极的，有时止是为了更好地进。

第三爻的爻辞为“良马逐，利艰贞。日闲舆卫，利有攸往”。良马竞跑，训练有素者胜。官场竞争，德才兼备，不辞劳苦，勤奋工作者胜。训练战车士兵，不可一日有闲，必须坚持日日苦练，才有利在战场上取得胜利。我们做任何事情都必须吃苦耐劳，积蓄力量，才能厚积薄发，获得成功。

第四爻的爻辞为“童牛之牿，元吉”。畜的目的是积蓄力量，或者使要办之事获得成功，或者能防御凶险的产生。给还未长角的童牛头上装上防止触人的横木，就能够防御触人凶险的产生。这种防患于未然、止恶于未形是畜的另一种形式，它不仅能挽救可能的受害者，还能挽救作恶者，是一种非常吉祥的形式。

第五爻的爻辞为“豮豕之牙，吉。”公猪性情凶猛，其獠牙可能给人带来凶险，如果对其阉割，它即使有獠牙，也不会给人造成凶险。因为被阉割后的公猪性情变得温和。这种釜底抽薪的方法也是畜的另一种形式。这种方法能从根本上解决问题，非常吉祥。

第六爻的爻辞为“何天之衢，亨。”畜德，畜才，畜财都有所成就，厚积薄发的时机已经到来，可展翅高飞，一鸣惊人，为国建功立业，为民带来福利，实现远大抱负。

大畜卦中的人生智慧主要体现在以下五个方面：第一方面，寓进于畜，先畜而后动，欲动先止，止而后动的哲学思想，为我们留下了宝贵的精神财富。第二方面，任何事物的发展都不会是一帆风顺的，在遭到险阻之时，不要盲目行动，铤而走险，而应积蓄力量，寻找冲破险阻的方法。第三方面，停止也是一种积蓄力量的方法，该进时要勇敢地进，当止时要毫不犹豫的止，止不是消极而止，而是为了更好地进，也有利于更好地进。第四方面，防患于未然，止恶于未然，甚至对可能形成的恶进行釜底抽薪，都是畜的另一种形式，必要时都可采用。第五方面，畜德、畜才、畜财，其中最重要的是畜德，人有其德，能善待于人，国有其德，能善待于民。虽然畜德最重要，但畜才与畜财也不能偏废。否则，德也不能充分发挥作用。

第十四节　颐大过两卦中的人生智慧

（一）颐卦中的人生智慧

颐卦是《易经》中的第二十七卦，可用符号表示为“䷚”，又称为山雷颐卦，其卦辞为“贞吉观颐，自求口食”。本卦下卦为震卦，上卦为艮卦，两个阳爻分别处在最低端和最顶端，如同张嘴食物，含有“养”的意义。艮卦是山为止，震卦是雷为动，即上止而下动，具有颔颐潜修之义。因此颐有两层含义，一是饮食营养，二是颐情养性。饮食要取之有道，不能夺他人之食，营养要合理，生活要有规律，饮食要有节制，大吃大喝，不仅没有营养，反而会损坏身体；颐情养性就是慎言以养其德，以免祸从口出。卦辞的含义是，颐养必须坚守正道，方能获得吉祥。观察万物颐养的现象，探寻自己颐养的正确方法。

第一爻的爻辞为“舍尔灵龟，观我朵颐，凶”。吃着美味的龟肉仍不满足，停下来羡慕他人口中之食，这钟吃着碗里望着桌上贪得无厌的行为，是没有好结果的。

第二爻的爻辞为“颠颐，拂经；于丘颐，征凶”。本应向弱势群体提供颐养，却让弱势群体为自己提供颐养，完全违背了常理。而且还想得到富有者的施舍。这种不劳而获，违背自力更生原则的行为，前途必有凶险。

第三爻的爻辞为“拂颐贞凶，十年勿用，无攸往”。从上爻可以看出，颐养必须走自力更生的道路。倘若采取不正当的手段，甚至使用豪取强夺的方法来进颐养，就会招致凶险，任何时候都应避免这样的颐养行为，而采取正当的颐养行为。

第四爻的爻辞为“颠颐，吉；虎视眈眈，趁其欲逐逐，无咎”。只要国家的管理措施适当，能让老百姓安居乐业，家有余粮；只要国家把向老百姓征收的赋税用于颐养能把国家理好的贤能之士，即使向老百姓征收赋税，表面上看来就像恶虎扑食那样虎视眈眈，其欲难遂，老百姓也能理解，不会出现什么问题。

第五爻的爻辞为“拂经，居贞吉，不可涉大川”。在发扬自力更生精神都不能克服困难下，不得不用他人的资助进行颐养，只要把难以克服的困难情况如实地告诉他人，就能得到他人的支持，从而渡过难关。在自己不能自身颐养的情况下，绝不可靠非正当的手段去获取颐养。

第六爻的爻辞为“由颐，厉吉，利涉大川”。自己具有颐养大众的条件，就应发挥奉献精神，尽其力而为之。虽然财产耗尽也在所不惜。大众得到自己的颐养，一定会帮助自己渡过难关，东山再起，何愁之有。

颐卦中的人生智慧主要体现在以下五个方面：第一方面，颐养自己是必要的，但必须要建立在自力更生的基础上，不要去依赖他人，更不能夺人之食。第二方面，饮食营养要合理，生活要有规律，饮食要有节制，不能大吃大喝，更不能铺张浪费。第三方面，颐养的重点是怡情养性，遇事要慎言以养其德，以免祸从口出。第四方面，有能力颐养他人时，要尽力而为，不要有所保留，即使财产耗尽，也可东山再起。第五方面，在万般无奈下，也可求养于人，但求养动机要纯正，并且要有感恩之心。

（二）大过卦中的人生智慧

大过卦是《易经》中的第二十八卦，可用符号表示为“䷛”，又称为泽风大过卦，其卦辞为“栋桡，利有攸往，亨”。本卦第一爻和第六爻都为阴，中间四爻皆为阳，显然阳刚过盛，阴柔不足（阳为大，四阳两阴为过，所以称为大过。），形如木材的中间坚实而两端软弱。如果用这样的木材做房屋的栋梁，就有可能被压弯，房屋就有倒塌的危险。倘若及时发现，换上一根能胜重压的栋梁，房屋就比原来还结实、经用。坏事发现得早，并加以及时纠正，就能变成好事。推而广之，一个企业或一个国家，担当重要作用的人，若发现其力所不逮之时，就应另选贤能来担当，改善原有的管理，取得更好的效果。

第一爻的爻辞为“藉用白茅，无咎”。指把一层洁白的茅草铺在贡品之上进行祭祀，这样虔诚和恭敬是不会有错的。喻示处在低下层的人，做事必须小心谨慎，对人以诚相待，礼节周到，对上恭敬有加。这样往往就能把事情办好。

第二爻的爻辞为“枯杨生稊，老夫得其女妻，无不利”。第二爻是阳刚过度的起点，与第五爻又不相应，在这困难时期，第二爻不拘常规，反过来与第一爻发生关系。也就是枯杨树由下方吸入阴气，而生出新芽。象征老汉娶了年轻女子为妻，并有了儿女。说明在生存发展的困难时期，需勇于打破常规，利用各种方法来争取生存和发展。

第三爻的爻辞为“栋桡，凶”。栋梁受到重压产生弯曲，凶象显露，若不及时加以纠正，房屋就有倒塌的危险。如果还有其他的栋梁相撑，即使受重压栋梁也不会弯曲。象征肩负重任的人必须有人支持、辅佐，共同去完成使命。要是刚愎自用，专横独断，一意孤行，就会有辱使命，陷于险境。

第四爻的爻辞为“栋隆，吉，由它吝”。经得起重压的栋梁当然好。但如果其他的横梁不得力，这根合格的栋梁也会独木难撑，房屋仍然不安全。由此可推，当担重任的贤能之士，在完成自己的使命时，也需要环境的配合。一个有利的环境，对事业的成功，有着重大的影响，切不可轻视。

第五爻的爻辞为“枯杨生华，老妇得其士夫，无咎无誉”。濒临死亡的枯杨即使开了花，也没有多少生机，只不过是回光反照而已，而且开的花也不能结果，只会加速枯杨的死亡。喻示在困难重重，危机四伏的险境中，不能打肿脸充胖子，不能做华而不实的表面文章，更不能作过分夸大的宣传。否则，不仅于事无补，而且还会在险境中越陷越深。老太婆已进入晚年嫁给一个中年男士，想再生儿育女，显然是一种痴心妄想，不宜提倡。

第六爻的爻辞为“过涉灭顶，凶，无咎”。处在险境中，如像渡江时水淹过头顶，危险万分，但只要沉着镇静，选择好的脱险方法，拼死搏斗，就会重新浮出水面，脱离险境。若遇险就惊慌不已，胡拼乱斗，就可能丧失生命。

大过卦中的人生智慧主要体现在以下六个方面：第一方面，有过错不要紧，关键是要及时发现和纠正过错，让坏事变成好事。第二方面，在处于不利地位时，行事必须小心谨慎，对人必须诚恳有礼，才有利于把事情办好。第三方面，在生存发展遇到困难之时，要勇于打破常规，善于利用有利于生存发展的各种方法来求得生存发展。第四方面，在身负重任之时，切忌孤家寡人、独断专行，要尽量争取更多人的支持和辅佐。第五方面，处在重重困难之中时，唯一的方法是，脚踏实地，奋力拼搏去克服困难，切不可去做表面文章，作过分夸大宣传，自欺欺人，加速灭亡。第六方面，在遇到灭顶之灾之时，不要惊慌失措，而要沉着镇静，选择好脱身的方法，拼死搏斗去求得生存。

第十五节　坎离两卦中的人生智慧

（一）坎卦中的人生智慧

坎卦是《易经》中的第二十九卦，可用符号表示为“䷜”，又称为坎为水卦，其卦辞为“有孚，维心，亨，行有尚”。本卦上下两经卦都是“坎”，为水、为陷阱、为险阻、为中男。重重险阻，故又称为习坎。习者，即接触多、见得多，有习以为常之义，还含重迭不断的意思。两坎相因，哪怕前方遇到凹陷，注满凹陷后仍继续前流，只要流水不断，再多的凹陷，它也遵循自身的规律，守信闯险，不断前流。坎卦又代表中男，他既具有父卦乾的自强不息的精神，有具有母卦坤的柔韧不屈的精神。人生应象坎卦学习，不畏艰难险阻，克服重重困难，勇往直前，绝不动摇。卦辞是说，虽然前面有众多的艰难险阻，仍然坚持不懈，奋勇向前。这种行为非常高尚，这种精神永远值得学习。

第一爻的爻辞为“习坎，入于坎窞，凶”。本爻处在两坎的最底层，加之阴爻居在阳爻的位置上，位又不正，说明因偏离正道陷入重重险境之中，而且还处在险境的深处，凶险无比。可见，脱离正道的后果是很可怕的。

第二爻的爻辞为“坎有险，求小得”。本爻是阳爻处在阴爻的位置，位虽不正，但它居在下卦之中，具有刚健中正的品德，在重重险境中，不会操之过急，而会徐而图之，一步一步地改善条件，逐渐脱离险境。

第三爻的爻辞为“来之坎，坎险且枕。入于坎窞，勿用”。来到陷阱边沿，陷阱非常危险，而且一个挨着一个，数量众多，一不小心就会掉进陷阱深处，难以自拔。此时应持别小心，切不可轻举妄动，安全离开险境是当务之急。

第四爻的爻辞为“樽酒，簋贰。用缶，纳约自牖，终无咎”。爻辞是说，以简陋的瓦器，装着两碗饭一壶酒，绕过狱卒从旁边悄悄地从牢窗送进去，让坐牢服刑者也能吃上可口的饭菜。由于小心谨慎，从始至终都没有被狱卒发现、禁止。说明险情有所减轻，但不能盲目乐观，仍要小心谨慎，险情没有完全好转时，不能掉以轻心。

第五爻的爻辞为“坎不盈，祗既平，无咎”。本爻是阳爻处在阳位上，又居上卦之中，又是本卦的尊位。说明国家领导人，坚守正道，并竭尽全力帮助老百姓脱离贫困之境。虽然险坑还没有被填平，但险坑上面的小丘已被铲平，老百姓就站在坑中已可以看到希望的曙光了。脱离险境的日子已经为时不远了。

第六爻的爻辞为“系用徽纆，寘于丛棘，三岁不得，凶”。本爻处在坎卦的顶端，相当凶险，如像手脚被绳子捆住扔在荆棘丛中，三年不能脱险。启发我们在曙光闪现之前，更须小心谨慎，稍有不慎就难以脱离险境。

坎卦中的人生智慧主要体现在以下六个方面：第一方面，流水很讲诚信，很守规矩，遇到坎坑必注满后再前行，概无例外。这样的行为、品德是值得我们学习的。第二方面，流水是最不畏艰难险阻的，遇之必定勇往直前，流水的意志最坚定，无论前途怎样凶险，也毫不动摇，更不会后退。这样的行为、品德更值得学习、效仿。第三方面，在遇到艰难险阻时，不要惊慌失措，更不要铤而走险，而要镇定自若，积蓄力量，寻找突破点逐渐脱离困境。第四方面，在凶险无比之时，首先要考虑的是自身的安全，切不可轻举妄动，否则后果不堪设想。第五方面，当险境有所改善，但脱险条件还未成熟之前，不要盲目乐观，仍要提高警惕，倍加小心，稳扎稳打地脱离险境。第六方面，位高权重之人应以帮助老百姓脱离贫困为己任，要竭尽全力扶贫解困，使老百姓早日脱离贫苦，过上幸福生活。

（二）离卦中的人生智慧

离卦是《易经》中的第三十卦，可用符号表示为“䷝”又称为离为火卦，其卦辞为“利贞，亨，畜牝牛，吉”。本卦上下两经卦都是“离”，为火、为明、为丽。两“离”相重，明而又明，太阳自明，月亮反射太阳光而明，太阳明于白天，月亮明于夜晚，太阳与月亮相隔而明。隔有离义，故称本卦为离卦。两明相继，有利于万物生长，人类生活，而且离经卦具有与火一样内虚外实的特点。由此启发人们要以光明正大的行为处世，以虚心宽容的态度待人。卦辞是说，从事正道的有利大众的事业，一定亨通顺畅，饲养性情温和不发兽性的母牛，一定安全吉祥。

第一爻的爻辞为“履错然，敬之，无咎”。本爻处于离卦的最底层，象征光明之初。光明与黑暗相互依存又相互斗争。黑暗永远仇视光明，在光明之初，更欲置之于死地。此时光明务必要提高警惕，做作好斗争的准备，方可无忧。爻辞是说，房外传来一阵杂乱的脚步声，似乎有坏人来捣乱，若提高警惕，做好防卫，坏人就只能避而远之。若来者不是坏人，则以礼相待，也会相安无事。

第二爻的爻辞为“黄离，元吉”。本爻是阴爻处在阴爻的位置上，又居于下卦之中，居中得正。象征在采取光明正大的行为时，还采用了温和宽容的态度，结果当然更佳。爻辞是说，用黄鹂进行占卜得到离卦，有光明相继，大吉大利之兆。

第三爻的爻辞为“日昃之离，不鼓缶而歌，则大耋之嗟，凶”。太阳快要落山之时，黑暗即将来临，敌人趁机来犯，我们必须动员一切力量进行抵抗，打退敌人的进犯。妇女儿童呐喊助威，老人感叹形势的凶险，在后面作好后勤工作，青壮年男人奋勇向前，与敌人拼死搏斗。

第四爻的爻辞为“突如其来如，焚如，死如，弃如”。实中有虚，明中有暗，第三爻和第四爻是离卦的中间两爻，是实中之虚，明中之暗。因此，这两爻的结果都为凶。爻辞是说，敌人实力强大，兵多将广，来势凶猛，我方实力悬殊，抵挡不住，敌人一下子就突破了防线，见房子就烧，见人就杀，见小孩就摔，我方损失惨重。

第五爻的爻辞为“出涕沱若，戚嗟若，吉”。劫后余生，嚎啕大哭，泪出如雨，哭诉亲人的死去，哀叹力量的不足，决心吸取失败的教训，招兵买马，积蓄力量，报仇雪恨。这有利于东山再起，非常好。

第六爻的爻辞为“王用出征，有嘉；折首，获匪其丑，无咎”。国王亲率雄师出征，一路夺关斩将，势如破竹，直捣敌人老巢，擒其敌首，并斩首示众，对其部下作宽大处理。这样做是不会错的。

离卦中的人生智慧主要体现在以下七个方面：第一方面，黑暗总是妒忌和敌视光明，总想取而代之，人们应随时提高警惕，不能让黑暗有可乘之机。第二方面，光明磊落是做人必须具备的品德，若再辅之以温和宽容，就更加完美。第三方面，若是表面的光明磊落实际却暗藏着更深的阴谋，不能不察，稍有不慎，就会被其表象迷惑，给自己带来重大损失。第四方面，在与黑暗的斗争中，即使遭到失败，也不气馁，在痛定思痛以后，汲取失败的教训，不断积蓄力量，寻找战机，一举歼灭敌人。第五方面，打败敌人后，要区别对待，严惩首恶，宽待部属，即今天的“首恶必办，胁从不问”政策。第六方面，追求光明要不遗余力，特别是在看不见曙光的情况下，也不要动摇，不要松懈，坚持到最后光明就一定会出现。第七方面，火光要依附于柴煤，求知要依附于老师，速达要依附于快马，提升要依附于贵人。但依附应有度，过度的依附不利于事物的发展。

第十六节　咸恒两卦中的人生智慧

（一）咸卦中的人生智慧

咸卦是《易经》中的第三十一卦，可用符号表示为“䷞”，又称为泽山咸卦，其卦辞为“亨，利贞；取女，吉”。本卦六个爻阴阳全相应，故为“咸”。咸者，感也。感是两物间互相受到对方影响而产生的反应。咸是无心之感。感人感物，出自无心则诚，出自有心则伪。无心之感就是人与人的真情相交。真情交往就会顺利、亨通，但交往的出发点必须符合正道。企业或国家的管理者若以至诚相应员工或人民，则企业兴旺，国家发达。国家与国家之间若至诚相交，则世界和平。本卦下卦是“艮”为山、为止，也是少男；上卦是“兑”为泽，为悦，也是少女。象征少男谦居于下去追求少女，若两人以真情相交，则婚姻吉祥如意。

第一爻的爻辞为“咸其拇”。人与人的交往感应总有一个过程，这个过程是循序渐进的。交往感应的最初阶段，犹如抬腿迈步之初先动其脚拇指，即认识不久的初步印象。

第二爻的爻辞为“咸其腓，凶；居吉”。人与人的交往感应是逐步深入的，从上爻的初步印象发现到现在的初步了解。没有初步印象就以为有了初步了解，这是不恰当的，容易犯错误的，犹如未动脚拇指却先抬起小腿一样有凶险。应循序渐进地进行交往感应，这样交往感应的结果就吉祥如意。若是操之过急，一味强求，就会出现问题。

第三爻的爻辞为“咸其股，执其随，往吝”。交往感应发展到了大腿上，喻示有了一般的了解。此时特别应注意的是，把握好交往感应中的分寸，切忌盲目跟从。大腿会随足而行，若不警惕，就有随意交往感受之嫌，而随意交往感受就会遭到羞辱。

第四爻的爻辞为“贞吉，悔亡；憧憧往来，朋从尔思”。交往感应发展了胸间。第四爻是阳爻，处在三个阳爻的中间，象征男子发乎自然的求爱之心，又与第一爻“阴爻”相应，所以有男女相思依归之象。只要交往感应的出发点合符正道，交往感应就会吉祥，也不会有悔恨产生。只要男子相爱之情纯真，被爱的女子就会出现在他的面前，也遂其久思之念。

第五爻的爻辞为“咸其脢，无悔”。交往感应发展到了喉间。第五爻为阳爻，居上卦之中，与第二爻（阴爻）相应，第二爻居下卦之中，都具有中正的特点。喻示男女双方相互倾吐无悔的山盟海誓（也喻示身居尊位的领导者必须具有中正的态度，才能获取人民对他的中正之心，国家才能安宁），永远相爱。

第六爻的爻辞为“咸其辅、颊、舌”交往感应发展到了额颊舌，喻示男女之间的交往感应发展到了情深意浓，时儿相互拥护，时儿吻在一起，缠绵不舍的地步。也喻示循序渐进的真情交往感应能使人际关系得到健康发展，不断升华，以至牢不可破。

咸卦中的人生智慧主要体现在以下五个方面：第一方面，交往感应的出发点必须符合正道，否则，交往感应就不会亨通、吉祥。第二方面，交往感应必须至诚真情，若以虚情假意进行交往感应，就不能获对方的至诚和真情。第三方面，交往感应必须循序渐进地进行，把握好不同阶段的分寸，不可操之过急，盲目跟从。第四方面，与人交往感应中要感动他人，必须持中正的态度，尤其是处在领导地位的人，更应保持中正的态度。第五方面，不能小视世间真情的巨大力量，人与人交往感应有真情，人际关系就良好；男人与女人交往感应有真情，就能结合为夫妻；企业与员工交往感应有真情，企业就会壮大；国家与国家交往感应有真情，世界就会和平、安宁。

（二）恒卦中的人生智慧

恒卦是《易经》中的第三十二卦，可用符号表示为“䷟”，又称为雷风恒卦，其卦辞为“亨，无咎，利贞，利有攸往”。本卦下卦是“巽”，上卦是“震”。“巽”代表风，为顺，为长女，“震”代表雷，为动，为长男。雷动风随，雷因风而传远，风因雷而气盛，雷风相长，亦为恒久之理。恒者，久也，常也。雷风相与，男动乎外，女顺乎内，男女相亲，这是伦理之常，夫妇之道。男正位于上，女正位于下，刚柔得位，彼此和谐。男女又各尽其责，夫唱妻随，同心同德，家道就会长久。推而广之，人们应遵循天地恒道，树恒心去建功立业。卦辞是说，人们只要在坚持正道的基础上，遵循天地常道去办事，就会顺利、亨通，就有利于事业的发展兴旺，而不会有大的错误发生。

第一爻的爻辞为“浚恒，贞凶，无攸利”。不仅要自觉自愿，主动积极地恒守常道，而且动机要纯正。同时还要一步一个脚印地向前推进，不可强求，也不可急于求成，否则发展下去难免有凶险，也无利可图，甚至好心也可能办坏事。

第二爻的爻辞为“悔亡”。第二爻是阳爻，处在阴爻的位置上，本应因位不正而有灾悔，但因为它处于下卦的中位，又与处于上卦中的第五爻阴阳相应，所以灾悔能被消除，充分说明恒久地持守中正之道，就能消灾去悔。

第三爻的爻辞为“不恒其德，或承之羞，贞吝”。有美德而不能长期恒守。犹如妻子品行不端被丈夫休弃一样，遭人们唾弃。如若再不恒守美德，就会像与行为不端的女人继续保持夫妻关系一样，没有好结果。

第四爻的爻辞为“田无禽”。事业的成功除了恒守美德以外，还有许多必要条件，名正言顺和定位准确，地位恰当就是其中之一。第四爻是阳爻却处在阴爻的位置上，而且又不在上卦之中，不正不中，因此，即使能恒守美德，事业也难成功。爻辞是说，到田间打鸟，一只也没有打到，空手而归。

第五爻的爻辞为“恒其德，贞妇人吉，夫子凶”。古时候的人认为，即使恒久保持柔顺服从，坚守正道，因所处的地位不同，仍然有两种相反的结果。如果你是女人，像这样做，就会获吉祥如意的结果；如果你是男人，像这样做，就有凶险。因为古代的女人受教育少，知识不多，视野狭窄，只以家庭利益为重，如果男人不顾大局，不识大体，不权衡量利弊，不因事制宜，不随机应变，一味听从妇人摆布，就会产生凶险。

第六爻的爻辞为“振恒，凶”。夫妻之道，追求的是恒久不变，白头到老，倘若对恒久不变的夫妻之道三心二意，就会同床异梦，分道扬镳。

恒卦中的人生智慧主要体现在以下五个方面：第一方面，天地资生万物，日月轮照永恒不变，四季周而复始，天道恒常。人们应学习、效仿天道，恒常坚守正道。第二方面，恒常坚守正道必须是自觉自愿的，主动积极的，同时动机必须是纯正的。恒常坚守正道不能勉强，更不能强求。否则，发展下去也会出现问题。第三方面，恒常坚定正道表现在夫妻方面，就是要互敬互爱，从一而终，白头偕老。第四方面，在有灾悔产生的情况，只要恒久地坚守中正之道，就能消灾去悔。第五方面，所处的地位不同，恒常坚守正道的内容就不一样。不在其位，而去谋其政，即使你恒常坚守正道，也不能办好事，反而对自己不利。

第十七节　遁大壮两卦中的人生智慧

（一）遁卦中的人生智慧

遁卦是《易经》中的第三十三卦，可用符号表示为“䷠”，又称为天山遁卦，其卦辞为“亨。小利贞。”本卦下卦是“艮”，为山，上卦是“乾”，为天。天下有山，山高天退，天喻君子，山比小人。山高侵天，若小人得势，天退远山，若君子失势，退避小人。君子暂时的退避，一则是为了独善其身，不与小人同流合污；二则是保全自己，以免遭小人之害；三则是等待、寻找有效制服小人的时机。卦辞是说，退避是为了事业的顺利发展，免伤于小人的锋芒之下。小人势盛之时，君子为了坚守正道，不随其流而扬其波，而采取退避的方法是适宜的，无可指责的。

第一爻的爻辞为“遁尾，厉，勿用有攸往。”小人道长，大权在握之时，君子应识时务，及时退避。若退避迟缓落后，恐遭小人之害。君子在退避不及之时，切不可再作退避之为，宜静以待变，若来不及退避，再作退避之举，就会激怒小人而给自己带来灾祸。

第二爻的爻辞为“执之用黄牛之革，莫之胜说。”无论小人权势如何盛大，气焰如何嚣张，君子坚守正道的意志都应该像用黄牛皮绳捆绑一样的牢固。谁想动摇它，都会以失败告终。

第三爻的爻辞为“系遁，有疾，厉，畜臣妾，吉。”君子在应该退避的时候，却顾虑重重，患得患失，错过了退避的良机，很可能马上就会遭到小人的严厉打击，甚至有杀头之险，身家性命也难保。君子若在退避不及之时，宜表现出心无大志，只知道整天以婢妾玩乐，甚至装疯卖傻来迷惑小人，使其认为你是一个无用之人而放过你。

第四爻的爻辞为“好遁，君子吉，小人否。”应当退避之时，毫不犹豫，立即就退避的，只有贤明之人才能做到。许多人在此时都瞻前顾后，犹豫不决，有的舍不得丢掉高官厚禄，有的迷恋锦衣玉食，有的为了保住自己的万贯家财。贤明之人及时退避，能免于灾祸的到来，所以吉祥。非贤明之人顾东顾西做不到及时退避。

第五爻的爻辞为“嘉遁，贞吉。”在应该退避之时，对高官厚禄，锦衣玉食，万贯家财毫无牵挂，毅然决然地退避，是值得赞赏的。退避的目的是为了坚守正道，光复正道，是吉祥无比的。

第六爻的爻辞为“肥遁，无不利。”一般来说，退避是一种消极的行为，但把退避用到最佳状态，就会变消极为积极。冒险的进攻，可能导致失败，而准备好力量再进攻，就可能获得成功。毫无牵挂的退避，不与小人同流合污，能独善其身，保全自己，能不断积蓄力量，时机到来之时，可一举制服小人，能光复正道。把退避用到极致，没有什么不利的。

遁卦中的人生智慧主要体现在以下五个方面：第一方面，在小人得势，手握大权时，君子不宜迎其锋芒，作拼死搏斗，无谓牺牲，而应及时退避保全自己。第二方面，君子保全自己的目的，并不是为了苟活于世，而是为了积蓄力量，光复正道。第三方面，君子应退避时，要及时退避，不可三心二意，患得患失，错过退避的良机，遭小人之害。万一退避不及，也不要再作退避之为，而应静以待变，或装聋作哑迷惑小人。第四方面，君子在小人气焰嚣张，不可一世时，不要灰心气馁，追随正道的意志要无比坚强，任何情况下都不能有所动摇。第五方面，退避本来是一种消极的行为，但如果退避的目的是为了坚守正道、光复正道，那么消极就会变为积极，暂时的退是为了今后更好的进。

（二）大壮卦中的人生智慧

大壮卦是《易经》中的第三十四卦，可用符号表示为“䷡”，又称为雷天大壮卦，其卦辞为“利贞”。本卦下卦是“乾”，为天，为大，上卦是“震”，为雷，为震。天上雷声霹雳、声洪威严，歪风邪气惊恐万分，收敛潜藏。地下阳气腾腾，万物昂扬向上，有利于符合正道的事业蓬勃向前发展。需要注意的是，在一派大好形势下，不要头脑发热，令利自昏，不顾自然发展规律向前挺进，而要头脑清醒，制定符合自然发展规律的方法和规则，来约束自己的冒进行为，确保正义的事业取得伟大的胜利。

第一爻的爻辞为“壮于趾，征凶，有孚。”本爻是阳爻，又处在阳位置上，过于刚强。加上强健脚趾急欲前行，极容易不顾条件成熟与否而冒险前行。轻易冒进的结果，就会产生凶险，即使是正义的事业，也可能遭到失败。告诫人们，即使有所强健，也要量力而行，不顾条件，向前冒进，必遭失败。这是毫无疑义的。

第二爻的爻辞为“贞吉。”本爻是阳爻，处在阴位上，居于下卦的中位，又与上卦的中间爻阴阳相应。象征当自身力量强大，始终不离正道，还有领导方面的大力支持，在不持强冒进的情况下，发展一定吉祥顺畅。

第三爻的爻辞为“小人用壮，君子用罔，贞厉，羝羊触藩，羸其角。”本爻是阳爻，处在阳位上，刚壮过甚，又不在下卦的中位上。结合爻象对爻辞可作以下理解：小人想凭借自己的壮健有力，强行地去实现自己的非分之想，君子想凭借自己过人的智慧，不顾一切地实现自己的非分之想，无论用强力，还是用过人的智慧去实现非分之想，结果都是像公羊用角去撞篱，不但过不去篱，自己的角还被缠绕在篱上难以脱身。

第四爻的爻辞为“贞吉，悔亡，藩决不羸，壮于大舆之輹。”任何人凭借自己强大的力量去实现既符合正道又恰如其分的目的，都会吉祥如意，后悔就不会产生。就像公羊撞破潘篱而角未受伤，就像前行的大车轮辐坚固耐用，通过坎坷不平的道路，也没有破损。

第五爻的爻辞为“丧羊于易。无悔。”本爻前面四爻都是阳爻，阳气总是一路前行。本爻却是阴爻，强大的力量在此迅速衰退，幸好本爻居中处尊，在事物由强大到极点向反面转化之时，采取中庸之道，和善温柔待人处事，避免了懊悔之事的产生。

第六爻的爻辞为“羝羊触藩，不能退，不能遂，无攸利，艰则吉。”本爻是阴爻，处在卦的顶端，虽有进取之心，但力量已经衰退。就像公羊用角撞藩，想破藩而进，角却被藩篱卡住，进不可进，退也不能退，处于进退两难之中，唯有努力拼搏，艰苦奋斗，最终才能冲破藩篱，向前行进，获得吉祥。

大壮卦中的人生智慧主要体现在以下五个方面：第一方面，当力量强大，形势大好之时，在坚持正道的前提下，要抓住时机，迅速壮大自己的事业，取得辉煌的成就。第二方面，当力量强大，形势大好之时，容易产生骄傲情绪，头脑容易发热，此时必须善于克制自己，培养中庸的德性，既有向前奋进的冲动，又有仔细缜密的思考。第三方面，当力量有所强大时，则要量力而行，不要轻举冒进，贪大图快，陷入困境。第四方面，一个人如果偏离正道，哪怕你健壮有力，哪怕你聪慧过人，都注定没有好结果。第五方面，在壮极而衰之时，要懂得物极必反的规律，应谨慎行事，尽量减缓衰退速度，同事还要善于利用原有的优势去了结一些不利之事，避免遭受重大损失。

第十八节　晋明夷两卦中的人生智慧

（一）晋卦中的人生智慧

晋卦是《易经》中的第三十五卦，可用符号表示为“䷢”，又称为火地晋卦，其卦辞为“康侯用锡马蕃庶，昼日三接”。本卦下卦是“坤”为大地，为柔顺，上卦是“离”，为太阳，为依附。卦象表示，一轮红日挂在天上，普照万物，大地充满了光明和热力，处处生机勃发、繁茂明盛。象征通过依附、顺从而获得晋升。卦辞是说，明君赏赐许多车马给善于治国，使百姓安居乐业的诸侯，不仅如此，一天之内还三次接见他们。寓示依附和恭顺能得到奖赏、晋升。

第一爻的爻辞为“晋如摧如，贞吉；罔孚，裕无咎”。只要坚守正道，无论进退，都无所谓，进肯定吉祥，就是退也是暂时的，最终仍会吉祥。虽然进取之初，会遇险阻，一时可能得不到领导的信任和群众的支持，但若能泰然处之，无谓进退，灾难就不会降临，成功仍有希望。

第二爻的爻辞为“晋如愁如，贞吉；受滋介福，于其王母”。第二爻是阴爻处在阴爻的位置上，居下卦之中，居尊位的第五爻也是阴爻，与第二爻阴阳不相应。表明在前进之中力量还不够强大，也未完全得到上级的信任和群众的支持，在进取中难免有这样那样的困难，难免有这样那样的忧患。但只要坚守柔顺中正之道，最终就能得到上级的信任和群众的支持，尤其能得到志同道合之人的大力支持，而获得进展提拔。

第三爻的爻辞为“众允，悔亡”。在进取中，当力不从心之时，可能产生烦恼，倘若得到上级的充分信任和群众的大力支持，并保持绝不懈怠的进取之心，烦恼就会消除。

第四爻的爻辞为“晋如鼫鼠，贞厉”。第四爻是阳爻处在阴爻的位置的，又在上卦的底部，不中不正，却居于君王之侧。象征晋升到了高位，却德不配位，才不及位，而且患得患失、贪得无厌，像一只肥大的硕鼠。这样的人即使规规矩矩，行为正当也难免遭受祸殃。

第五爻的爻辞为“悔亡，失得勿恤，往吉，无不利”。处于尊位者，只要不自私自利、不斤斤计较个人得失，光明磊落地处理政务，坚持走有利于大众的正道，尊贤用能，不辞辛苦地为国操劳，就能消除悔恨，获吉祥。

第六爻的爻辞为“晋其角，维用伐邑，厉吉，无咎，贞吝”。晋升到顶点，成为一国之君。此时，应把顶点作为新阶段的起点，派兵夺城掠地，虽然战争造成一些损失，但毕竟扩大了疆土，显然利大于弊。但扩大疆土的行为也应适可而止，否则，会产生不利的结果。国土巩固以后，晋升的目标就是改善民生了。

晋卦中的人生智慧主要体现在以下五个方面：第一方面，首先要明确晋升的目标是像阳光普照大地一样有利于大众。第二方面，晋升必须坚持中正与柔顺的原则，争取得到领导的信任和群众的拥护。第三方面，晋升不应斤斤计较于一时的得失，而应循序渐进、不懈努力。第四方面，晋升应先谋而后行，尽量避免出现错误后再去纠正错误，要处处争取主动。第五方面，晋升应分阶段进行，要把握好分寸不能贪得无厌，一个阶段结束后，便是下一个阶段的起点，要及时更新晋升的目标。

（二）明夷卦中的人生智慧

明夷卦是《易经》中的第三十六卦，可用符号表示为“䷣”，又称为地火明夷卦，其卦辞为“利艰贞”。本卦下卦是“离”、为太阳、为光明，上卦是“坤”，为大地、为柔顺。卦象表明，太阳没于地下失去光明，还表明把光芒隐藏起，即虽有聪明睿智，也不显山露水。也可理解为示之以弱而乘之以强。卦名明夷含凡事太过精明反而容易受到伤害之意。卦辞是说，贤能之士在处境困难时，首先要善于保护自己，忍辱负重、韬光养晦，坚守正道，以图东山再起。卦辞还有以下含义，贤能之士在面临大众或处理问题时，而不要光芒毕露，不要尽显精明能干，洞悉一切，要大智若愚，大巧若拙，应明而若晦，用晦而明，才能产生良好的效果。因为当事物处于毫无遮掩的情况下，是容易受到伤害的，也不利于问题的解决。

第一爻的爻辞为“明夷于飞，垂其翼。君子于行，三日不食。有攸往，主人有言”。飞鸟受伤，垂下了翅膀，呻吟不已。贤能之士在流放途中三天吃不上饭，还要继续前行，到了目的地还要受到地方官员的辱骂。本爻以此喻示代表正义的贤德之士在受到打压时，要艰苦隐忍，也免受到更大的打压而不能自保。

第二爻的爻辞为“明夷，夷于左股，用拯马壮，吉”。贤能之士的左腿受伤严重，不能行走，只能依靠马才走出了困境，喻示贤能之士受到越来越严重的打压时，要千方百计，团结一切可以团结的力量，利用一切可利用的条件，来帮助自己脱离困境。

第三爻的爻辞为“明夷于南狩，得其大首，不可疾贞”。贤能之士被贬到南边蛮夷之地作牧守，很快得到当地群众的支持和拥护，但力量极其有限，要恢复正义事业只得从长计议，不可贸然进行，操之过急。

第四爻的爻辞为“入于左腹，获明夷之心，于出门庭”。正义事业为什么受到打压和伤害，应进入到打压和伤害正义事物的邪恶事业内部去探寻原因，并采取相应对策，也免受到更大的打压和伤害。

第五爻的爻辞为“箕子之明夷，利贞”。殷纣王荒淫无道，百姓生活在水深火热之中，箕子劝其改正，他不仅不改，反而恼羞成怒，对箕子恨之入骨，箕子随时都有被杀的危险。有的大臣劝箕子逃走，箕子却不愿意一走了之，为了坚守正义，遂装疯沦为奴隶，也要留在殷纣王的眼皮底下，让其随时感受到正义的谴责。

第六爻的爻辞为“不明晦，初登于天，后入于地”。不能处理明晦关系，凡事尽显精明能干、智力非凡、洞悉一切，虽然开初可获登上天堂一时的荣耀，傲视群雄，不可一世的感受，但最终难免遭受失败，堕入深渊。

明夷卦中的人生智慧主要体现在以下五个方面：第一方面，做人，内心要光明磊落，行为要柔顺包容，彬彬有礼。第二方面，贤能之士受到邪恶势力打压时，如果力量不足，反抗只会加重伤亡，甚至灭顶之灾，唯有韬光养晦，艰苦隐忍，尽快脱离险境，坚守正道，徐图东山再起。第三方面，凡事不可锋芒毕露，逞一时之强，而应大智惹愚、大巧若拙，才有利于问题的解决。第四方面，要正确处理明与晦的关系，明而后晦，是真明善晦；不明而晦，虽晦而不明，德薄行浅；明而不晦，遭害遇难，绝非真明；不明不晦，徒受其害。第五方面，当事物处在无遮无掩的情况下，最容易受到伤害，也不利于问题的解决。

第十九节　家人暌两卦中的人生智慧

（一）家人卦中的人生智慧

家人卦是《易经》中的第三十七卦，可用符号表示为“䷤”，又称为风火家人卦，其卦辞为“利女贞”。本卦下卦是“离”，为火，上卦是“巽”，为风。风在上，火在下，风从火出。火出之初，若有风，火就燃得大，火燃大了，又反生风。上下或内外互应，相得益彰。似家人亲切互助，和睦相处。第二爻是阴爻居下卦之中，似女正位于内，第五爻是阳爻，居上卦之中，似男正位于外，男女位正则身修家齐。家又是国的基本单位。家中疾病相扶、患难与共，匮乏相济、过失相规，亲密相处，家则安宁兴旺。

家若安宁兴旺，国则安宁兴旺。因此，平天下则必须先治国，治国必须先齐家，齐家必须先修身。可见古人所说的："修身、齐家、治国、平天下是何等的正确！家庭建设的重要性也因此可见。卦辞是说，一个家庭如果主妇安守本分，尽职尽力，则有利于家庭的发展、兴旺。

第一爻的爻辞为"闲有家，悔亡"。本爻是阳爻，处在阳位上，得正。象征家庭应进行严格的家庭教育，正规的家庭建设，确保家庭成员间和睦相处，亲切互助、家风良好，发展顺畅。避免家庭成员间为己私利，互不相让，相互争斗、吵闹不休。这种未雨绸缪防患于未然的措施是非常必要的，让我们没有后悔之事产生。

第二爻的爻辞为"无修遂，在中馈，贞吉"。本爻是阴爻处于阴位上，又居下卦中位，与第五爻即上卦的中间爻阴阳相应。象征家庭主妇与丈夫互敬互爱，凡事尊重丈夫意见，不擅自作主，操持家务任劳任怨，烹饪食物色鲜味美，对待家人四邻温和可亲，坚守妇道一丝不苟，家庭发展顺畅吉祥。

第三爻的爻辞为"家人嗃嗃，悔厉，吉，妇子嘻嘻，终吝"。治家严格，家规众多对违规者惩罚严厉，使得家人战战兢兢恐有失，难免产生一些不满情绪，但严格治家的结果是良好的。治家不严格，妇人与孩子整天玩耍嬉戏，不知发奋图强，不懂为人礼数，则不期之祸就会降临家门。

第四爻的爻辞为"富家，大吉"。本爻是阴爻处在阴位上，结合爻辞说明，家庭主妇深谙"一家之计在于和"与"和气生财"的道理，对内谦逊恭让，对外温和宽容，家中团结一致努力发展，家外关系好，支持帮助不乏其人，使家庭一天一天地富裕起来，大吉大利。

第五爻的爻辞为"王假有家，勿恤，吉"。本爻是阳爻，处在阳位和卦的尊位上，又与第二爻阴阳相应。结合爻辞，应解读为，君王以与家人相敬如宾的榜样和以视天下为一家的美德感化众人，使家庭中互敬互爱，和睦相处，使社会上人人都把他人视为一家人而相亲相爱，使大家都感到无忧无虑，使大家都脱离你争我斗的困境而吉祥如意。

第六爻的爻辞为“有孚威如，终吉”。本爻是阳爻，居卦的顶端，象征以威严治家的一家之长，作为一家之长首先要严于律己，事事带头，以身作则，经常反省自己，纠正错误。做到正人先正己，自己都不能做到的，决不去要求他人做到，做任何事都诚实可信，用榜样的力量和严格的家规，一定能把家治好。

家人卦中的人生智慧主要体现在以下七个方面：第一方面，家是国的基本单位，是组成国的细胞。家治理好了，才能治好国。家都没有治理好，国也难治理好。大家都应重视家的治理。第二方面，治家最重要的是，要采取防患于未然的措施，进行严格的家庭教育，制定严格的家规，来规范家庭成员的言行举止，形成良好的家风。让家人和睦相处、患难相守、过失相规、互敬互爱。第三方面，家庭主妇在家庭建设中作用非常重要，应安守本分，任劳任怨地操持家务，尊重丈夫意见，凡事不擅自作主，敬老爱幼，协调家庭成员间的关系，家中保持一团和气，共同努力去创造美好的生活。第四方面，作为一家之长的男人，在严格治家中首先要严格要求自己，遇事要以身作则，正人先正己，身教重于言教，起好带头作用，发挥好榜样的力量。随时反省自己，有错立纠用诚信感化家人。第五方面，“一家之计在于和”与“和气生财”，这两句名言是一个家庭致富的法宝。如果一个家庭天天吵吵闹闹，争斗不休，那么这样的家庭会永远失去致富的机会。第六方面，家教不严，家规缺乏，男人不努力奋斗，女人不安守本分，子女游手好闲，这样的家庭必败无疑。第七方面，无论君王，还是老百姓，若都具有“视天下为一家”的伟大思想，则天下就会安宁，社会发展就会迅速，平天下就会易如反掌。

（二）睽卦中的人生智慧

睽卦是《易经》中的第三十八卦，可用符号表示为“䷥”，又称为火泽睽卦，其卦辞为“小事吉”。本卦下卦是“兑”，为泽，为少女，上卦是“离”，为火，为中女。离火上腾，泽水下泾，两相乖离，背向而行，两者虽各异，却处于同一卦之中，可见异中有同。两女同居一处，但成家之时，都各奔东西。可见，同中也有异。启示我们在社会潮流中，要顺应大势所趋，随流而进，不要孤芳自赏，脱群独处。但也要保持自己独立的人格和处世原则，不能一味随大流。卦辞是说，在遇到双方背道而驰的情况下，不要认为事情就完全办不成，而要善于异中求同，争取得到部分解决也是好的。

第一爻的爻辞为“悔亡，丧马勿逐，自复，见凶人，无咎”。爻辞是说，后悔已经消除，喂养的马掉了也用不着去找，马会自己找回家；路上遇到一个面目凶狠的人，心并不凶狠，没有发生任何侵害的行为。本爻处在睽卦最底层，意味着处于睽离之初。此时，不要忙于与自己相悖者求同，也不要盲目对抗，而要沉着冷静，仔细观察对方的举动，找出最适宜的方法去异中求同，才不会出差错。

第二爻的爻辞为“遇主于巷，无咎”。求见主人应在大堂之上、正厅之中，而不应在大街小巷上，因为事急，迫不得已在小巷中求见主人，以便事情得到及时处理。虽有失礼之处，却能得到主人谅解，不会受到指责。

第三爻的爻辞为“见于曳，其牛掣，其人天且劓，无初有终”。一辆牛拉车在坎坷不平的道路上艰难地向前行驶，赶牛车的人又是一个刺额削鼻曾经犯过罪的犯人。牛车开始虽然难以前行，但走上平坦大道后，前行就很顺利了。说明异中求同不是一蹴而就的，要经过无数的艰难险阻，要克服重重困难，才能实现。

第四爻的爻辞为“睽孤，遇元夫，交孚，厉无咎”。在充满对立，孤独无援之时，幸好遇到力量强盛之人，并以之真诚相交，求同存异，走出孤独无援的困境。

第五爻的爻辞为“悔亡，厥宗噬肤，往何咎”。本爻是阴爻，居在尊位上，与第二爻阴阳相应。说明自己虽然位高权重，但处理睽离的力量不足，必须礼贤下士，重用贤能之人帮助自己处理好睽离之事。爻辞是说，悔恨已经消亡，是因为前行时，在路上遇到一位本族中的人，坐在路边津津有味地吃着鲜嫩的肉，便知道前行不会有危险发生。

第六爻的爻辞为“睽孤，见豕负涂载鬼一车，先张之弧，后说之弧，匪寇，婚媾，往遇雨则吉”。孤伶伶一个人走在路上，仿佛看见前面有一群涂满泥巴的猪，一车载满奇装异服怪妆似鬼的人，先拉弓搭箭欲射他，后把弓箭放下，没有发射，只是给他开了一个大玩笑。这些人不是穷凶极恶随意射杀人的匪徒，而是一支前去娶亲的队伍。再往前走，天降喜雨，清醒了头脑，吉祥如意。无端的睽离孤独，疑心必重，会给自己增添不少的烦恼。本爻处在睽卦的顶端，根据物极必反的规律，一定产生睽极必合的结果。

睽卦中的人生智慧主要体现在以下六方面：第一方面，无论在自然界，还是在人类社会，都存在乖离的现象，我们不能由此而否定求同的可能性，去扩大乖离距离更是错误的。第二方面，我们应该知道，离必始于合，离与合相反相成，既对立又统一。还应知道离久必合，合久必离的规律。第三方面，世界万物千差万别，然异中有同，在同一类事物中，也存在不少差异，显然同中也有异。我们要善于异中求同，也要正确对待同中之异。既要顺应社会朝流、大势所趋，不要自我陶醉、唯我独醒；又要坚持自己的独立人格与处世原则，不要人云我云，一味随大流。第四方面，异中求同与同中存异都需要广阔的胸怀，温和包容的态度，最关键的是具有真诚待人的品德，以心换心，相互信任，方能获得成功。第五方面，在进行异中求同或同中存异中都不会一蹴而就的，都存在各种各样的困难，唯有持之以恒，坚持到底，方能如愿以偿。第六方面，猜疑是异中求同和同中存异的大忌。猜疑之心一旦出现，不仅不能异中求同与同中存异，反而会变同为异，或进一步扩大异的程度。极其不利于问题的解决。

第二十节　蹇解两卦中的人生智慧

（一）蹇卦中的人生智慧

蹇卦是《易经》中的第三十九卦，可用符号表示为“䷦”，又称为水山蹇卦，其卦辞为“利西南，不利东北，利见大人，贞吉。”本卦下卦是“艮”，为山、为止，上卦是“坎”，为水、为险。象征世路艰难，人心叵测。在人生的道路上，艰难险阻，在所难免。在遇到艰难险阻时，应停下前进的脚步，做好各方面的准备，重点是寻找志同道合之人一同前行，或寻找贤能之人紧随其后走出险境。卦辞是说，在艰难阻滞中应往西南方向走，因为西南方向道路较为平坦，而且还能找到志同道合之人，不要往东北方向走，因为东北方向山高岭峻路难行。更重要的是要善于寻找贤能的领导人物，并紧随其后走出困境，所有的一切都离不开坚持正道，才会出现吉祥。

第一爻的爻辞为“往蹇，来誉”。本爻是阴爻，处在阳位上，力弱不正，加之与第四爻阴阳不相应，没有外援力量，在遇到险阻之时，冒险挺进，就很可能陷入险境。若审时度势，积蓄力量，待机而行，就会获得荣誉。

第二爻的爻辞为“王臣蹇蹇，匪躬之故”。本爻是阴爻，处在阴位上得正，与第五爻坎卦中的中爻阴阳相应。结合爻辞可解释为，当君王陷入险境时，有臣不顾年老体衰，奋力前去营救。虽然君臣同陷险境，但此臣奋不顾身的行为，忠勇可嘉。

第三爻的爻辞为“往蹇，来反”。在前行中遇到艰难险阻时，即可向第一爻那样停下来积蓄力量，待时而发，又可返回原处确保安全，养精蓄锐，等待时机到来。也就是说，在遇险时，要审时度势，当进时，则奋勇前往，当退时，则毫不犹豫地退。

第四爻的爻辞为“往蹇，来连”。在艰难险阻中，有时处在进以无法进，退也不能退，进退两难的情况，唯一的办法是联合同伴，团结一切可以团结的力量，人多力量大，共同努力去突破困境。

第五爻的爻辞为“大蹇，朋来”。本爻处在“坎”的中间，可见蹇难之大，可能涉及社稷存亡。本爻是阳爻，处在阳位上得正，又居于蹇卦的尊位上，象征贤明的君王，坚守正道，治国有方。虽然处在山穷水尽之中，但有忠勇之臣不顾一切前来营救，有老百姓的支持和拥护，终会脱离险境，转危为安。

第六爻的爻辞为“往蹇来硕，吉，利见大人”。本爻处在蹇卦的顶端，蹇难即将被解除。本爻是阴爻，处在阳位上，依靠自己的力量去解除蹇难，显然力量不足，必须团结大众，依靠大众，特别是要紧随贤明的领导人共赴蹇难，蹇难被解除之日就为时不远了。

蹇卦中的人生智慧主要体现在以下五个方面；第一方面，事物发展不会是一帆风顺的，总会有蹇难产生。在蹇难产生时，若我们对事物发展的艰难路途有一种清醒的认识，则会不畏艰难险阻，奋勇向前去战胜蹇难。第二方面，在遇到蹇难时，不要轻率冒进，应停下脚步，审时度势，或者积蓄力量，待机而行；或者联合同伴，团结一切可以团结的力量共赴蹇难，或者返回原地，确保安全，以图东山再起。第三方面，若遇好人，尤其是贤能之士陷入蹇难，就应以明知山有虎，偏向虎山行的大无畏精神，奋不顾身地去营救，共济蹇难。第四方面，为人善良厚道，真诚正直，谦逊礼让，行为光明磊落，大公无私，言语温和体贴，亲切动人，即使陷于蹇难之中，也必有人来营救。第五方面，解除蹇难的有效方法是，借重众力的力量，特别是借重贤能领导人的力量。

（二）解卦中的人生智慧

解卦是《易经》中的第四十卦，可用符号表示为“䷧”，又称为雷水解卦，其卦辞为“利西南，无所往，其来复，吉。有攸往，夙，吉。”本卦下卦是“坎”，为水，为险阻，上卦是“震”，为雷，为震动。雷动出于险阻，说明脱离了困境，行为获得自由。雷鸣雨降，万物复苏，舒解向上，争相发展。此时宜千方百计地帮助万物生长，形成欣欣向荣的大好形势。而不宜瞎折腾阻碍万物生长，致使社会重返动荡不安。卦辞是说，在广大民众和各方面力量的支持下，社会脱离了困境，恢复了正常秩序。此时，宜以宽松的政策，有利于广大百姓休养生息的措施来巩固正常的社会秩序；不宜再搞过激运动，才能吉祥。还应注意的是，在解除困难后，要抓紧进行恢复正常社会秩序的工作，不能迟缓，不能懈怠，方获吉祥。

第一爻的爻辞为“无咎”。本爻是阴爻，处于解卦之始，与第四爻阴阳相应。困难被解除之初，宜刚柔并济，宽严并举，恩威并重。这样去恢复原有的社会秩序，是不会有过错的。

第二爻的爻辞是“田获三狐，得黄矢，贞吉”。本爻是阳爻，处在阴位上，居于下卦之中，与第五爻阴阳相应。结合爻辞是说，在田野中射获三只狐狸，是得力于锋利的黄铜箭头。对于给我们制造困难的坏人，要给予毫不留情的打击，直到消灭他们。只要我们坚守正道，就会获得吉祥。

第三爻的爻辞为“负且乘，致寇至，贞吝”。下力人背着重物坐在豪华的马车上向前行进，引起强盗的注意，并在僻静之处抢劫其物。即使其物是经过正当手段获得的，也由于其显摆，把自己假扮成有钱的富人而遭到抢劫，使自己遭受不应有的损失。此爻告诫人们做人行事都必须名实相符，不符合自己身份的话不说，不符合自己身份的事不做，不该自己得的财不争，德能配不上官位的官不做。

第四爻的爻辞为“解而拇，朋至斯孚”。解除困境，获得了自由，全力以赴地发展自己的事业，朋友们为你的东山再起欢欣鼓舞，竭诚相助，你的事业定会得到长足的发展。当你位高权重之时，千万不要忘记真心相助的朋友，尤其是不能忘记下属民众的鼎力支持。

第五爻的爻辞为“君子维有解，吉，有孚于小人”。君王走出困境，大施仁政，正常的社会秩序很快得到恢复，社会安宁，百姓安居乐业，社会正气不断上升，一派欣欣向荣的景象。不务正业的小人感到不改邪归正就没有出路，而纷纷改邪归正，社会更加安宁繁荣。

第六爻的爻辞为“公用射隼于高墉之上，获之，无不利”。国家战胜困难后，一些居心险恶的坏人，千方百计地破坏社会的安宁，企图制造社会混乱，负责国家安全的王公，必须随时提高警惕，在这些坏人采取行动前，就把他们捕获。爻辞是说，位高权重的王公站在城墙高处拉弓搭箭，随时准备射向那些在空中飞来飞去，企图扑向生灵的恶鸟。射杀他们是非常必要的，没有什么不好。

解卦中的人生智慧主要体现在以下五个方面：第一方面，国家解脱困境后，要抓紧及时恢复正常的社会秩序，不宜再采取激烈的行动，让社会重陷混乱，而要施仁政，让百姓休养生息，安居乐业。第二方面，排除困难，不仅需要个人的艰苦努力，也需要广大民众的支持帮助，更需要获得领导者的支持。第三方面，对于制造困难的坏人，不能心慈手软，要毫不留情地进行打击，必要时就彻底消灭他们。第四方面，国家解除危困后，对有悔改表现的坏人，要从宽处理，提供改过就新的机会，让他们重新做人。第五方面，国家解除危困后，在使用治国人才时，要名实相符，德位相配，避免让夸大其词者窃取高位。个人解除危困后，要正确对待自己，不要妄自尊大，招摇撞骗，为人做事都要名实相符，以免名不符实，自取其辱。

第二十一节　损益两卦中的人生智慧

（一）损卦中的人生智慧

损卦是《易经》中的第四十一卦，可用符号表示为“䷨”，又称为山泽损卦，其卦辞为“有孚，元吉，无咎，可贞，利有攸往。曷之用？二簋可用享”。本卦下卦是“兑”卦，为泽、为悦，上卦是“艮”，为山、为止。山岳峻高，泽水渊深，是因为沼泽以己之土石来增益山岳之崇峻，具有损下益上之义。封建王朝的皇族达官们通过横征暴敛榨取老百姓的钱财，过着花天酒地，荒淫奢侈，择霍无度的生活，这就是典型的损下益上。如果损下益上过度，老百姓难以活下去，就会起来造反，皇族达官们就会有性命之忧。损下不仅不会益上，反而会损上。只有在损下益上有度，统治者采用轻徭薄税，才能产生益上的结果。卦辞是说，在损下益上时，真正做到取之于民，而用之于民，就能吉祥如意，不会产生损下也损上的结果。在损下益上时，只要一心坚守正道，就是可行的。如祭祀神灵时，只用两竹盘的轻薄祭品祭祀，神灵仍就会保佑你一样。

第一爻的爻辞为“已事遄往，无咎，酌损之”。虽然正在做自己的事，但别人的事更需帮助时，应马上放下自己的事，尽快赶去帮助别人，这样做不会有错。帮助别人解决困难是一件好事，只是要量力而为，在帮助别人时，应最大限度地减少自己的损失。

第二爻的爻辞为“利贞，征凶，弗损益之”。损己益人有利于坚守正道，但应该懂得不损己而益人的效果更好。倘若在损己益人时，不顾一切，甚至舍去生命的行为，是非常凶险的。有时即使失去了自己的生命，也与事无补，产生不了益人的效果。因此，在损己益人时，要当损则损，不当损则不必去损，绝不能草率行动，应尽可能争取获得不损己而益人的效果。

第三爻的爻辞为“三人行，则损一人；一人行，则得其友”。下卦本为三个阳爻的乾卦，为了益补本为三个阴爻的上卦，就用自己的第三爻与上卦的第三爻交换，故称损一人。第三爻是下卦中唯一的阴爻，但它与第六爻阴阳相应，故称得其友。爻辞是说，三人同行，因亲疏不一，看法相左，有一人离去；一个人独自行走，因担心害怕，需找朋友结伴同行。

第四爻的爻辞为“损其疾，使遄有喜，无咎”。如果能把自己的缺点错误进行减损，别人就会很快来帮助你，你就会得到意想不到的惊喜。这样的结果没有什么不好的。

第五爻的爻辞为“或益之，十朋之龟，弗克违，元吉”。本爻是阴爻，处在上卦的中爻上，说明当权者柔顺中正，又与第二爻阴阳相应，说明得到下面群众的拥护。爻辞是说，臣民心甘情愿地损减自己的利益去拥护贤明的君王，这种损减是值得的。就是用灵验度很高的十朋大龟来占卜，也会得出吉祥的结论。

第六爻的爻辞为“弗损益之，无咎，贞吉，利有攸往，得臣无家”。应使自己的事业非常发达，力量无比的强大。不仅不需要别人减损来增益自己，而且还要想方设法地去增益别人。这样做的结果是平安无事，天下太平。置家而不顾，只为他人谋化，不仅有利事业的发展，也能使人臣服尊重。

损卦中的人生智慧主要体现在以下五个方面：第一方面，有损有益，有得有失是世之常情。但得益者应尽量减少下损者的损失，应尽量回报下损者的付出。如果下损者的损失过重，不堪忍受时，就会采取对得益者不利的行为。第二方面，损己益人者应量力而行，不要作无谓的牺牲，当损则损，不当损则不必损，要尽量避免损己又不益人的情况产生。第三方面，“弗损益之”，不损自己而有益于他人是一种智慧；不损他人，反而助益他人更是一种智慧。第四方面，损减自己的缺点错误是一种良好的行为。损减自己的缺点错误既有利于坚守正道，又会得到他人的原谅和支持。第五方面，柔顺、中正、以人为本、爱民如子的当权者，即使存在某些不足，众人也会支持和拥护他。

（二）益卦中的人生智慧

益卦是《易经》中的第四十二卦，可用符号表示为“䷩”，又称为风雷益卦，其卦辞为“利有攸往，利涉大川”。损卦是损下益上，在处理不当时，损下不仅不能益上，反而会产生损上的结果。而益卦则是损上益下，下层在上层的增益下，基础牢固，实力增强，充满活力，社会安宁，国家可放手发展工农业生产，逐渐强盛。本卦下卦是“震”，为雷、为动，上卦是“巽”，为风、为木。风越大雷越响，风助雷威，雷越响风越烈，雷助风势，相得益彰。古人从中得到启发，要像风一样迅速地去学习别人的优点，要像雷一样果断地改掉自己的错误。上层若能做到这样，就能益好下，也益好自己，这是国家之幸，人民之福。卦辞是说，损上益下，有利于事业的发展，国家的建设，也有利于渡过大江大河，任何艰难险阻都阻挡不了向前发展的势头。

第一爻的爻辞为“利用为大作，元吉，无咎”。第一爻是阳爻处在益卦的最下层，象征地位卑微，但阳刚有力，又与第四爻相应，更重要的是能得到上层的助益，因此，也能干出一番大的事业。这是非常吉祥的，没有什么不好。

第二爻的爻辞为“或益之，十朋之龟弗克违，永贞吉；王用享于帝，吉”。第二爻是阴爻，居本位，处在下卦之中，象征柔顺、谦恭中正，能得到众人的助益，尤其是能得到上层的助益。用价值十朋的大龟来占卜，也会得出以上结论。只要坚守正道，就会吉祥如意。许多君王想得到吉祥如意，纷纷用祭品来祭祀天帝，但天帝只赐于坚守正道的君王吉祥如意。

第三爻的爻辞为“益之用凶事，无咎；有孚中行，告公用圭”。在遇到凶险之时，可以向上层请求助益，这并无过错。只是向上层求助时，一定要诚心诚意，实事求是，不能夸大凶险程度，更重要的是求助之事必须符合正道。求助时应心怀敬意，手持瑞玉，并以天地的名义起誓。

第四爻的爻辞为“中行，告公从，利用为依迁国”。只要是遵循正道之事去求助于王公大臣，王公大臣必然应允。因为他们知道，损己去助益民众，实际上也是助益自己，民众受益而安居乐业，社会才稳定，自己的权益才有保证。民众与王公大臣们的相互依赖，使迁都这样的难事，也容易做到。

第五爻的爻辞为“有孚惠心，勿问元吉，有孚惠我德”。上层真心诚意地施惠于民众，不用问就知道这是非常吉祥的事情。民众得到了助益，就会回报助益者，反过来助益上层。这是治国者必须遵循的治国之方。

第六爻的爻辞为“莫益之，或击之，立心勿恒，凶”。第六爻是阳爻，居益卦的顶端。本应益下，它因求益过度，反而有损下之为。因此，不仅没有人助益他，而且还有人攻击他。内心原存有的益下之想，却没有坚持，以致给自己带来凶险。

益卦的人生智慧主要体现在以下六个方面：第一方面，减损社会上层不合理的既得利益，增益和维护下层民众的基本利益，是治国之方，是社会进步之路。第二方面，必须向疾风一样快地学习别人的优点，见善而为；必须向响雷一样果断地去改正自己的缺点错误，见恶而弃。第三方面，柔顺、谦虚、中正的人，会得到众人的助益，也容易得到上层的助益。第四方面，上层真心实意地助益下层民众，实质也是在助益自己，受益民众会对施益者涌泉相报。损上益下，就会变成益下而益上。第五方面，遇到凶险时，可向上层请求助益，请求助益时，一要诚心诚意，实事求是，二要用遵循正道之事请求助益。第六方面，益下也要把握好度，求益过甚，不仅不能益下，反而产生损下的效果，适得其反。

第二十二节　夬姤两卦中的人生智慧

（一）夬卦中的人生智慧

夬卦是《易经》中的第四十三卦，可用符号表示为“䷪”，又称为泽天夬卦，其卦辞为“扬于王庭，孚号；有厉，告自邑，不利即戎，利有攸往”。本卦一阴爻在五阳爻之上，象征奸佞小人弄权，地位在众君子之上。众君子果断在朝庭上揭露奸佞小人的种种罪行，并真心诚意地动员民众一起反对奸佞小人，但奸佞小人不愿意轻易退出历史舞台，必然要作垂死挣扎，全力反扑的危险依然存在。所以必须把真实情况告诉自己所辖地区的民众，如果坏人进行反扑，要不惜动用武力进行清除。这样清除奸佞小人的行动就能顺利进行。清除奸佞小人是君子应尽之责，不可自以为功。

第一爻的爻辞为“壮于前趾，往不胜为咎”。准备不充分，力量积蓄不够，只凭勇气，轻举妄动去清除奸佞小人。不仅不能消除奸佞小人，而且会反受其辱。

第二爻的爻辞为“惕号，莫夜有戎，勿恤”。在清除奸佞小人的斗争中，要随时警惕奸佞小人的阴谋诡计，时刻做好坏人进行反扑的准备。即使遭到坏人的夜间偷袭，也不会让其得逞，有备无患。

第三爻的爻辞为“壮于大頄，有凶；君子夬夬，独行遇雨，若濡有愠，无咎”。与奸佞小人斗争，一定要讲究斗争策略，要暗中积蓄力量，小事要隐忍，不能动辄怒形于色，打草惊蛇。讲究斗争策略，韬光养晦，有时会被刚毅君子误会为丧失斗志，心中很不痛快，怨气不知该对谁发，就像单独走在路上遇到大雨，衣服被淋湿透，心中却窝着一团火。不过误会在斗争实践中总会消除，没有什么大不了的关系。

第四爻的爻辞为“臀其肤，其行次且，牵羊悔亡，闻言不信”。屁股上的皮肤已经糜烂，走路趔趄难行，手里牵着羊，还怕它从手中逃脱，对他人的忠告置之不理。本爻以此说明，在消除奸佞小人的斗争中迟疑不决，缺乏勇往直前的精神。

第五爻的爻辞为“苋陆夬夬，中行无咎”。清除奸佞小人要像斩除柔脆的苋陆草一样刚毅果决。只要在行动时不扩大打击面，不采用过激的手段，给改邪归正者以出路。这样做是不会产生错误的。

第六爻的爻辞为“无号，终有凶”。虽然奸佞小人窃居高位，但其罪行遭到众君子的揭露后，无处藏身，哭喊求饶无济于事，最终逃不出正义的处罚，失败是必然的。

夬卦中的人生智慧主要体现在以下五个方面：第一方面，消除身居高位的奸佞小人，应在适当的时候公开揭露他们的丑恶罪行，并动员民众一起反对他们。第二方面，消除奸佞小人，主要是消除掉小人之道和小人赖以生存的环境，尤其是清除产生小人的制度，而不是在肉体上消灭他们，除个别罪大恶极的外，都要让他们改过自新。第三方面，消除奸佞小人要讲究斗争策略，力量不足时，要待机而动，不能轻举妄动，要在暗中积聚力量，不要打草惊蛇，不采取过激行动，不扩大打击面。第四方面，消除奸佞小人的斗争是艰苦的过程，随时存在着被反击的危险。不可动摇斗争的决心，斗争要刚毅果断，不能犹豫不决，而且要时刻警惕坏人的反扑。第五方面，奸佞小人虽可身居高位，但作恶太多，必然难逃厄运，失败是注定的。唯有回头是岸，改邪归正，才有出路。

（二）姤卦中的人生智慧

姤卦是《易经》中的第四十四卦，可用符号表示为“䷫”，又称为天风姤卦，其卦辞为“女壮，勿用取女”。本卦下卦是“巽”卦，为风，上卦是“乾”卦，为天。风行天下，遍及一切，能与万物相遇，象征君王实施政令于天下每个角落，所有人都遵照执行。另一重要方面，本卦由一阴五阳组成，象征一女邂逅五男，女子壮健能与五男周旋，有邪凌正，小人道长，君子道消之嫌。卦辞是说，邂逅的女子非常壮健，不可娶她为妻。说明阴过强盛时，阳与之相合，可能要吃其亏。

第一爻的爻辞为“系于金柅，贞吉；有攸往，见凶，羸豕孚蹢躅”。牢牢绑住金属制成的车闸，不让其任意滑行，必须坚守正道，才能获得吉祥。若让其任意滑行就会产生凶险。小猪虽说羸弱也蠢蠢欲动，必须用猪栏关住它。对小人未形成势力之前，就应防患于未然。

第二爻的爻辞为“包有鱼，无咎，不利宾”。厨房中存有鱼，日子过得舒坦，无忧无虑。但不要去同情处境卑微，艰难度日的小人，否则，小康的日子不保，甚至会深受其害。必须吸取“农夫和蛇”的教训。

第三爻的爻辞为“臀无肤，其行次且，厉，无大咎”。臂部的皮肤被磨穿，行走趑趄困难，看似非常危险，却无生命之忧。第三爻是阳爻，与第六爻不相应，第一爻虽是阴爻，但中间隔了第二爻。说明虽然孤独行进，但只要不与小人结伴同行，就没有大的危险。

第四爻的爻辞为“包无鱼，起凶”。第四爻是阳爻，处在人爻的上方，说明地位高，生活无忧。它与第一爻阴阳相应，本应是好事，但在本卦中，由于第一爻特别壮健，与之相应反而处于困境，使得厨房中连鱼都没有，灾难已经降临。

第五爻的爻辞为“以杞包瓜，含章，有陨自灭”。不露声色地用杞柳条把有毒的瓜包裹好，静以待变，而不是用力把它砸碎，毒汗四溅。包裹好的瓜总有一天会像陨星从天坠落一样自行消亡，不会把毒汗溅在人们的身上。

第六爻的爻辞为“姤其角，吝，无咎”。第六爻是阳爻处于姤卦的顶端，距离第一爻的阴爻最远，象征他远离小人，虽有孤独之感，然却能独善其身，也没有什么不好的。

姤卦中的人生智慧主要体现在以下五个方面：第一方面，对于小人未形成势力前，要防患于未然，采取各种方法加以阻止。倘若忽视那些力量微小，处在底层的小人，任其发展，就会后患无穷。第二方面，不要同情和怜悯地位卑微，处境艰难的小人。因为小人不仅不会感恩，反而会恩将仇报，一旦得势，就会骑在你头上作威作福。第三方面，对相遇之人，首先要考察为人处事的情况，是君子方可交往，若是小人，则敬而远之。第四方面，防范和制裁小人，要讲究策略，不能操之过急，一方面要有万无一失的措施，重点是铲除小人产生的制度；另一方面要以教育与感化为主，使之能改恶从善，改过自新。第五方面，远离小人，不同流合污，虽然能独善其身，但难免有消极应世之嫌，若能以德感化小人，使之能改邪归正，就是更值得赞赏的态度。

第二十三节　萃升两卦中的人生智慧

（一）萃卦中的人生智慧

萃卦是《易经》中的第四十五卦，可用符号表示为“䷬”，又称为泽地萃卦，其卦辞为“亨，王假有庙，利见大人，亨，利贞；用大牲吉，利有攸往”。本卦下卦是“坤”，为地、为顺，上卦是“兑”，为泽、为悦。大泽普润土地，广土滋生万物。彼此相亲，繁殖茂盛，具有荟萃融洽之象。象征人才荟萃，物资丰富、万事亨通的时代。在此时代，君王借祭祀宗庙之际，汇聚民众，以德感召民众。在此时代有利于启用贤能之士来帮助自己治理国家。有利于坚守正道、一切亨通。用大牲口作为祭品很吉祥，一切都有利于国家的建设和发展。

第一爻的爻辞为“有孚不终，乃乱乃萃；若号，一握为笑；勿恤，往无咎”。心怀诚意却不能贯彻至终，就会影响正常的聚会，如果能及时求得对方的谅解，就可握手言欢。此后不必忧虑，应怀着诚意去相聚，就不会有错。

第二爻的爻辞为“引吉，无咎，孚乃利用禴”。倘若有贤能之士的推荐，使得位高权重者降尊援引而会聚，是非常吉祥的，无趋炎附势之嫌，没有什么不好。只要诚心诚意，即使薄祭也能得到神灵的护佑。

第三爻的爻辞为“萃如嗟如，无攸利；往无咎，小吝”。如果相聚在一起，长吁短叹，则没有什么好作用；如果振奋前行，则无大过，至多有点小的失误，不至为叹。

第四爻的爻辞为“大吉，无咎”。第四爻是阳爻，是人爻的上爻，处在阴爻的位置上，象征位高德薄，所幸所管辖之下的都是顺民，所以也能亨通吉祥，没有大的问题产生。

第五爻的爻辞为“萃有位，无咎，匪孚；元永贞，悔亡”。在聚集之中高居尊位，没有什么不好，但并不等于就取得了民众的充分信任，仍须坚贞不渝地修养德行，固守正道，广施善行，民众的不信任才能消除。

第六爻的爻辞为“赍咨涕洟，无咎”。第六爻居萃卦的顶端，处在聚极欲散之际，因此悲伤哀叹，痛苦流涕。为自己的无能为力而感到悲伤，没有什么大不了的过错。

萃卦中的人生智慧主要体现在以下五个方面：第一方面，凡事有分则有合，有聚则有散，但分离则衰败，聚合则兴盛。我们应该聚集民众去干一番伟大的事业。第二方面，物聚心散，人聚必杂。心散就会争利不已，杂混就难以管治。故此物聚要防心散，人聚要防混杂。第三方面，会聚的目的应遵循正道，而且会聚必须诚心诚意，才能团结一致，携手并进。第四方面，在会聚中，不可能相遇的都是理想的伙伴，遇到不理想的伙伴，不要灰心丧气，应振奋精神，继续去找寻理想的伙伴。第五方面，在会聚中遇到困难，感到孤独时，首先要反省自己，发现不足，及时补救，尤其是居高位者，更要努力修养德行，争取得到民众的信任，才能团结民众一起去完成伟大的事业。

（二）升卦中的人生智慧

升卦是《易经》中的第四十六卦，可用符号表示为“䷭”，又称为地风升卦，其卦辞为“元亨，用见大人，勿恤，南征吉”。本卦下卦是“巽”，为风、为木，上卦是“坤”，为地、为顺。坤土巽木，木从地中生出来，日益长进，由微小而高大。上卦坤为顺，下卦巽也有顺之义，因此，上升进展极为亨通。第二爻是阳爻，刚毅中正，与处在尊位的第五爻相应，必然会得到位高权重之人的器重和提拔。在后天八卦的图式中，上方为南，所以应向南进取。古贤受本卦启发，遵循美德修行之道，积小善而成就崇高宏大的德业，而实至名归。卦辞是说，上升进取非常通畅，因为有贤德之士的支持和帮助，不必有什么顾虑，勇往直前定会获得成功。

第一爻的爻辞为“允升，大吉”。第一爻是阴爻，地位低下，力量微弱，但如果能依靠和追随第二爻、第三爻两个阳爻上升，仍可吉祥如意。

第二爻的爻辞为“孚乃利用禴，无咎”。第二爻是阳爻，刚毅中正，象征贤能之士只要诚心诚意办好事，而不是弄虚作假，上骗下欺，就会得到君王的器重和升擢。爻辞是说，只要诚心诚意，那怕是简单的祭祀，也能得神灵的护佑，无灾无难“。

第三爻的爻辞是“升虚邑”。抓住时机，奋勇向前，乘虚而进，如入无人之境，获得巨大成功，当进而不进，就会错过时机。

第四爻的爻辞为“王用亨于岐山，吉，无咎”。第四爻是阴爻，处在阴位，居于尊爻（君王）之侧，一方面为下面的民众开辟进取之路，一方面顺从忠诚于君王，不再谋求自己的升迁，所以都能得到君王的常识和信任。爻辞是说，君王来到岐山祭祀祖先，必获吉祥。祖先会保佑其无灾无难。

第五爻的爻辞为“贞吉，升阶”。第五爻是阴爻，处在阳位上，居上卦之中。象征刚柔相济，中正有道，治国有方。他信任和重用贤能之士，而贤能之士也竭尽全力辅助他大展宏图。

第六爻的爻辞为“冥升，利于不息之贞”。在马不停蹄的进取过程中，一路过关斩将，不知不觉已经升进到了极顶。此时，倘若不思进取，则会倒退。为了维护现有的高位，必须发挥不断进取的精神，继续奋勇向前，获得更大的成就。

升卦中的人生智慧主要体现在以下六个方面：第一方面，人人都有追求上进之心，在追求上进时，要始于细微，积小善而厚德，渐长而高大，不可盲目躁进，欲速不达。要一步一个脚印，稳步迈进。第二方面，当地位低下，力量微弱时，应与地位高，力量强的贤能之士一道进取，要善于争取他们的帮助和提携。第三方面，在进取过程中，做任何一件事，都要讲诚信，不可投机取巧，虚与委蛇，才能获得信任和升擢。第四方面，在进取过程中，要善于发现时机，抓住时机，当进则进，不可优柔寡断，丧失时机。第五方面，在进取过程中，不应一味贪进，不能再进时，当止则止。如果用自己的止，为他人的进提供有利条件，也是明智之举。第六方面，进升到了高位，如果不自量力，傲视一切，则会升极而反，向后倒退，只有坚守正道，保持不断进取的精神，才能保住高位而不致后退。

第二十四节　困井两卦中的人生智慧

（一）困卦中的人生智慧

困卦是《易经》中的第四十七卦，可用符号表示为“䷮”，又称为泽水困卦，其卦辞为“亨，贞，大人吉，无咎；有言不信”。本卦下卦是“坎”，为水，为险阻，上卦是“兑”，为译、为毁折。上泽之水泄于坎下，泽必枯竭，象征穷困。下卦“坎”属阳，上卦“兑”属阴，阴在阳上，阳被阴掩蔽；下卦中一阳爻被两阴爻所掩蔽，上卦中两阳爻被在其上的阴爻所掩蔽，象征君子被小人所困。幸好第二爻、第五爻两阳爻都居中，刚毅中正，象征君子虽被小人所困，但仍然坚守正道，只是一时之困。卦辞是说，君子虽处困境，仍修德励志，坚持正道，不屈不挠，处之泰然，困境终被突破。君子用自己的实际行动，而不是空洞的豪言壮语战胜了困难。

第一爻的爻辞为“臀困于株木，入于幽谷，三岁不觌。”第一爻是阴爻又处在“坎”的底部，象征地位低下，力量微弱。同时还在相当困难的环境之中，又没有他人的有力援助。唯一的出路是积蓄力量，待时而动。爻辞是说，在幽谷之中，臀部被困在树桩上难以动弹，短时间突破不了困境。

第二爻的爻辞为“困于酒食，朱绂方来，利用享祀，征凶，无咎”。美酒佳肴异常丰盛，让人局促不安，再添上华贵的蔽膝朱绂，更让人难以享受。这样的酒宴只配用于祭祀神灵，若用于日常享受，就会带来凶险。认识到问题的严重性并立即改正，才能免祸殃。

第三爻的爻辞为“困于石，据于蒺藜，入于其官，不见其妻，凶”。小人侥幸妄进，陷于重重困难之中，前行有巨石挡道不能进，后退有蒺藜拦路不能行。历尽千辛万苦脱离困境，回到家中却又不见妻子踪影，凶险无比。

第四爻的爻辞为“来徐徐，困于金车，吝，有终”。去救援时，受到坚固金车的阻拦，一时难以脱身，拖延了救援时间，经过一番艰苦努力的奋斗，终于完成了救援任务。

第五爻的爻辞为“劓刖，困于赤绂，乃徐有说，利用祭祀”。第五爻为阳爻，位正，又居于上卦之中，刚毅而中正，虽然被身居高位的第六爻和第三爻两阴爻的围困，但终能得到同为阳爻的第二爻的驰援，摆脱困境。爻辞是说，鼻脚都受到伤害，受困于一群别有用心的权贵，由于自己刚强有力，具有像祭祀神灵时那样坚定的信念，坚守正道，又逐渐得到助援，必然能摆脱佞臣的包围和节制。

第六爻的爻辞为“困于葛藟，于臲卼，曰动悔，有悔，征吉”。被囚禁在用葛藟和木桩围住的简陋住房中，静下来反省自己过失，悔悟自己的轻率，寻找突破困境的方法，最终突破困境，获得吉祥。

困卦中的人生智慧主要体现在以下五个方面：第一方面，人生际遇，顺逆难料，但必须知道受困程度与上升进度的正比例关系，即地位越升得快升得高，越感到人际关系、区际关系、国际关系的难以处理，越感到因知识、能力、修德不足的困惑。从而作好相应的思想准备。第二方面，突破困境的最好方法是一往直前的勇气，坚守正道的决心，脚踏实地的具体行动，而不是靠侥幸心理和空洞的豪言壮语。第三方面，在地位低下，力量微微，又深陷困境时，千万不要灰心丧气，也不要急躁妄动，而要积蓄力量，假以时日突破困境。第四方面，丰衣足食，处境优越，也会陷入奢侈荒淫，乐而忘忧的困境，此时，必须增强自己的忧患意识，多做救济贫穷的善行。第五方面，在处于至尊之位，受到位高权重的奸佞小人的包围和节制时，要打破封锁，了解真实情况，善于听取逆耳忠言，逐渐疏远小人，有序摆脱困境。

（二）井卦中的人生智慧

井卦是《易经》中的第四十八卦，可用符号表示为“䷯”，又称为水风井卦。其卦辞为“改邑不改井，无丧无得，往来井井，汔至，亦未繘井，羸其瓶，凶”。本卦下卦是“巽”为木、为入，上卦是“坎”，为水，为膏。木下水上，就是用桷盛水，用勺舀水，使水源源不断地从地下提上来，滋养万物。象征君子勤勤恳恳地为民众服务，寓有任用贤能的道理，即选贤用贤的渠道必须通畅，造福民众的工具不可废弃。对贤能的使用必须贯彻始终，不可有任何闪失，以免功亏一篑。卦辞是说，有泉源的井水取之不完，用之不竭，城镇村落可以搬走，房屋可折毁，而水井仍需保留，以便来往行人在此汲水解渴。人们用木器或瓦罐汲水解渴，到了井口，但还未出井时，木器或瓦罐却倾覆，就会前功尽弃。

第一爻的爻辞为“井泥不食，旧井无禽”。井底的泥水不能饮用，长年的废井，水也发臭连鸟雀都不来光顾。象征昏庸无能的小人不能任用，不与时偕进跟不上前进步伐的原有贤能也要果断淘汰。

第二爻的爻辞为“井谷射鲋，瓮敝漏”。有的贤能之士在井中捕捞小鱼为生，犹如破旧的瓦罐失去了本身应有的作用。寓意一些贤能之士没有得到当权者的任用，与一般民众一样平庸，发挥不了固邦救世的作用。

第三爻的爻辞为“井渫不食，为我心恻；可用汲，王明，并受其福”。把井淘洗干净，井水冰凉清澈，却无人饮用，令人惋惜万分，应立即把水汲上来饮用，如果君王圣明，则是万民之福。寓意一些身强力壮、精力充沛，想为国家作些贡献的贤德之士得不到相应的任用，希望有圣明的君王及时启用他们，让他们一展宏才，则是国家之幸，万民之幸。

第四爻的爻辞为“井甃，无咎”。用砖石修补井壁，使之不产生泄漏。寓意贤能之士要不断修德精业，不断提高自己的综合素质，尽量避免在工作中犯错误。

第五爻的爻辞为“井洌，寒泉食”。水井经过淘洗，补漏后，水质清凉如寒泉，甘洁而好饮。寓意贤能之士位高权重，正好施展为民造福的伟大抱负。

第六爻的爻辞为“井收勿幕，有孚元吉”。第六爻处在卦的顶端，象征井水被汲上来饮用，大功告成了。寓意贤能之士升上最高位置时，不忘初心，仍然一心一意地为民造福。爻辞是说，把井水汲上来后，不要盖上井盖，以便他人汲取，这种利人的诚心，一定会大吉大利。

井卦中的人生智慧主要体现在以下五个方面：第一方面，选贤用贤的渠道，必须畅通无阻。若其中一环堵塞，就会功亏一篑。第二方面，即便是贤能之士，也要不断努力学习，提高自己的能力，与时俱进，否则，就跟不上时代的步伐而被淘汰。第三方面，管理者要善于挖掘和任用流落在民间的贤能之士，同时也要果断淘汰那些不合时宜，落后于时代的贤能之士。第四方面，贤德之士在位高权重时，要不忘初心，始终如一地为国为民作出贡献。第五方面，我们每一个人都应像井水那样滋养万物，服务于民众，造福于民众。

第二十五节　革鼎两卦中的人生智慧

（一）革卦中的人生智慧

革卦是《易经》中的第四十九卦，可用符号表示为“䷰”，又称为泽火革卦，其卦辞为“己日乃孚，元亨，利贞，悔亡”。本卦下卦是“离”，为火、为光明，上卦是“兑”，为泽、为毁折。离火在下，泽水在上，火燃则水干，水决则火灭，必产生一场改变自然面貌或推动社会变化的大变革。当事物发展到极盛而衰，必须变革之时，应选择适当的时间和恰当的变革方式，进行变革，就会得到民众的支持和拥护，就有利于变革向着正确的方向推进。这样进行变革就不会留下什么遗憾。卦辞是说，在极盛而衰必须进行变革之时（即己日）进行变革，才能获得社会的广泛支持，只有坚持正道进行变革，变革才能顺畅、成功，才不会发生让人悔恨之事。

第一爻的爻辞为“巩，用黄牛之革”。第一爻是阳爻又处在阳位上，刚烈而易躁动，但地位低下，进行变革的能力不足。因此必须像用黄牛皮制成的绳索绑住手脚一样，控制住自己的刚烈躁动；而应积蓄力量，壮大自己，为变革做好准备。

第二爻的爻辞为“己日乃革之，征吉，无咎”。事物的发展已到极盛而衰的己（在十天干中越过中央处于第六位），正是盛极而衰应变革之时日，而且变革的准备工作也完备，选择己日推行变革，一定吉祥顺利，不会有什么风险。

第三爻的爻辞为“征凶，贞厉；革言三就，有孚”。对于变革不仅急躁冒进具有凶险，而且顽固保守不思进取也有风险。应谨慎小心，周密谋划，再三讨论，取得一致意见后再言变革，再付诸行动。同时要锐意变革与时俱进，不断进取。

第四爻的爻辞为“悔亡，有孚改命，吉”。在变革中，变革者应坚定信心、不畏艰险，奋勇推进而不冒险轻举，要抓住战机，当进则进，毫不犹豫，就不会有后悔。同时，变革者还要竭尽全力争取民众的信任和支持，变革必定会获得成功。

第五爻的爻辞为“大人虎变，未占，有孚”。领导变革的位高权重者在变革前做了各方面的变革准备，然后像猛虎扑食一般锐不可当的推行变革，并把变革之理晓喻民众，让民众知道变革的正确性，必要性，从而积极参与到变革中来。这样的变革，不用占卜预测，也能知道必能成功的结果。

第六爻的爻辞为“君子豹变，小人革面，证凶，居贞吉”。贤德之士像斑豹一样威猛助成变革，邪恶小人在变革大势所趋之下，也革新洗面，改恶从善来顺应变革。在变革成功后，应让民众修养生息，安居乐业。若再继续采取激烈的行动，重新引起社会动荡，就会产生凶险。只有保持安定团结的政治局面，才合乎正道而获吉祥如意。

革卦中的人生智慧主要体现在以下五个方面：第一方面，世界上万事万物都在发展变化之中，当事物发展到极盛而衰必须变革之时，就应选择适当的时间和正确的方式进行变革。第二方面，在变革条件尚未成熟时，一定不能躁动冒进，轻率进行变革，而应沉静下来，积蓄力量，做好各方面的准备工作。第三方面，即使变革势在必行，也应慎之又慎，周密谋划，而且要做好民众的动员工作，争取民众的理解、信任和支持。当变革条件成熟时，就要毫不犹豫地抓住时机，果断地进行变革。第四方面，变革的领导者必须事先明确变革能给社会带来哪些进步，能给民众带来哪些好处，作好充分的思想准备和物质准备，然后像猛虎扑食一样锐不可当地进行变革。第五方面，变革成功后，应让民众休养生息，安居乐业，保持社会的安宁和谐。绝不能再采取激烈行为，又造成社会的动荡不安。

（二）鼎卦中的人生智慧

鼎卦是《易经》中的第五十卦，可用符号表示为“䷱”，又称为火风鼎卦，其卦辞为“元吉，亨”。本卦下卦是“巽”，为木、为风，上卦是“离”，为火、为日。巽下离上，象征燃木煮物，具有革新之意。以爻象而论，第一爻是阴爻为足，第二、三、四爻都是阳爻为腹，第五爻是阴爻为耳，第六爻是阳爻为铉，其形似鼎。卦辞是说，变革成功后，如何来巩固变革的成果。变革主要是指政治上的变革，推翻了旧的政权，就要建立一个新的政权。怎样来建立和巩固一个新的政权呢？关键在于以下两个方面，一是尽快颁布有利于民众休养生息、安居乐业的有关政策和法令。二是挖掘和启用贤能之士来治理国家。这样的革故鼎新，一定吉祥，亨通顺畅。

第一爻的爻辞为“鼎颠趾，利出否，得妾以其子，无咎”。把鼎颠倒过来，有利于清除掉其中的残渣污秽之物，就像讨妾生子，扶其为正室一样，无可指责。以此寓意为，要建立和巩固新政权，就应义无反顾彻底清除腐朽的旧制度。

第二爻的爻辞为“鼎有实，我仇有疾，不我能即，吉”。虽然鼎器中装满了食物（比喻新政权已经建立），仍要警惕那些心怀叵测的小人，尽量远离他们，免受他们花言巧语的诱惑，确保新政权不受到侵害，这样做自然吉祥。

第三爻的爻辞为“鼎耳革，其行塞，雉膏不食；方雨亏悔，终吉”。用于移动鼎的鼎耳坏掉了，鼎的移动就非常困难，即使鼎内山鸡肉香味扑鼻，也不容易食用，雨不会下着不停，太阳出来就会吉祥。寓示贤路阻塞，贤能之士，一时得不到任用。但只要坚守正道，修德精业，总有一天会被重新启用，一展才华，造福民众。

第四爻的爻辞为“鼎折足，覆公餗，其形渥，凶”。既不是德才出众，也不是功勋卓著，只因为是皇亲国戚，便被封为王公，位高权重后毫无自知之明，胡作非为，动摇国家根基，最终被打翻在地，受到应有的惩罚。爻辞是说，鼎足被折断，王公的美食也被打翻，溅起满身污垢，非常凶险。

第五爻的爻辞为“鼎黄耳金铉，利贞”。鼎黄耳金铉美观坚固，有利于革故鼎新的进行。寓意为君王贤明公正，臣民刚毅忠勇，非常有利于新政权的巩固。

第六爻的爻辞为“鼎玉铉，大吉，无不利”。坚固的鼎配上镶玉的铉环，非常吉祥，无所不利。象征新政权在治理国家时，刚柔并济，社会管理井然有序，民众安居乐业，国家一派太平鼎盛之象。

鼎卦中的人生智慧主要体现在以下五个方面：第一方面，要建立和巩固一个新政权，就要义无反顾地彻底清除腐朽的旧政权。第二方面，建立和巩固一个新政权，一方面要启用贤能之士来治理国家，另一方面要禁止小人的破坏，抵御小人花言巧语的诱惑。第三方面，贤路被阻塞之时，贤能之士没有得到任用也不要灰心丧气，而要坚守正道，修德精业，等待云开日出之时，大展雄才之机。第四方面，建立和巩固新政权首要的是选贤用能，量才而用，任人唯贤，决不能任人唯亲，倘若把德才都不显著的亲人用在重要的岗位上，就会给国家的管理带来损失，甚至动摇国家的根基。第五方面，一个新政权在治理国家时，应刚柔并济，宽严并举，一方面让人们有宽松的生活环境，让社会充满活力，另一方面要严明法纪，使社会井然有序，达到鼎新的目的。

第二十六节　震艮两卦中的人生智慧

（一）震卦中的人生智慧

震卦是《易经》中的第五十一卦，可用符号表示为“䷲”，又称为震为雷卦，其卦辞为：“亨，震来虩虩，笑言哑哑；震惊百里，不丧匕鬯”。本卦下卦上卦都是震，为动，为行，为长子。一阳处于两阴之下，阳气在内蕴结而不得出，一旦奋击而出则为雷，雷声霹雳，惊醒万物。卦辞是说，雷声一响，万物始苏，亨通发展。惊雷滚滚，声震云天，万物惊恐。有的人一惊就慌，一慌就乱，不知所措，有的人虽惊不慌，处惊不乱，照常谈笑自若，即使雷鸣电闪，声惊百里，也不会惊掉手中正在用于酒食的勺子。说明一个人平时就要养成处事不乱的心态，当惊恐来袭时，才能处之泰然，冷静应对。具有这样心态的人，才能堪以大任。

第一爻的爻辞为“震来虩虩，后笑言哑哑，吉”。初遇惊雷滚滚而来时，雷声震天动地必然惊恐万状、惊慌失措。此后若善于吸取经验教训，逐渐养成处乱不惊的素质，那么当惊恐再来袭时，仍能谈笑风生，镇静自若，应对得当。这样就能吉祥如意。

第二爻的爻辞为“震来厉，亿丧贝，跻于九陵，勿逐，七日得”。山贼骤然而至，抢走了许多金银珠宝，并逃往深山老陵躲藏，没有必要去追赶，该失去的，便让其失去，不该失去的，失去后也会重新获得，这样处理问题才会成大器。

第三爻的爻辞为“震苏苏，震行无眚”。惊雷骤至，没有做过坏事的人也恐惧不安，害怕到极点。但多听几次骤来的惊雷后就习以为常，不再心惊胆颤了。由此可见，戒慎恐惧是非常必要的。

第四爻的爻辞为“震遂泥”。即使惊雷滚滚地而来，君子也不能被其来势汹汹的气势所吓倒，而要用自己的勇气和刚强来应对各种大的震慑。

第五爻的爻辞为“震往来，厉；亿无丧有事”。第五爻是阴爻，处在惊雷的顶端之下和重叠之雷的主爻之上，前行有险，后退也有险，往来皆厉。但第五爻居上卦之中，能坚守正道，中庸处事，能化险为夷，化大损害为小损害。

第六爻的爻辞为：“震索索，视矍矍，征凶，震不于其躬，于其邻，无咎，婚媾有言”。凶险像惊雷一样骤然而至，使人心惊肉跳，害怕不已，恐惧地环视四周，生怕凶险降临自身。结果凶险降临在做过坏事的邻人身上，自己却安然无恙。从此懂得了一心向善，坚持正道的重要性，悟出此理后，紧张惶恐的情绪就烟消云散，才有心情来谈婚论嫁。

震卦中的人生智慧主要体现在以下五个方面：第一方面，无论在人生发展前进的道路上，还是在社会前进的道路上，都会遇到骤然而至的灾难，此时不应一惊就慌、一慌而乱，不知所措，而应处惊不乱，镇静自若、沉着应对。第二方面，初遇惊险之事，难免惊恐万分，若善于吸取经验教训，再遇几次惊险之事后，便会逐渐形成处惊不乱的心理素质。第三方面，学会正确处理惊险之事，惊险之事猝然而至时，应沉着应对，审时度势，该放弃的毫不吝惜地放弃，不做无谓的抗争，以免遭受灭顶之灾。第四方面，应深刻理解“平时不做亏心事，哪怕半夜鬼敲门”的古训，始终坚守正道，一生行善积德，惊险之事就不会找上门来，即使偶遇惊险之事，也能化险为夷。第五方面，不仅要善于吸取自己遇惊险的经验教训，还要善于吸取别人遇惊险的经验教训，培养自己临乱不惊的心理素质。

（二）艮卦中的人生智慧

艮卦是《易经》中的第五十二卦，可用符号表示为“䷳”，又称为艮为山卦，其卦辞为“艮其背，不获其身，行其庭，不见其人，无咎”。本卦下卦和上卦都是“艮”，为山、为背、为节、为止。下也是山，上也是山，两山重叠，山障路阻，内含因势而止之意。又一阳居于二阴之上，既居于上，就无可再上，也存止义。止并非止而不动，而是当止之时，必须止，平静下来，不受外界因素的诱惑而蠢蠢欲动。深思熟虑后，当动时，则雷厉风行地动，这就不会犯什么错误。卦辞是说，背部保持不动，整个身体就难移动，心中保持宁静，就是走过了有人的庭院，也一无所见，保持这种平静，就不会产生过失。

第一爻的爻辞为“艮其趾，无咎，利永贞”。当力量微弱不足时，不宜采取行动，若要行动，就会产生危险。控制住脚趾，就不会轻率采取行动，而要量力而行。把这种办事风格贯彻始终就会无往而不利。

第二爻的爻辞为“艮其腓，不拯其随，其心不快”。力量薄弱，但深知当止而止的道理。不会主动采取行动。如果受制于人，不得不采取行动时，心中也是极不情愿的。

第三爻的爻辞为“艮为限，列其夤，厉薰心”。在力量强大能采取行动时，却被限制其行动，心中像火燃烧一样的剧烈疼痛。爻辞是说，猛然停止腰部的行动，肌肉撕裂，整个身体也无法移动，难受得像烟熏火烤一样。

第四爻的爻辞为“艮其身，无咎”。如果达到止动自如的地步，想什么时候止就止，想在什么地方止就止，就不会出现该止而不止的错误。

第五爻的爻辞为“艮其辅，言有序，悔亡”。如果具有该讲的话，讲得滔滔不绝、头头是道，无懈可击，不该讲的话缄口不言，一句也不说，守口如瓶。那么，就无后悔可言。

第六爻的爻辞为“敦艮，吉”。第六爻是阳爻居于艮卦的最高点，处在稳之又稳的众山之顶。象征对于止的敦厚笃实、坚持不懈，绝不半途而废，直到获得圆满的结果。一般人办事，难以善始善终，许多人晚节不保，应引以为鉴。

艮卦中的人生智慧主要体现在以下五个方面：第一方面，知进不知止，当止而不止，不是一种勇敢的行为，而是一种盲目冒进的行为；当止而止，不是消极的行为，更不是退缩的行为，而是为了更好的进。第二方面，不能把止绝对化，止是暂时的，动才是永恒的。对止要做到心中有数，什么时候该止就止，应止在什么地方就止在什么地方，掌握好分寸，运用自如，变消极为积极。第三方面，当力量不足时，要主动停止行动，不受各种利益诱惑，要沉着稳定，蓄势待发，一旦时机成熟，就动如脱兔，勇往直前。第四方面，不仅行动上要当止就止，而且在口头表达上也要当止则止。该讲的话，要行云流水，妙语连珠，无懈可击。不该讲的话，一言不发，守口如瓶以免祸从口出。第五方面，止的最高境界是，岿然不动，而岿然不动必须心如止水和敦厚笃实、始终如一地保持原有的状态，做到善始善终。

第二十七节　渐归妹两卦中的人生智慧

（一）渐卦中的人生智慧

渐卦是《易经》中的第五十三卦，可用符号表示为“䷴”，又称为风山渐卦，其卦辞为：“女归贞，利贞”。本卦下卦是“艮”，为山、为止，上卦是“巽”，为风、为木。山不能再增，但山上有树木，树木可以逐渐长高，山也随其渐渐增高。世间之物，都不是一朝一夕能形成的，世间之事，也不是一蹴而就的，都必须经过一个循序渐进的过程。卦辞是说我国古代的女子要出嫁，也必须经过媒介纳采、问名、纳吉、纳征、请期和迎亲等一系列有序的渐进形式，才能获得吉祥，才有利于形成一个符合正道的社会规矩。

第一爻的爻辞为“鸿渐于干，小子厉，有言，无咎”。幼雁在浅滩像小孩蹒跚学步一样小心翼翼地练习登岸和振翅飞翔，被嘲笑为胆小鬼，说其没有出息，然而幼雁在力量不足时，练习逐渐登岸和振翅飞翔是非常必要的，不会产生摔倒和坠落的失误。

第二爻的爻辞为“鸿渐于磐，饮食衎衎，吉”。幼雁渐渐长大，经过不断地练习，已经能登上岸边的大石上嬉戏了，还可在石缝之间自由自在地寻觅食物，一帆风顺地成长。

第三爻的爻辞为“鸿渐于陆，夫征不复，妇孕不育，凶，利御寇”。幼雁长大了，可以在陆地上自由活动了，但羽毛未丰，若急于进行远处飞翔，就会像丈夫出征还不了家、妇女怀孕流了产一样的危险，若只是住在高岗上，就有利于防御敌人的偷袭。

第四爻的爻辞为“鸿渐于木，或得其桷，无咎”。鸿雁渐渐地就能飞在大树上了，也可以把横平的树枝作为栖息之所，居在高处也无掉落之忧了。

第五爻的爻辞为“鸿渐于陵，妇三岁不孕，终莫之胜，吉”。鸿雁渐渐地就能飞上高陵了，但要进行远程飞行，还存在着不少的困难。只有坚持不懈地刻苦训练飞翔，才能像经历了三年不孕的不和谐阶段最终实现了家庭美满一样，实现远程飞翔的宏伟抱负。

第六爻的爻辞为“鸿渐于陆，其羽可用仪，吉”。鸿雁经过长期的艰苦的渐进练习，羽毛终于丰满了，可以在天空自由飞翔了。羽毛从细短无力到逐渐丰满的过程，就是一个演变渐化的过程。展开来看，就是社会进步，物质变化，人才成长的必经阶段。还可进一步把这些必经阶段概括为人们为人处世的一般礼仪。这样做是非常吉祥的。

渐卦中的人生智慧主要体现在以下六个方面：第一方面，质的飞跃不是一蹴而就，必须经过一个逐渐量变的过程，当量变达到一定程度之时，才能形成质的飞跃。第二方面，在力量微细之时，要不断进行艰苦的训练，逐渐壮大自己的力量，不要怕嘲笑，也不要怕打击，坚持到底就是胜利。第三方面，在力量不足之时，不要冒进，而要静下心来，蓄贤积德，一步一个脚印，有序推进，必有瓜熟蒂落之时。第四方面，任何事物的成长过程都不会是一帆风顺的，在遇到艰难困苦之时，要坚定信心，增强忍耐力，经受各种考验，排除万难去争取最后的胜利。第五方面，循序渐进的发展过程，必须建立在自力更生的基础上，在条件允许的情况下，也可以适当争取外援。第六方面，应把社会进步，物质变化，人才成长的必经阶段概括总结为人们为人处世的一般礼仪，让人遵循其节奏，减少或避免错误产生。

（二）归妹卦中的人生智慧

归妹卦是《易经》中的第五十四卦，可用符号表示为：“䷵”，又称为雷泽归妹卦，其卦辞为“征凶，无攸利”。本卦下卦是“兑”，为悦、为少女，上卦是“震”，为动，为长男。兑泽悦于下，震雷动于上，少女事长男，年龄不相配。而且少女主动取悦长男，与常理相悖。男婚女嫁，是男女之间天经地义的终身大事，影响着人一生的幸福。因此男女双方应年相若，心相印，趣相同，敬如宾。这样的婚姻才能美满幸福。如果达不到以上的条件，婚姻就会出现问题，难以建成美满幸福的家庭。

第一爻的爻辞为“归妹以娣，跛能履。征，吉”。少女出嫁虽为偏房，但却像跛足者勉力行走一样，努力操持家务，任劳任怨，忍辱负重，不计较名誉和地位，忠于职守，仍然能获得幸福。

第二爻的爻辞为“眇能视，利幽人之贞”。第二爻是阳爻，居于下卦之中，说明女子有坚定的贞操和良好的妇德，但是有生理缺陷，眼睛瞎了一只，仅有一只能视。正因为如此，她就很少抛头露面，专心一意地操持家务，照顾丈夫，这样就更有利于贞操的持守和妇德的充满。

第三爻的爻辞为“归妹以须，反归以娣”。妹妹冒充姐姐出嫁想做正室，结果虚假身份被揭穿，只得陪嫁作偏房。不安分守己，弄虚作假对待婚姻大事，难以获得幸福。

第四爻的爻辞是“归妹愆期，迟归有时”。少女迟迟不嫁，不急于选择对象的原因是，自信自己能够等到如意郎君的到来。建立在德才貌基础之上的自信，是能够实现自己的愿望的，如意郎君一定会到来。

第五爻的爻辞为“帝乙归妹，其君之袂不如其娣之袂良；月几望，吉”。第五爻是阴爻，处在上卦之中，象征出嫁之女柔顺中正，富有德性和高贵的气质。帝乙出嫁女儿，大女儿的穿着打扮还不如陪嫁妹妹的穿着打扮华丽。但大女儿端庄大方，面如满月，气质高贵，无论什么样的穿着打扮都得体、吉祥。

第六爻的爻辞为“女承筐，无实；士刲，无血。无攸利”。女方拖着竹筐向男方送礼物，筐中却空无一物。男方说杀羊来招待女方，却没有动刀子。说明男女双方都没有诚意，不是真心相爱。这种婚姻进行下去，不会获得美满幸福的结果。

归妹卦中的人生智慧主要体现在以下六个方面：第一方面，男婚女嫁是天经地义的大事，涉及每个人的幸福。因此，在确定婚姻关系前必须充分考虑到以下的问题：年龄是否相配，身体是否健康，情趣是否相投，情感是否真实，双方是否相敬如宾。第二方面，女方嫁到男方，关键是要安守本分，孝敬公婆，相夫教子，勤俭持家，不必去计较名誉和地位，终将获得幸福。第三方面，人无完人，金无足赤，每个人都具优势的一面，又存在不足的一面。丈夫对妻子不能要求完美无缺、德貌双全。在德貌不能双全时，首先应看重对方的德。第四方面，德才貌兼备的女子，不必急于求成，草率成亲，而要耐心等待白马王子的出现，选择如意郎君成亲。第五方面，才貌不具，但能坚守妇道忠于职守的女子，仍能获得幸福，才貌兼备，而不具妇德的女子，总是想通过搬弄是非来获得好的姻缘，最终是搬起石头砸自己的脚。第六方面，虚情假意是婚姻的大忌，男女双方都必须以诚相待，真心对待对方，婚姻才能幸福美满。

第二十八节　丰旅两卦中的人生智慧

（一）丰卦中的人生智慧

丰卦是《易经》中的第五十五卦，可用符号表示为“䷶”，又称为雷火丰卦，其卦辞为：亨，王假之。勿忧，宜日中”。本卦下卦是“离”，为日、为明，上卦是“震”，为雷、为动。离日正午，震雷发动，雷电并行，其声势之威猛，其闪电之明亮，交相发挥，有至满至大，丰隆极盛之象。卦辞是说，经过努力治理，国家各行各业发展都亨通顺畅，形成了物资丰富，市场繁荣，民众安居乐业，国家富强的盛世景象。此时如果国君得意忘形，不思进取，铺张挥霍，盛世就会走向衰落。如果国君仍兢兢业业地治理国家，国家的繁荣昌盛就如日中天一样可以保持相当长的时间，就用不着担忧盛极必衰的马上到来。

第一爻的爻辞为“遇其配主，虽旬无咎，往有尚”。一个人追求盛大，首先要寻找赏识和任用自己的达官贵人，即使一时未遇到，也要有耐心去寻找，一旦遇到后就有被重用的机会。追求的目标盛大就可能实现。

第二爻的爻辞为“丰其蔀，日中见斗，往得疑疾，有孚发若，吉。”浓厚的滚滚乌云汹涌而来，中午也能看见北斗星。如果寻找的达官贵人不具慧眼，就会被其怀疑猜忌，一时得不到重用，但只要坚持不懈地用忠诚之心去感化他，就能获得重用，仍能获得吉祥。

第三爻的爻辞为“丰其沛，日中见沫，折其右肱，无咎”。浓厚的乌云遮天蔽日，中午时分也能看见天上的小星星。寓示奸佞之臣当道，掌控了国家大权，贤能之士即使有济世之心，匡扶社稷之才，也只能望泽兴叹，无可奈何，甚至还要装疯卖傻像折断右臂一样无所作为才能避免受其害。

第四爻的爻辞为“丰其蔀，日中见斗，遇其夷主，吉”。浓厚的乌云滚滚而来，中午也能看见北斗星，象征政治黑暗，盛世在衰退。此时处于庙堂之高的贤能之士应洞察一切，迅速团结志同道合的仁人志士共同努力，突破黑暗，力勉狂澜，光复盛世。

第五爻的爻辞为“来章，有庆誉，吉”。假如君王不具有驾驭统摄天下的德才，只要他能礼贤下士，用贤使能，采纳善策，同样能获得福庆和美誉，使国家繁荣昌盛起来。

第六爻的爻辞为“：丰其屋，蔀其家，窥其户，阒其无人，三岁不觌，凶”。住房宽大雄伟，四周的窗户都用帘子遮蔽着，从门缝中往里窥视，静悄悄的看不见人影。连续三年看不见有人进出，一定存在凶险。象征盛极一时之后，毫无自知之明，飞扬跋扈，目中无人，听不进贤德之士的逆耳忠言，自认为不可一世，自欺欺人，结果使盛世毁于自己之手，凶险至极。

丰卦中的人生智慧主要体现在以下六个方面：第一方面，盛极必衰是一切事物发展的规律，把国家治理成盛世是非常不容易的。此时应杜绝自满、骄傲、享乐、奢侈和自我封闭，否则会加速衰败，而应戒骄戒躁，使贤用能，不懈努力尽量延长盛世的美好时光。第二方面，一个人追求事业的成功盛大，应去寻找赏识和任用自己的达官贵人，一旦受其赏识和任用，事业的成功盛大就有了希望。第三方面，在政治黑暗，盛世转向衰败之时，贤德之士要认清形势，韬光养晦，忍辱负重，保存实力，尽力推延衰败之期的出现。

千万不能强自出头，惹来祸殃。第四方面，当盛世向衰败转变之时，位高权重者应有力勉狂澜的雄心壮志，团结志同道合者，同舟共济，冲破危局，尽量避免盛世向衰败的转变。第五方面，当自己的德才不足以维护盛世时，要礼贤下士，招揽贤才，重用贤能之士，充分发挥贤能之士的才干来维护盛世。第六方面，当盛极一时之后，倘若自高自大，专横武断，不愿听逆耳忠言，自己蒙蔽自己，自己欺骗自己。结果必是盛大之业毁于自己之手。

（二）旅卦中的人生智慧

旅卦是《易经》中的第五十六卦，可用符号表示为“䷷”，又称为火山旅卦，其卦辞为“小亨，旅贞吉”。本卦下卦是“艮”，为山、为止，上卦是“离”，为火、为明。火在山上，逐草蔓延，有旅之象。今日之旅，是在经济条件较好的情况下，坐飞机、高铁、轮船等现代交通工具到风景优美的地方去观光、旅游、度假，是一种生活享受。古时之旅与此大不相同，绝大数就是因为失业而流浪、犯罪被流放、受灾而迁徒等被迫而为之的行为。在这样的旅行中，往往是颠沛流离、举目无亲、茫然无依、处境困难。卦辞是说，之所以在旅行中小有亨通，是因为深知出门在外，困难重重，唯有态度诚恳，待人和善，话甜礼周，才能逢凶化吉，遇难呈祥。

第一爻的爻辞为“旅琐琐，斯其所，取灾”。旅行之初就猥琐吝啬、斤斤计较、分文不让，只顾眼前利益，对行进中的重重困难，缺乏长远打算，这就是招致灾祸的原因所在。

第二爻的爻辞为“旅即次，怀其资，得童仆，贞”。旅行中若遇到下面的境况就是一次很不错的旅行。即在旅行途中有旅店住宿，身上的旅资充足不缺钱花，有忠实可靠的童仆相伴，许多琐事都用不着自己去操心。

第三爻的爻辞为“旅焚其次，丧其童仆，贞厉”。旅行者即使心地纯正，是正人君子。若在旅行时刚愎自用，倨傲待人，就会遇到许多意想不到的困难。诸如投宿时旅店失火，童仆不堪其辱，不辞而别等。

第四爻的爻辞为“旅于处，得其资斧，我心不快”。旅行中虽有栖身之所，也有生活所需的金钱和如斧头之类的生活用品，但毕竟不是安身立命之地，所以心中惆怅不快。

第五爻的爻辞为“射雉，一矢亡，终以誉命”。第五爻是阴爻，处在上卦的中间，象征具有亲顺中庸之德，在旅行中不仅能自保安全，还有可能遇到飞黄腾达的机会。爻辞是说，打猎时，一箭射中了一只山鸡，受伤的山鸡带着箭消失在密林中，没有被捕获，但射箭者仍然博得了善射的美名。

第六爻的爻辞为“鸟焚其巢，旅人先笑后号咷，丧牛于易，凶”。第六爻是阳爻，处在旅卦的顶端，阳刚而处在最高处。象征高傲自负，缺乏柔顺中庸之德。如果旅行者在危机四伏的旅行中像这样为人处世，暂时的栖身之地也会丧失，凶险无比。爻辞是说，树上的鸟巢被火烧掉，旅行者先是幸灾乐祸，后来考虑到自己的处境与被烧的鸟巢相似，伤心得嚎嚎大哭；农人在田旁丧失了耕牛，生活受到严重影响。

旅卦中的人生智慧主要体现在以下六个方面：第一方面，旅行是一种举目无亲，居无定所，茫然无依，前途未卜的行为，旅行者必须心地纯正，诚恳待人，话美礼周，才能逢凶化吉。第二方面，一旦出去旅游，就不要斤斤计较眼前利益，前程遥远，要有长远的打算，尽量委曲求全，以保以后的安全。第三方面，在旅行中，有住宿之所和充足的旅资固然重要，但最重要的是要有忠实追随自己的旅伴。第四方面，在旅行的不安定环境中，不要刚直任性，倨傲待人，应柔顺中庸，谦卑和善，在遇到意想不到的困难时，才有人帮助渡过难关。第五方面，在旅行的不安定环境中，必须审时度势，明辨利害，用柔能下，能屈能伸，不能满足于眼前的小利益而改变自己的志向，应做到无论处在什么情况下皆不丧志。第六方面，在不安定的环境中，寻求安定的最佳方法是，不计小利，放眼长远，中庸谦卑，话端礼周，和善诚恳。

第二十九节　巽兑两卦中的人生智慧

（一）巽卦中的人生智慧

巽卦是《易经》中的第五十七卦，可用符号表示为“䷸”，又称为巽为风卦，其卦辞为：“小亨，利有攸往，利见大人”。本卦下上都是“巽”，为风、为入、为进退。上下都为风，风随着风，无孔不入。风既相随，则顺畅流通，无物不顺。象征国家法令的贯彻畅通，君子德行的深入人心。卦辞是说，谦逊顺从地追随他人，容易得到他人的支持和帮助，有利于事业的顺畅发展。追随的对象应是阳刚、中正、德性深厚的位高权重者。否则，自己的事业就得不到顺畅亨通的发展。

第一爻的爻辞为“进退，利武人之贞”。谦逊顺从过分就会产生优柔寡断进退两难的情况，若此必须培养自己坚强的意志，向勇武之人学习，刚毅果断，才有利于自己的发展。

第二爻的爻辞为“巽在床下，用史巫纷若，吉，无咎”。第二爻是阳爻处于阴位上，居下卦之中。象征谦逊顺从不是形式上的虚伪之为，而是真心实意之为。爻辞是说，谦卑恭顺地跪拜在君王的床下边，就像史官、巫士跪拜在神台下一样地虔诚。定会获得吉祥，无可指责。

第三爻的爻辞为“频巽，吝”。谦逊顺从应把握好度。一味的谦逊顺从就有虚伪之嫌，人人都讨厌虚伪之人，所以会带来灾殃。

第四爻的爻辞为“悔亡，田获三品”。虽居君王之侧，危险随时都存在，但由于谦卑恭顺的分寸掌握得恰到好处，不仅危险没有产生，反而会因功多受赏。爻辞是说，悔恨没有了，田猎中捕获了祭祀、宴请和家用的三类猎物。

第五爻的爻辞为“贞吉，悔亡，无不利。无初有终。先庚三日，后庚三日，吉”。谦逊顺从对君王来说，重点是掌握其原则性。在制定政策、法令时，要顺从民意，让民众从中得到好处，要提前一段时间颁布政策、法令，让民众有时间理解和有思想准备。在执行政策、法令时要公正、严格，这样就会得到民众的拥护和执行。爻辞是说，谦逊顺从因原则性掌握得好而吉祥如意，没有悔懊之处，办什么事都很顺利，即使有的事开始不怎么顺利，但终会有好的结果。政策、法令要在象征变更的庚日之前三日颁布，要在庚日之后的第三天开始执行，这样就会获得吉祥。

第六爻的爻辞为"巽在床下，丧其资斧，贞，凶"。第六爻是阳爻处在阴位，居巽卦的顶端。寓示谦逊柔顺到了极点，变成胆小怕事。他人损害了自己的利益，也不敢抗争，甚至别人撞进屋抢走财物，也只能匍匐在床下不敢反抗，过分的谦逊柔顺，即使心地纯正，也难避免祸殃。

巽卦中的人生智慧主要体现在以下六个方面：第一方面，谦逊柔顺是一种美德，具有这一美德的人，受人尊敬和喜欢，办什么事都顺利亨通。第二方面，谦逊柔顺必须注重选择追随的对象，其应是阳刚、中正，德才兼备，实力雄厚，影响力大的人。第三方面，谦逊柔顺必须出于内心，不是做表面文章来骗取别人的好感和信任。第四方面，谦逊柔顺应把握好度，一味谦逊柔顺就有虚伪之嫌，会遭他人反感。第五方面，谦逊柔顺到了极点就会变成胆小怕事，正当利益受损失也不敢抗争，即使心地纯正之人，也会招致凶险。第六方面，谦逊柔顺是有原则的，对君主来说，颁布的政策法令必须严格执行，没有退让余地。但在制定政策法令时必须要尊重民意，顺从民意，有利于民众生活，在执行前要提前颁布，让百姓理解、消化和作好思想准备。

（二）兑卦中的人生智慧

兑卦是《易经》中的第五十八卦，可用符号表示为"䷹"，又称为兑为泽卦，其卦辞为"亨，利贞"。本卦下卦上卦皆是"兑"，为泽，为喜悦。两泽相邻、泽水相通、滋润万物。万物得到滋润，无不顺畅、亨通、喜悦。如果能执于正道而使人喜悦，那么就将获得利人也利己的效果。

第一爻的爻辞为“和兑，吉”。虽然人微言轻，地位低下，但只要以光明正大的行为与人和谐相处，仍能使人产生喜悦之感，这是非常吉利之事。

第二爻的爻辞为“孚兑，吉，悔亡”。以诚信之心使人喜悦，其必以诚信之心相报，相互取悦，关系越来越密切，越来越牢不可破，即使遇到小人一时利用了你的诚信之心，你也不要动摇，始终用诚信之心来感化他，终有被感化之日。

第三爻的爻辞为“来兑，凶”。别有用心，不择手段，甜言蜜语、许之美好未来地骗取下属的喜悦，一旦被识破，必招致凶险。

第四爻的爻辞为“商兑，未宁，介疾有喜”。与人相悦时，若发现其用心不良，就应一刀两断，不再纠缠。要选择忠厚诚实，或志同道合之人取悦。

第五爻的爻辞为“孚于剥，有厉”。即使君王刚毅中正，也难免被阿谀奉承的淫邪小人包围，这群奸佞之臣竭尽谄媚之能事，以巧言令舌迷惑君王，使之信为真，从而丧失理智，狂妄自大，蛮横专断。大有国将不国的危险。

第六爻的爻辞为“引兑”。阴邪小人心怀鬼胎，用不易察觉的取悦手段取悦他人，尤甚是取悦那些手握大权的人。若缺乏警惕性，就易上其当。

兑卦中的人生智慧主要体现在以下六个方面：第一方面，凡事以使人喜悦为先，出自内心地使人喜悦，别人也会真心实意地使你喜悦。相互取悦，关系越来越密切，越来越好，对双方都有利。第二方面，地位低下的人在改变自己的情况时，不应通过讨好他人来妄求进取，而应与人有原则的和谐相处，踏实努力，合于正道地提升自己的地位。第三方面，对于下属既不能打压，也不能不择手段地骗悦下属，使其亡命为自己私欲服务。

第四方面，取悦他人要选择对象，若发现他人是一时利用自己，则坚持用诚意来感化他，若发现他人用心不良，则应果断分离。应选择忠厚诚实、志同道合的人取悦。第五方面，在手握大权时，要警惕阴邪小人的包围。即使自己刚毅中正，也要严防其用妩媚取悦的手段来迷惑自己，使自己失去理智、偏离正道而招致凶险。第六方面，过分取悦他人，必定居心叵测，其以巧言令色骗取他人信任，以达到不可告人的目的。不可不防，尤其是位高权重者更要提高防范意识。

第三十节　涣节两卦中的人生智慧

（一）涣卦中的人生智慧

涣卦是《易经》中的第五十九卦，可用符号表示为“䷺”，又称为风水涣卦，其卦辞为：“亨，王假有庙，利涉大川，利贞”。本卦下卦是“坎”，为水、为险，上卦是“巽”，为风、为木。风吹在水面上，使宁静不动的水面开始流动。寓示君王发现人心涣散，引起了高度警觉，立即到宗庙去祈祷，请祖宗神灵保佑自己去重新聚合人心，并在聚合人心的同时坚守正道。这样就有利于冒涉大川那样的凶险，顺畅亨通地达到目的。

第一爻的爻辞为“用拯马壮，吉”。涣散现象开始出现，一经察觉，立即采取有力措施，积极进行挽救，仍能获得吉祥。爻辞是说，涣散之初，用强壮的兵马去拯救，可获吉祥。

第二爻的爻辞为“涣奔其机，悔亡”。在涣散之时，应寻找一个基础牢固，没有涣散现象发生的地方住下来，等待、创造聚合时机的到来，这样悔恨就消除了。

第三爻的爻辞为“涣其躬，无悔”。只有改正自己身上的缺点错误，才能挽救涣散的局面。这样做就没有什么可后悔的。

第四爻的爻辞为“涣其群，元吉，涣有丘，匪夷所思”。挽救涣散，必须从两个方面着手，一方面是解散那些因私利而拉帮结派形成的小团体，这样做是非常吉祥的。另一方面是把分散而治的区域聚合起来统一治理。如此之为是常人想象不到的。

第五爻的爻辞为“涣汗其大号，涣王居，无咎”。挽救涣散，还须做好另外两方面的事。其一，政策法令不能朝出夕改，而要像人出汗那样不可收回，保持稳定性；其二，把君王和权贵积蓄的财富，分散到老百姓手中，藏富于民，以聚民心，如此之为不会有什么祸患。

第六爻的爻辞为“涣其血，去逖出，无咎”。第六爻是阳爻，处在涣卦顶端上。寓示涣散到了极点，涣散达到顶峰时，就开始向聚合转变。在转变的过程中，难免要发生各种事件，甚至流血事件。此时要远离这些事件，确保自己的安全。让人们在这些事件中认识到涣散带来的苦难，从而向往聚合局面的出现。再抓住时机引导民众走向聚合，这就不会产生什么错误。

涣卦中的人生智慧主要体现在以下六个方面：第一方面，涣散是聚合的反面，有聚合就会有涣散。聚合是涣散的前提，涣散是聚合的解体。两者相反相成。涣散使力量减弱，聚合使力量增强。涣散既已出现，就应向聚合方面引导。第二方面，领导者在发现人心涣散时，应坚守正道，千方百计地把民众涣散之心引导到聚合方向，形成新的聚合力。第三方面，当发现涣散开始时，就不要让其自由泛滥，要竭尽全力进行挽救，涣散就形不成气候，损失就会大大减少。第四方面，当涣散的局面已威胁到自己的安全时，首先就要去找一个稳定、没有涣散出现的地方，确保自己的安全，然后再谋破解涣散之策，等待时机的到来。第五方面，挽救涣散必经从四个方面进行：其一，果断解散因私形成的各种派系。其二，把分散而治的区域合起来统一管理。其三，政策法令要保持稳定性，不能朝令夕改。其四，把君王和权贵们积蓄的财富，分散到老百姓手中。第六方面，当涣散不可避免地来临时，应以保持社会的安定为首务；当涣散达到顶峰，发生流血事件时，应以确保自己的安全为首务。

（二）节卦中的人生智慧

节卦是《易经》中的第六十卦，可用符号表示为“䷻”，又称为水泽节卦，其卦辞为“亨，苦节，不可贞”。本卦下卦是“兑”，为泽、为和悦，上卦是“坎”，为水、为险阻。水往泽中流，任其流而不加控制，则会泛滥成灾；泽水外流，若不加节制，泽就会枯竭。寓示人们对自己的行为和欲望应适当节制。若毫无节制，私欲泛滥，必造成社会动荡不安；若节制过度，违反人性，必致使民众生活在困苦之中。卦辞是说，合理的节制，不仅使自己的事业发展亨通顺畅，而且能使社会秩序平稳安定，凡事都亨通顺畅。过分的节制，诸事堵塞，不宜提倡。

第一爻的爻辞为“不出户庭，无咎”。因为知道出了庭院路也不通，所以，为了节约时间，干脆就不出庭院，这种不通则不行的行为是没有过错的。

第二爻的爻辞为“不出门庭，凶”。当门外的道路已通畅无阻时，仍然不走出庭院。这种通则不行，过分节制自己的行为就会丧失时机招致凶险。

第三爻的爻辞为“不节若，则嗟若，无咎”。第一爻讲了应当节制则节制，第二爻讲了过分节制则不好，第三爻讲应当节制而不能节制，会带来不良后果。但在忧伤嗟叹中知道亡羊补牢，也就不会再发生此类事件。

第四爻的爻辞为“安节，亨”。吸取了以上的经验教训，现在完全能按领导的意图或指示，自觉节制自己的行为。这样办起事情来，不仅没有什么障碍和麻烦，而且会非常顺利亨通。

第五爻的爻辞为“甘节，吉，往有尚”。如果处在君王位置上的领导人能坚守正道，心甘情愿地节制自己的行为，为群臣和民众作好自我节制的榜样，那么全国自我节制之风就会盛行，长此以往国家的繁荣富强就不在话下。

第六爻的爻辞为“苦节，贞凶，悔亡”。过分地节制自己，使自己生活得痛苦不堪。若坚持下去，则会发生凶险。幸好终于觉悟过来，凶险也得以避免。

节卦中的人生智慧主要体现在以下五个方面：第一方面，无论人欲，还是社会潮流，都应加以节制。人欲若不节制，任其泛滥，什么坏事都可能发生；社会潮流若不节制，就可能毁灭一切。第二方面，自我节制是一种美德，但必须把握好度，应该节制的，就要毫不犹豫地节制，不应该节制的，就不要刻意去节制。第三方面，在坚守正道的前提下，依从上级的意图或指示，节制自己的行为，是有利于自己的发展的。第四方面，处于领导地位的人，若带头自觉自愿地节制自己的行为，有利于形成良好的自我节制的社会风尚。第五方面，过分的节制行为，对个人来说，就是一个吝啬鬼，不受大家欢迎，对于社会来说，将使民众生活在困苦之中。

第三十一节　中孚小过两卦中的人生智慧

（一）中孚卦中的人生智慧

中孚卦是《易经》中的第六十一卦，可用符号表示为“䷼”，又称为风泽中孚卦，其卦辞为“豚鱼吉，利涉大川，利贞”。本卦下卦是“兑”，为泽、为和悦，上卦是“巽”，为风、为出入。泽上有风，感于泽中。水体虚，风能入之。人心虚，物能感之。从卦象上看，一、二、五、六皆阳爻，三、四皆阴爻，形成了上下卦的两中爻皆实，全卦中虚的格局。这是一种内心诚实，而又能虚己容物的卦象。诚信是为人之本，有了诚信，无论做什么事情，都顺畅亨通，即使遇到天大的困难，也能破困克难。卦辞是说，如果我们心怀诚信，什么事情都好办，即使误食了有毒的河豚，也有人解救，即使横渡波涛汹涌的大江大河，也有精于水道之人帮我们平安渡过。发于内心的诚信，无所不利。

第一爻的爻辞为“虞，吉，有它不燕”。初次与人交往，不宜轻信于人，应反复检验，查实其为人处世。这样做不容易上当，也是信而不疑的基础。一旦确定与其交往，就不应再有疑虑，以免自己不得安宁。

第二爻的爻辞为“鹤鸣在阴，其子和之。我有好爵，吾与尔靡之。”鹤鸟在树荫下鸣叫，小鹤鸟与它声声和鸣，意思是，我有好的美味佳肴，愿与你一起享受。体现出同气相应，同类相召、相互感应的至诚之交。

第三爻的爻辞为“得敌，或鼓，或罢；或泣，或歌”。虽然打败了敌人，但内部却难一统一，有的人击鼓欢呼胜利，有的人厌战倒地休息，有的人因失去战友而悲伤哭泣，有的人却因为胜利而高歌欢畅。究其原因是，对内缺乏诚信或诚信不是出自内心或未坚守正道，难以和谐协调，行动统一。

第四爻的爻辞为“月几望，马匹亡，无咎。”第四爻是阴爻阴位、得正，又是人爻的上爻，是接近君王的位高权重者。第四爻本与第一爻阴阳相应，但却选择了第五爻作为诚信对象，果断与平庸无能的旧伴分离，大胆选择陪伴君王。爻辞是说，月亮就要圆了，良马毅然放弃原配，去选择更好的诚信对象，这没有什么不好。

第五爻的爻辞为“有孚挛如，无咎。”相互讲诚信，结成携手共进的战友，不会产生过失。尤其是处在君王位置上的领导人，更应以诚信感召天下，形成互讲诚信的社会风气，天下必大治。

第六爻的爻辞为“翰音登于天，贞凶。”第六爻是阳爻处阴位，居于孚卦的顶端。象征不分坏人、小人、友人，也不分时间、地点、场合、内容一律讲诚信。本来讲诚信是一种美德，而且事无不利。但过分讲诚信，就与愚蠢无异，不仅于事无补，而且还难免遭祸殃。爻辞是说，雄鸡司晨，声高云天，然自己仍在地面，以致司晨有信却名实不相符，还可能给自己带来凶险。

中孚卦中的人生智慧主要体现在以下五个方面：第一方面，诚信是为人之本，讲诚信的人容易与人沟通意志，有利于缩短人与人之间的感情距离，有利于相互支持携手共进，有利于推动事业的向前发展。第二方面，人与人的初次交往，不宜轻信于人，而宜慎重观察，深入了解，反复查实。一旦相信于人，就不再存疑虑，始终对其讲诚信。第三方面，可以对诚信的对象进行选择，应抛弃德鲜才薄之人，应选择德高望重的贤能之士，这不是势利而是对事业的忠诚。但仍有势利之嫌，应谨慎为之。第四方面，君王似的领袖人物更应该懂得诚信的功能，从而带头讲诚信，为民众作好讲诚信的榜样，使整个社会形成讲诚信的良好风气。第五方面，讲诚信本是一种美德，但过分讲诚信，就等于愚蠢。不分坏人、小人、友人，也不分时间、地点、场合、内容一律讲诚信，不仅不利于事业的发展，反而会给自己带来凶险。

（二）小过卦中的人生智慧

小过卦是《易经》中的第六十二卦，可用符号表示为“䷽”，又称为雷山小过，其卦辞为“亨，利贞，可小事，不可大事。飞鸟遗之音，不宜上，宜下，大吉”。本卦下卦是“艮”，为山、为止，上卦是“震”，为雷，为动。山上之雷不及天上之雷威猛，虽稍有不足，但对其发挥的作用影响不大，就像在待人接物上礼貌多了一点，在参加丧礼时悲伤多了一点，在生活小事上节俭多了一点。卦辞是说，在纠正过失时，稍有一点过度，即出现了轻微的矫枉过正。事业仍能顺利亨通的发展，也有利于遵循正道。需要注意的是，在小事上稍有过度或不足，都无关紧要，但在大事上却不允许稍有过度或不足。如当听到飞鸟的叫声时，就可断定它飞去不远；这种断定不适宜鸟在高空飞的情况，而适宜于鸟在低空的情况。小的过度或不足对于小事来说，仍然是非常吉祥的。

第一爻的爻辞为“飞鸟以凶”。鸟在不应高飞之时，却自不量力，好高骛远，执意高飞，难免遇厄致险。

第二爻的爻辞为“过其祖，遇其妣；不及其君，遇其臣；无咎”。本应先与祖父相见，再与祖母相见，却未与祖父相见，就直接与祖母相见；本可以与君王比试，却与其臣下比试。寓示可以过度一点时，则就过度一点；应该收敛之时，就收敛一点。无论过度一点，还是收敛一点，只要处理得当，就不会产生过错。

第三爻的爻辞为“弗过，防之。从或戕之，凶”。如果不加强防范，就有被他人伤害的危险。寓示在防范他人加害方面，应宁可过而勿不及。尤其是在防范比自己具有优势的阴险小人方面，更要提高警悔，加强防范。

第四爻的爻辞为“无咎，弗过，遇之。往厉，必戒。勿用永贞”。之所以没有形成过错，是因为在尚未过度时就得到遏制。倘若不进行遏制而继续进行，就会有危险发生。所以必须进行遏制，不可能继续进行下去。不能认为凡过度都无咎，应永远保持恰到好处的处事原则。

第五爻的爻辞为“：密云不雨，自我西郊。公弋取彼在穴”。天上乌云密布却未下雨，飘自西郊的乌云，因为缺乏力度，雨就下不来。可见，不及也不是任何情况下都无咎。贤能之士隐居在乡野之中，不愿出仕。君王动用军队将其从乡野中搜寻出来，过分强求其出仕，未必能达到应有的效果。

第六爻的爻辞为“弗遇，过之，飞鸟离之，凶，是谓灾眚”。来不及阻止已经过了，就像飞鸟离开一定的高度向力不能及的高度飞去，这种自不量力，过度到了极点的做法，是无可救药的。

小过卦中的人生智慧主要体现在以下五个方面：第一方面，对小事，矫枉过正与稍有不足，都无关紧要，有时还会带来好处。第二方面，凡事皆宜量力而行，当力不从心时，不要一意孤行，贪大求全。该收敛时则收敛，避免招致凶险。第三方面，在防人之心方面，可以适当过度，加强防范，确保自己的安全。尤其是对高于自己的阴险小人，更应该加强防范，宁可过而勿不及。第四方面，对不应过度之事，要及时加以遏阻，要是不及时进行遏阻，让其继续发展，就会产生不良后果。第五方面，凡事适可而止为最佳，对小事，不足与过度都不会产生重大影响，对大事，不足与过度都会产生重大影响，绝不能允许其存在。

第三十二节　既济未济两卦中的人生智慧

（一）既济卦中的人生智慧

既济卦是《易经》中的第六十三卦，可用符号表示“䷾”，又称为水火既济卦，其卦辞为“亨，小利贞，初吉终乱”。本卦下卦是“离”，为火、为明，上卦是“坎”，为水、为暗。水在火上，水性润下，火本炎上。水火不相入而相资，可发挥烹调、济人济物之功效。故以既济名之。一、三、五、阳爻居阳位，二、四、六、阴爻居阴位，六个爻都当位，各爻又相比应，是六十四卦中唯一如此相济而和谐的卦，因而象征成功。但，六个爻皆正，刚柔皆应，又背离了变化法则，走向保守与衰败。卦辞是说，既济象征事业获得最后成功，连弱小者也顺利亨通。这是对正义事业而言的。倘若不慎守成功，就会产生初期吉祥，后期陷入混乱的结果。

第一爻的爻辞为“曳其轮，濡其尾，无咎”。对已取得的成功，不能沾沾自喜，更不能持胜躁进，丧失既得成果。而应多思慎行，稳妥向前、巩固、扩大既得成果。爻辞是说，成功之后，不可盲目冒进，就如拉住车轮缓缓向行，浸湿狐尾减其跑速一样，才不会产生灾祸。

第二爻的爻辞为“妇丧其茀，勿逐，七日得”。妇女失掉了首饰，用不着急急忙忙地去寻找，七日后可失而复得。寓示贤能之士一时失去了被重用的机会，不必急于求进，应守中待时，终有被重用之日。

第三爻的爻辞为“高宗伐鬼方，三年克之，小人勿用”。商代英明君王高宗征讨鬼方，花三年的时间才打败鬼方，获得胜利。但他并不重用那些战功显赫而不懂治国的武将。因为他懂得创业不易，守业更难。若让不懂治国的武将去治理国家，肯定治理不好，反而会造成天下大乱。

第四爻的爻辞为“繻有衣袽，终日戒”。在航行时，水浪打湿了衣絮，整天都战战兢兢的，害怕到极点。寓示要增强防患意识，时刻处于戒惧状态，才能减缓衰退的过程。

第五爻的爻辞为“东邻杀牛，不如西邻之禴祭，实受其福”。东边的邻居杀牛，以盛大的祭典进行祭祀，还不如西边的邻居用诚敬之心，以简单的祭典进行祭祀，更能得到神灵的护佑。寓示那些处在尊位的功成名就人士诚敬之心渐失，骄奢淫逸之心渐生，开始从成功走向衰败，前途不如正在艰苦奋斗，努力去争取成功的人士。

第六爻的爻辞为“濡其首，厉”。渡河之时水淹没头顶，非常危险。寓示成功到极点之后，长期沉浸在欢乐享受之中，不思进取逐渐丧失斗志，有招致灭顶之灾的危险。

既济卦中的人生智慧主要体现在以下五个方面：第一方面，即使获得了成功，也不应盲目乐观，忘乎所以，更不应持胜躁进，而应周密计划，稳扎稳打，巩固和扩大已有成果。第二方面，当你的上级沉浸在成功的喜乐之中时，被冷落的你一定要沉得住气，不要急于求进，而要守中待时，终有被启用之日。第三方面，建设好国家，才能保住胜利的成果。要把国家建设好绝非易事，必须知人善任，要重用善于治理国家的贤能之士，对于建国战功卓著的一介武夫，可封爵或奖赏金银财富，而不可用其治国，否则国将大乱，成果不保。第四方面，国家建立后，必须增强防患意识，时刻处于戒惧状态，居安思危才能实现长治久安。第五方面，天下太平后，诚敬之心易失，艰苦奋斗精神易消，骄奢淫逸之心渐生，甚至沉溺在嬉戏欢乐之中，长此以往，灭顶之灾将不期而至。

（二）未济卦中的人生智慧

未济卦是《易经》中的第六十四卦，也就是《易经》六十四卦的最后一卦，可用符号表示为“䷿”，又称为火水未济卦，其卦辞为“亨，小狐汔济，濡其尾，无攸利”。本卦下卦是“坎”，为水、为劳，上卦是“离”，为火、为明。火在水上，火性炎上，水性润下。其性相悖，两不相契。象征事业未成。从卦象上还可看出，未济卦恰好是既济卦的反卦，两卦爻序相反，上下卦也相反。既济卦是“离”下“坎”上，水火相济，未济卦是“坎”下“离”上，火水未济。既济卦阴阳六爻均当位，各爻又相比应，完美无缺。象征事物发展的成功完善阶段。未济卦阴阳六爻皆不当位，阴差阳错，象征事物尚未成功完善需要继续发展的阶段。之所以把未济卦作为六十四卦的最后一卦。是因为《易经》对宇宙生生不息，永无止境的运动发展与生命规律的深刻认识，和不迷信绝对的完美与终极的真理，永远将每一个胜利和成功，都当作新的起点的辩证思想。卦辞是说，未成功就需要再发展，事物向前发展可得亨通；小狐渡河浸湿了尾巴，前行充满着困难。寓示新事业开始时，可能乘风破浪一帆风顺，也可能荆棘丛生，举步为艰。要有充分的思想准备，坚定信念，奋发精神，披荆斩棘，排除万难去争取胜利。

第一爻的爻辞为“濡其尾，吝”。还未长得健壮的小狐狸渡河时浸湿了尾巴，险象环生。寓示当力量还不足以去完成事业时，就迫不及待、自不量力、轻率冒进，自然会招致危险。

第二爻的爻辞为“曳其轮，贞吉”。车子在前行时，眼看就要滑离正道，应立即拉住车轮，使之不滑离正道，从而获得吉祥。象征在创业过程中，会遭到各种各样的困难，一不小心就会误入歧途。只有时刻提高警惕，坚守正道，才会吉祥。

第三爻的爻辞为“未济，征凶，利涉大川”。事业处在发展的过程，距离成功还有一段艰难险阻的路，必须有充分的思想准备，在战略上藐视困难，在战术上重视困难，才有利于涉险大川，向前发展。

第四爻的爻辞为“贞吉，悔亡，震用伐鬼方，三年有赏于大国”。事业获得成功之前，必须矢志不渝地努力，坚持不懈地奋斗，始终坚守正道，才能获得吉祥，才没有后悔。就像振奋军心，武勇作战去讨伐鬼方，经过三年的奋勇作战，打败了鬼方，获得最后胜利，也获得了大国的奖赏。

第五爻的爻辞为“贞吉，无悔，君子之光，有孚，吉”。从未济走向既济的过程中，始终坚持正道，就会获得吉祥，没有什么可后悔。处于领袖地位的人应以谦虚、中庸，诚信等美德感召国人，信任、重用贤能之士，完成未济向既济的转化，全国上下都吉祥如意。

第六爻的爻辞为“有孚于饮酒，无咎，濡其道，有孚失是”。未济经过艰苦卓绝的奋斗转化为既济，天下太平。诚心诚意去饮酒作乐，本无大碍，但毫无节制，喝得酩酊大醉，用酒水往头上泼洒。虽然是诚意去饮酒取乐，但由于喝得过分，带来了无穷的烦恼。寓示获得成功后，稍微放松一点，并无不可，但不加节制地放松，甚至沉淀于嬉戏欢乐之中，既济又会向未济转化。

未济卦中的人生智慧主要体现在以下六个方面：第一方面，一个过程的终止是另一阶段的开始。生生不息，永无休止。应当把每一个胜利和成功，都当作新的起点。第二方面，当自身力量还不足以成就事业时，不能自不量力，急于求成，轻率冒进。应积蓄力量，夯实基础，待机而行。第三方面，任何事物在发展过程中都不会是一帆风顺的，都会遇到艰难险阻，对此要有充分的思想准备，要用坚持不懈的努力，刻苦耐劳的精神，排除万难去争取胜利。第四方面，在前进的过程中，始终要坚持走正道，一旦偏离方向，就应立即纠正。否则，就会误入歧途，到不了终点。第五方面，在未济向既济转化的关键时刻，处于领袖地位的人，应以谦虚、诚信等高尚品德感召国人，信任、重用贤能之士，充分发挥他们的才干，促进未济向既济的转化。第六方面，事业成功，天下太平。稍微放松一下，并无大碍。可怕的是，不加节制，长期沉淀于嬉戏欢乐之中，成功就有毁于一旦的危险。

第三部分

易学论文

第一篇　周易对人类的伟大贡献

重庆工商大学周光明

摘要：本文通过以下三个部分，一、中外名家对周易价值的认识；二、周易为人类提供了认识客观世界和探寻客观规律的思维模式；三、周易中的人生智慧，阐明了周易不仅对中国具有重要的价值，而且对全世界也具有重要的价值；它在教化人类、安邦治国和稳定社会中发挥着巨大的作用；它为人类正确认识客观世界和探寻客观规律提供了最基本、最常用的思维方法，促进和推动了人类向前发展。

关键词：周易　思维模式　正确认识　人生智慧　伟大贡献

周易是中华民族智慧的结晶，是中华文化的源头，是全人类至今仍奉为最高智慧的宝典。

一、中外名人对周易价值的认识

周易的主要内容是《易经》。中国伟大的易学家、教育家、对中华文化作出巨大贡献的孔子五十岁开始学《易经》，一学则废寝忘食，手不释卷，捆扎《易经》竹筒的牛皮筋都被翻来复去的研读磨断了三次。“韦编三绝”的成语就源于此。他学习《易经》后深有感慨地说。“洁静精微，《易》之教也。”而且他学习《易经》后取得了丰硕的成果，他为首编写的《易传》（即《十翼》），在哲学层面上解读了《易经》，对后人研读《易经》大有裨益。孔子创立的儒家学说的核心“中庸”其实就是易经“平衡”思想的翻版。可以说，孔子不研易，就不可能有创立儒家学派的成就。

唐朝宰相、书法家、文学家、诗人虞世南非常推崇《易经》，曾说，“不读《易》不可为将相。”（日本在明治维新期间严格要求政治家：“不知《易》者，不得入阁”。）

著名易学大师重庆大学蓝允恭教授在《中国象数预测大观》一书中指出：“易道广阔，其义深远，无所不包，无所不容，上穷天道，下探人寰。仰观天象，俯察地理，中通万物之情。究天人之际，通古今之变，探求宇宙及人生必变、所变，不变的大原理，阐明人生知变、应变、适变的大法则。在古代，《周易》是儒家必读经典之一，被奉为群经之首，大道之源，经邦济世之学。近代学术界将它视为‘中国文化的源头’‘宇宙代数学’‘二进制的鼻祖’。国外学者誉其为‘第一号成功预测’”。

美国国际易经学会主席成中英教授指出：“《周易》是生命的学问、宇宙的真理、文化的智慧、价值的源泉。周易不仅是中国的，也是东方的，更是世界的，不仅是古代的、也是现代的，更是未来的。”

当代欧洲心理学权威荣格博士在《易经》英文版序言中写道：“谈到世界人类唯一宝典，首推中国的《易经》。在科学方面，我们所得到的定律，常常是短命的，或者被后来的事实推翻，唯独中国的《易经》亘古常新，经过四千之久，依然具有价值，而与最新原子物理学颇多相同地方。”

当代美国物理学家卡普拉在《物理学之道》一书中写道：“阴和阳的相互作用，是最基本的对立面，是导致所有运动的基本原理。但是中国人并没有到此为止，他们进一步研究阴和阳的各种组合，从而发展了一套宇宙的原型。《易经》详细阐述了这个系统。可以把《易经》看成是中国思想和文化的核心。”他还指出：“《易经》的崇高地位，只有《吠陀》和《圣经》与之相比。”

二、周易为人类提供了认识客观世界和探寻客观规律的思维模式

周易为人类提供的认识客观世界和探寻客观规律的思维模式是，“象——数——理——象”。“象”，世界上万事万物都有象，这里的“象”指的是事物的表象，它不能反映事物的本质属性，也不能反映出事物发展变化的情况，更不能反映其与相关事物之间的内部联系。它只是人类对事物的初步印象、粗浅看法。“数”，万事万物的运动都是从数上表现出来的，表象只是“数”的一种运动变换机制。“数”不仅仅是简单的数字排列，而更重要的是它包含着万事万物的运动情况和规律。“数”是一个非常广泛的概念。从某种意义上说，“数”就是卦。“数”就是深入认识事物，从而把握了事物的运动变化规律。或者说，对事物有了深入认识和把握了事物的运动变化规律，才能形成卦。“数”是一种机动规律，也是物质运动状态和运动机制。“数”最初是远古时期古人煅烧龟甲和兽骨从其破裂多少裂缝来断定吉凶时，逐步形成的。在历史发展的长河中，“数”的范围大大地扩展了。现在包括铁板神数、紫微斗数、六爻、四柱等各种用周易进行预测的种类。“理”就是用分析、推断“数”的本质属性、发展变化和与相关事物联系的各种道理。如，天人合一思想、全息理论、阴阳对立统一规律、阴阳互根规律、阴阳消长规律、阴阳转换规律、五行相生相克规律、时空相适应规律、物极必反规律、平衡规律等。具体运用时就是相应预测种类中分析、推断的方式、方法。例如，在象数预测法中，产生互卦、变卦的方法，本卦代表事物发展的初始阶段、互卦代表事物发展的中间阶段、变卦代表事物发展结果的规定，有变爻的卦是用卦、无变爻的卦是体卦的规定，用卦生体卦为吉、用卦克体卦为凶的规定等。用“理”对“数”进行种种分析推断后，就能得知事物所含的本质属性、事物发展变化的状况，事物与相关事物之间的内部联系。也就是说，能客观、全面地认识事物，能获知此事物与它事物之间的内部联系。前一个“象”代表

的是事物的表面现象，后一个“象”代表事物的本质属性、发展状况、以及与相关事物间的内部联系。前一个“象”是事物的表象，后一个“象”才能代表事物的本身，前一个“象”是对事物的粗浅认识，后一个“象”才是对事物的客观、全面的认识。

世界伟大的科学家爱因斯坦的科学认识论的思维模式是，“事物——概念——理论——事物”。对要进行研究的事物，首先是对其进行抽象、概括、形成概念，概念能反映事物的本质属性、揭示事物的内涵。再用科学的理论、方法对概念进行分析、延展、推导，达到最后准确、客观、全面的认识事物，把握事物的发展变化。

当代著名科学家波普尔的科学方法论的思维模式是“问题——猜想——反驳——问题”。对要研究解决的问题，进行种种分析研究，提出若干个能解决问题的猜想、假说，然后再用科学的理论和方法对这些猜想、假说进行种种反驳，把那些经不起反驳的猜想、假说，统统淘汰掉，寻找出能真正解决问题的方法。问题最终得到解决。

无论是爱因斯坦的科学认识论，还是波普尔的科学方法论，他们的思维模式都与周易的思维模式相似。如果不能说他们的思维模式来源于周易，至少可以说是受到周易思维模式的影响、启发。

爱因斯坦和波普尔进行科学研究、发明、创造的思维模式，是全人类科学家都认同的思维模式，也是人们进行科学研究、发明、创造的最基本、最常用的思维模式。

三、周易的人生智慧

周易不仅是一部高深的哲学著作，更是一部教化人类的教科书。它的每一卦、甚至每一爻都在教导人们用最正确的原则，最佳的方法去处理某一方面的问题，包括安邦治国、稳定社会方面的问题。周易中充满种种人生智慧，从为例的乾卦和革卦中可见一斑。

例一，乾卦中的人生智慧

乾卦是《易经》中的第一卦，用符号表示为“☰”，卦辞为“元、亨、利、贞”。其含义是上天创造万物，通畅成长，固守正道，祥和发展。其教育意义是：每个人都应效法上天，那种日复一日年复一年，自强不息的运转精神，去争取做一个领导者，或做一个有利于国家，有利于社会，有利于人民的强人。在争取做领导或者强者的过程中，要善知进退，不懈努力，终生奋斗，同时还要像天那样利益众生，执著于正道。乾卦以龙喻人，阐述了从潜龙到亢龙不同阶段，龙应采取的相应行为。

第一爻的爻辞为“潜龙勿用”。古人认为，龙是一种善变的灵异之物，能飞于天潜于水，行于地，隐现无常，变化莫测。卦以龙的变化，象征人生进取的规律。第一爻“潜龙勿用”的含义是龙的力量不足以跃出地面时，切不可轻举妄动。指阳气之初动于潜藏的地下，象征一个人地位卑微，能力低下，需刻苦学习，努力钻研，集蓄力量，徐图发展，时机未到，不宜贸然妄动，否则就会遭遇挫折，甚至身败名裂。

第二爻的爻辞为“见龙在田，利见大人”。此爻之阳气渐增龙出潜离隐，跃于地面，初露头角，象征人经过一段时间的努力，具有了一定的能力，开始被社会认识，但此时力量积蓄尚未达到腾空而起的地步，还需争取有权有势，有德的人士及社会广泛支持和帮助。人生在此迈开了重要的一步，虽然离成功尚远，但由于此爻居于下卦中位而不偏，加之阳爻处在阴爻的位置上，显得刚中有柔。具备了成功的基本条件，只要不懈努力，成功就指日可待。

第三爻的爻辞为“君子终日乾乾，夕惕若，厉，无咎”。指阳刚之气，乾乾不已，象征当人的地位和能力上升到可称之为君子之时，也不能有丝毫的松懈，仍需全天强健振作。奋勇精进，而且晚上还要思考、反省自己白天是否坚持了正道，有无骄傲情绪，有无失误之处，随时小心谨慎。即一方面奋斗不息，一方面警钟长鸣。做到了这一点，即使面临险境也能转危为安。如果当官的学一点易经中的智慧，就会少犯错误，更不会身陷囹圄。第三爻是阳爻处在阳爻的位置上，过刚易折，必须时时警惕。

第四爻的爻辞为“或跃在渊，无咎”。此爻指阳气渐进，由下至上似若游龙，在向前行进时，须审时度势，待机而行，就不会有险阻，切不可掉以轻心。六爻卦的三、四爻是天、人、地三才中的人爻。此爻处在人爻的上位，象征人的地位较高，如果始终能保持如临深渊，如履薄冰之心，即使地位高名气大也不会发生过失或灾难。

第五爻的爻辞为“飞龙在天，利见大人”。此爻处在天、人、地三才中的天爻上，阳爻处在阳爻的位置上，刚健中正，而且居于上卦的中位，既尊且贵，象征处在极高位置的大人物，甚至君王，到了大展宏图的鼎盛时期，要使贤用能，让贤能们充分发挥自己的才干，把国家治理好，福泽万民。

第六爻的爻辞是“亢龙有悔”。此爻穷居一卦之终，阳刚亢极，阴开始滋生，事物将走向反面，盈则亏，满则损，这是事物发展的自然规律，象征久处领导地位者，听惯了歌功颂德的奉承话，再也不喜欢听到逆耳忠言。此时必须培养自悔意识，危机观念，不可老子天下第一，独断专行，要居高思危，谨防乐极生悲。

用爻的爻辞为“见群龙无首、吉”。用爻是对纯阳之卦的整体把握运用，乾卦整个卦象都是阳爻，都充满着阳刚之气。然而每一个爻所体现的精神都是自强而不争强，因而“吉”。“见群龙无首、吉”是说一群龙不争强好胜，一定吉祥。象征贤德之士，在发展过程中要善于掌握事物变化的法则，始终保持自强而不逞强的状态。居于领导之位之后，要懂得盈则亏，满则损的自然法则与部属平等相处，和衷共济。如此，任何问题都会得到解决，任何事情都会吉祥如意。

乾卦中的人生智慧主要体现在以下五个方面。其一，任何事物都有一个潜藏、萌发、茁壮全盛，然后由盛至衰，由盈而亏，返归原始的发展过程。人类的行为，应当效法这一自然规律，在自强不息的同时，把握时机，善知进退。其二，在不同的发展时期，应采用不同的方法和态度来对待。在力量弱小之时，应刻苦学习，努力提高自己的能力，而且要隐忍待机，切忌妄动；在可以出世而力量不足之时，一方面应奋发有为，自强不息，另一方面又要戒躁，谨慎行事；在机会来临可以放手一搏之时，应把握最有利的时机，一举成功；在主持大局，抱负得以施展的时候，应抓住时机勤奋工作，造福于人民，使上下一心，各得其所，为国家和人民作出巨大的贡献；在久居高位力所不逮之时，应居安思危，中流勇退，确保晚节。其三，要善于利用外力，当力量不足之时，要争取各方面的支持；当处在高位时，要使贤用能，充分发挥他人的才干，来发展事业。其四，在功成名就之时，要居高处低，平等待人，要清除逞强争能抢功之心，方能立于不败之地。其五，始终把持进退原则，谦虚谨慎，刚柔并济，厚积薄发，惕厉自悔，不懈努力，遵循客观规律，方可实现远大抱负。

例二，革卦中的人生智慧

革卦是《易经》中的第四十九卦，可用符号表示为“䷰”，又称为泽火革卦，其卦辞为“已日乃孚，元亨，利贞，悔亡”。本卦下卦是“离”，为火、为光明，上卦是“兑”，为泽、为毁折。离火在下，泽水在上，火燃则水干，水决则火灭，必产生一场改变自然面貌或推动社会变化的大变革。当事物发展到极盛而衰，必须变革之时，应选择适当的时间和恰当的变革方式，进行变革，就会得到民众的支持和拥护，就有利于变革向着正确的方向推进。这样进行变革就不会留下什么遗憾。

第一爻的爻辞为“巩用黄牛之革”。第一爻是阳爻又处在阳位上，刚烈而易躁动，但地位低下，进行变革的能力也不足。因此必须像用黄牛皮制成的绳索绑住手脚一样，控制住自己的刚烈躁动，而应积蓄力量，壮大自己，为变革做好准备。

第二爻的爻辞为“己日乃革之，征吉，无咎”。事物的发展已到极盛而衰的己日，而且变革的准备工作也完备，选择己日推行变革一定吉祥顺利，不会有什么风险。

第三爻的爻辞为“征凶，贞厉；革言三就，有孚”。对于变革不仅急躁冒进具有凶险，而且顽固保守不思进取也有风险。应谨慎小心，周密谋划，再三讨论，取得一致意见后再言变革，再付诸行动。

第四爻的爻辞为“悔亡，有孚改命，吉”。在变革中，变革者应坚定信心，不畏艰险，奋勇推进而不轻举妄动，抓住战机，当进则进，毫不犹豫，就不会有后悔。同时，变革者还要竭尽全力争取民众的信任和支持。变革必定会获得成功。

第五爻的爻辞为“大人虎变，未占，有孚”。领导变革的位高权重在变革前做了各方面的变革准备，然后像猛虎扑食一般锐不可当的推进变革，并把变革之理晓喻民众，让民众知道变革的正确性、必要性，从而积极参与到变革中来。这样的变革，不用占卜预测，也能知道必能成功的结果。

第六爻的爻辞为“君子豹变，小人革面，征凶，居贞吉”。贤德之士像斑豹一样威猛助成变革，邪恶小人在变革大势所趋之下，也革心洗面，改恶从善来顺应变革。在变革成功后，应让民众休养生息，安居乐业，若再继续采取激烈的行动，重新引起社会动荡，就会产生凶险。只有保持安定团结的政治局面，才合乎正道而获吉祥如意。

革卦中的人生智慧主要体现在以下五个方面：第一方面，世界上万事万物都在发展变化之中，当事物发展到极盛而衰，必须变革之时，就应选择适当的时间和正确的方式进行变革。第二方面，在变革条件尚未成熟时，一定不能躁动冒进，轻率进行变革。而应沉静下来，积蓄力量，做好各方面的准备工作。第三方面，即使变革势在必行，也应慎之又慎，周密谋划，而且要做好民众的动员工作，争取民众的理解、信任和支持。当变革条件成熟时，就要毫不犹豫地抓住时机，果断地进行变革。第四方面，变革的领导者必须事先明确变革能给社会带来哪些进步，能给民众带来哪些好处，做好充分的思想准备和物质准备，然后像猛虎扑食一样锐不可当地进行变革。第五方面，变革成功后，应让民众休养生息，安居乐业，保持社会的安宁和谐。绝不能再采取激烈行动，造成社会的动荡不安。

周易的思维模式使人类能更正确地认识客观世界更快捷地探索和发现自然规律，有力地推动了人类社会向前发展；周易的人生智慧使人类更加理性、更加文明，促进了社会的文明进步。无疑周易对人类进步作出了伟大贡献，我们的文化自信也源于此。

参考文献：

1. 周山，《周易解读》上海辞书出版社

2. 汪忠长，《周易六十四卦》陕西旅游出版社

3. 蓝允恭，《象数预测大观》香港天马出版有限公司

4. 秦新星，《数术学体系》蓝点图书私人有限公司

第二篇　《周易》与现代科学

重庆工商大学周光明

摘要: 来自西方的现代科学是建立在形式逻辑和实验科学基础之上的，而形式逻辑和实验科学自身就存在诸多的不足。所以，现在科学不是万能的。如果只站在现代科学的平台上来审视和评价周易，往往会得出不正确的结论。周易已存在三千多年，其智慧的光芒仍然耀眼，我们对其应有正确的评价。

关键词： 周易、现代科学、正确认识

有人说《周易》是迷信，也有人说《周易》是科学。《周易》究竟是迷信，还是科学，众说纷纭，莫衷一是，各执其理，各持己见，谁也说服不了谁。时至今日，这个问题仍然困扰着不少的人，本文在回答这个问题前，有必要讨论一下来自西方的现代科学。

近代以来，现代科学飞速发展，大大地促进工农业生产和人类物质文明的向前发展，现代科学的成果，给人类带来了方便、快捷、舒适的生活。因此，现代科学受到了人们的青睐和高度评价。然而，来自西方的现代科学也存在局限性。西方现代科学是建立在形式逻辑和实验科学之上的，也就是说形式逻辑和实验科学是现代科学得以产生的基础。但无论是形式逻辑，还是实验科学都存在先天不足的问题。形式逻辑的不足表现在以下四个方面：第一，形式逻辑是事物处于相对稳定阶段来认识事物的，或者说，它是把发展变化中的事物的横切面作为研究对象，这样认识事物，必然缺乏全面性、整体性和辩证性；第二，形式逻辑的推导必须要有大前提，否

则，无法进行推导，而形式逻辑却无法为自己提供大前提；第三，形式逻辑虽有严密的推导方式，能从正确的前提出发推出必然正确的结论，但只要前提中有一个前提不正确或不完善，那么推出的结论就会出现错误或不完善的情况；第四，形式逻辑的推导中要求所有的前提都必须真实、正确，可是形式逻辑本身却无能解决前提的真实性和正确性问题。实验科学同样存在四个方面的不足：第一，实验科学适用的范围较小，现代科学已证明，在宇宙中现实存在的物质只占 4%，暗物质占 23%，暗能量占 73%，实验科学只能在占 4% 的现实存在的物质起作用，在占 96% 的暗物质和暗能量中它都不能发挥作用，它适用范围是极其有限的。第二，实验科学有时会妨碍人们正确认识世界，人类具有特异功能是全世界都公认的事实，而人类特异功能的激发是有一定条件的，不是每次实验它都能产生同样的结果，杨超书记亲自检验了“耳朵认字”的真实性，但在强烈的灯光、摄像机、众多人面前，“耳朵认字”的功能却不能被激发，于是就认为“耳朵认字”是不可能的，显然阻碍了人们对客观世界的正确认识。第三，在占 4% 的现实存在的物质中有的事物也是不能进行实验的。如，物体运动在无阻力的情况下，将会出现什么状况是无法实验的，又如，人临死时的体验，也是不能实验的，人复杂的思维活动也是不能实验的。第四，实验的结果由于诸如地球物理场的不断变化，人的感官会出现误差等原因，也可能出现错误，如一个人站在铁路上，向远处望，明明是两根铁轨，你眼睛看到的只是一根铁轨。正是由于形式逻辑和实验科学的先天不足，至使不少原来认为是正确的结论，却被无情的事实推翻，如能量守恒定律就是如此，放射性物质放射出来的各种能量之和要大于它本身的能量。再有现代科学只能分门别类地探寻和发现客观事物表层的规则和规律，却无法探寻和了解两种不同事物之间的内部联系。

不仅如此，现代科学还是一柄双刃剑。一方面，它给人们带来了方便、快捷、舒适的生活，大大减轻了人们的体力劳动程度；另一方面，它又大大地破坏了人类生存的环境；水质污染越来越严重，大气中二氧化碳浓度不断增加，臭氧层出现空洞，地球表面温度增高，海平面上升，原子能发电带来的放射性废弃物对环境的污染，现有矿藏开发殆尽，动物、植物种类不断减少，自然灾害频发，如此等等，使人类生存的环境越来越恶劣。有科学家预言，200 年后人类就不能在地球上生存。

由此可见，现代科学绝不是万能的，它认识不了客观事世界整体的运行规律，也难以认识客观事物深层次的内部联系，它只能分门别类地认识客观事物表层的规则和规律。故此，不能认为现代科学解释不了的就是迷信，倘若有人要坚持这种认为，那么他就是在搞现代迷信，即迷信现代科学是万能的。

有了对现代科学的正确认识，还应有对《周易》的正确认识。

《周易》是我国最古老，最著名的一部经典著作，它是中华民族智慧的结晶、人类思想的宝库。几千年来，它饱经风霜，受到了无数的指斥和非难，甚至被认为是封建迷信。然而，从今天全世界掀起学习《周易》热潮的事实和国内外著名专家对它的高度评价。著名的预测大师邵伟华先生在《周易与预测学》一书中指出："《周易》一部书，讲的是理、象、数、占。从形式和方法上，好像专论阴阳八卦的著作。但实际上，它论述的核心问题，是运用"一分为二"，对立与统一的宇宙观，唯物主义和辩征法的方法论，揭示宇宙间事物发展、变化的自然规律，对立与统一的法则，并运用这一世界观，运用八卦预测自然界，社会和人本身的各种信息，《周易》内容十分丰富，涉及的范围很广，它上论天文，下讲地理，中谈人事，从自然科学到社会科学，从社会生产到社会生活，从帝王将相如何治国到老百姓如何处事做人等，都有详细的论述，真是包罗万象，无所不有。法国汉字家马伯乐指出《周易》隐藏着一种非常艰深和非常奥秘的科学（比现代科学更高深的科学，它是一门解读和预测天道、人道、地道的高深学问，笔者注）。美国国际易经学会主席成中英教授指出，《周易》是生命的学问，宇宙的真理，文化的智慧，价值的源泉。“《周易》不仅是中国的，也是东方的，更是世界的，不仅是古代的，也是现代的，更是未来的。”以及现代科学许多成果都与《周易》有关或者说是受到《周易》思维方法的启发，如爱因斯坦的科学认识模式，“事实——概念——理论——事实”当代著名科学家波普尔的科学方法论模式：问题——猜想——反驳——问题都暗合于《周易》的思维模式“象——数——理—象。“德国近代科学家莱布尼茨，美国现代物理学家尼尔斯·波尔等都认为自己的科学成果受益于《周易》。这一切就充分说明，《周易》具有强大的生命力和不可估量的价值，它那智慧的光芒是任何力量也遮档不住的，并永远照耀着人类前进的道路。

《周易》中的“天人合一”思想、太极思想、阴阳思想、八卦思想、五行思想、天干地支思想。已经认识到客观事物内部深层次的本质性的联系，它揭示的是整个世界运行的大规律。因此，它是一种大智慧，大科学。在这一点上现代科学不能望其项背，若与之相比较，只是一种小智慧，小科学。下面的事实能充分证明这一点，一千多年前，唐朝初期的李淳风、袁天罡利用《周易》的方法，预测了历史发展中朝代的更迭和重大社会事件，他们总共用了六十卦，每一卦中有卦名、卦象、画图、谶语和颂辞。从唐朝初年开始到现代经历了四十四卦，历史事实证明预测完全正确，没有一个不准确的，其中神奇之处令人惊讶、感叹、叫绝，例如第三十九卦泽风大过，其中谶曰：鸟无足，山有月，旭初升，人都哭。颂曰：十二月中气不和，南山有雀北山罗，一朝听得金鸡叫，大海沉沉日已过。鸟无足，山有月是一个岛字，旭初升，暗指东边蒸蒸日上的日本国，人都哭，指日本入侵我国，令四万万同胞遭其残害，三千多万同胞死于非命，“十二月中气不和，南山有雀北山罗”十二月暗指十二月八日日本偷袭珍珠港事件，中气不和是指日本一方面派大使到美国谈和，一方面大举偷袭珍珠港把美国的舰队炸得七零八落。南山有雀暗指日本在南太平洋有如麻雀一样，北山罗是暗示北边的美国在等着日本之雀投罗网。“一朝听得金鸡叫，大海沉沉日已过”，酉属鸡，一朝听得金鸡叫是指到了酉年即 1945 年的乙酉年，大海沉沉日已过暗示太平洋的海浪已经沉静下来，掀起海浪不可一世的日本已经日薄西山，战败投降了。这与事实完全相符，若用现代科学的方法来预测，不说千年前后，就是一百年前后也无法预测，更谈不上准确与否。

如何对待这两门不同性质的科学，世界著名物理学家 F. 卡普拉在《物理学之道》中说：“东方神秘主义提供了一个协调一致和尽善尽美的哲学框架，它能容纳物理学领域最先进的理论。这种持久常见的哲学为我们近来的科学理论提供了最为坚实的哲学基础。他还认为，科学和神秘主义是人类精神两种互补的表现，一种是理性的天赋，一种是直觉的天赋。神秘主义者了解“道”的根本，而不是它的枝节，科学家则了解它的枝节，而不是它的根本。显然，现代科学的代表人物 F. 卡普拉这样对待两种不同性质的科学是正确的。无论由直觉天赋形成的《周易》，还是由理性天赋形成的现代科学，都各有各的作用。我们切不可褒一个，贬一个，作为中华民族的成员，我们更不能无知的、愚昧地把《周易》说成封建迷信。我们应采取的正确态度是，《周易》与现代科学兼而用之。

《周易》被误解得太多太久，这是人们站在现代科学的平台上来认识，评价它的必然结果，今天我要大声疾呼，《周易》不是封建迷信，而是大智慧、大科学，我们要认真的学习它，运用它，使之造福于全人类、全世界。

第三篇 《易》是世界上独有的智能逻辑

重庆工商大学周光明

摘要：本文独辟蹊径地揭示了归藏[(按 2^n 数律：太极为 2^0、两仪为 2^1、四象为 2^2、八卦为 2^3)]，周易按[经卦（$2^3=8$）乘方组合（$8^2=64$）]，连山按[别卦（$8^2=64$）乘方组合（$64^2=4096$）]三易的层次性，以及三者之间根、杆、枝的树形结构关系。别开生面地剖析了《周易》思维模式的逻辑系统，从中找出了“智能逻辑”的形式，规律和方法。为人工智能的发展开辟了一片新天地。

关键词：周易　多层次思维　智能逻辑

《周易》是一种智能逻辑，这是《周易》学者尹奈先生多年研究《周易》而得出的结论。尹奈先生对《周易》的研究是独辟蹊径的，他的研究方法与众不同，他的研究成果能给其他的《周易》研究者新的启迪。正因为如此，特在此介绍他的研究成果。

当今世界由于科学技术的发达，知识信息的激增，人类的思维能力普遍由简单思维到复杂思维，由少层次思维向多层次思维发展了。可是，多层次思维究竟是怎样一种思维形式呢？目前还没专门理论来阐发它。多层次思维的理论是当今学术界尚未构成体系的比较复杂的问题。

对于解决比较复杂的问题，我国著名数学家华罗庚教授提出一个“先退后进”的方法。他提出：把一个比较复杂的问题，“退”到最简单，最原始的问题上，把这个问题想通了，想透了，然后用数学归纳法来个飞跃上升，于是问题就迎刃而解了。我们认为，这个方法也适合于多层次思维理论的探讨。

当我们把目光追溯到古老的《易》的时候，便惊喜地看到：它是一个多层次的思维模式。如果把《易》的思维模式进行归纳整理，便构成了多层次思维的理论体系。从思维角度来研究《易》，我们将会看到《易》神密性的实质。

《周易》在中国历数千年经久不衰，其根源是它提供了一个博大精深的思维模式。这种模式展示了它的理论与行为直接相联系的多层次性。它为治理国家而进行各种预测，为应付各种事变而作出决策，它是历代统治者进行预测和决策所使用的不同档次方法。实质上，它是带演算的逻辑推理。

《汉书·艺文志》言：“太卜掌三易之法，一曰山连，二曰归藏，三曰周易，其经卦皆八，其别卦皆六十有四。”这说明了，古代《易》掌握在官吏手中，“三易”的方法有区别，其形式结构是完全一致的。尤其用数学归纳法，我们比较明确阐发了“三易”的层次性，《九宫撰述》中也印证了“三易”的区别。

所谓归藏即“万物归藏于其中”。也就是《系辞》所说：“易有太极，是生两仪，两仪生四象，四象生八卦”的一套说法。这套说法，是我们老祖先在长期实践中，根据大自然的时空关系总结出来的。它是事物发生与发展的总根源和总规律。这个理论是抽象的，所以称为归藏。

归藏按 2^n 数律：太极为 2^0、两仪为 2^1、四象为 2^2、八卦为 2^3，它是由根、杆、枝、叶组成的“树型结构”。八卦即为八个经卦，由三爻组合而成，它是由六爻组成的别卦的基础。也是整个“周易”卦的基本组成部分。

所谓《周易》即是它“周期性的变化”。也就是在归藏根本规律的基础上发生的周而复始的运动。它的运动是一个大的循环圆周。如同天体运行，昼夜不停，寒暑往来一样，万事万物的发生与发展，变化与组合，都与它周期性的时空循环规律有关。由于它具有“范围天地而不过，曲成万物而不遗”的效能，所以称为“周易”。

周易按经卦（$2^3=8$）乘方组合（$8^2=64$）别卦的。它比归藏高出一个层次。

所谓连山即“太极接二连三”的发展。即在周易的周期性运动的基础上，连山是链环运动。因为，太极是“易”之源，也是归藏之源。太极也称太一，周易则为二（按偶数发展变化），连山（三）即为奇偶会合，这样即可理解老子的“道生一，一生二，二生三，三生万物”之理。连山还表现出“波浪式前进，螺旋式上升”的性质，由于它的运动象山脉起伏连绵，所以称为连山。

连山是按别卦（$8^2=64$）乘方组合（$64^2=4096$）遇之卦的。它比周易还高出一个层次。

“三易”之法不仅从平面上按不同层次去理解，而且从立体（维数）角度上也要按不同层次去认识。如归藏（经卦）3维为“根”，周易（别卦）6维为“杆”连山（遇之卦）12维为“枝”，三易组合之“叶”为$4096\times12=49152$爻。（爻是组成卦的基本单元）。它是“大衍之数”49的千倍。因此“三生万物”的含义即在于此。

历代学者不断引证、注疏，追随着连山和归藏是另外两易的说法。可是这两易让人们悬念千载之久，至今仍没见踪影。历史上曾有人指出：连山易是夏书，由伏羲或者炎帝所著，有八万言。其实，越是往历史前推，越是无法自圆其说。

这个说法稍加推测更可知。周代（约公元前11世纪）所出《易经》（即周易）四千余言的竹简，就要藏于太庙，设九宫，需要用牛车拉。更何况比周代还早的夏时（约公元前17–前21世纪），如出八万言的连山易，多于《易经》二十倍，当时文字尚不健全，又无合适的文具，多刻在龟甲或兽骨上，这得需要多么大的雕刻工程？需要多么久的时间？又需要多么大的空间贮藏？这在远古时代有无可能？这在当时可算是宏篇巨著了，为何不见传说，没有文字或典故的流传？我们要遵重史实，更不排除考古中有发现连山与归藏的可能。但是我们认为：用数学归纳法的层次性来理解连山和归藏是比较适宜的。

同时，《周易》随着我国传统文化发展而发展的进程中，伴随着不同时代的思维层次，也表现出不同逻辑值所蕴含的“量”。后来发展进程中的逻辑值与“三易”的逻辑值大相径庭，如，从远古“伏羲画卦”开始，出现了 8 个经卦（3 位二值逻辑）的符号；到中古“文王演易”时，《易经》成书，出现了 64 个别卦（6 位二值逻辑）符号；到了春秋战国时，“孔子作传”（即十翼）中，用辩证思维方法注释《易经》经文，同时在《左传》和《国语》中又出现了遇之卦（12 值逻辑）符号；到了汉代时，则以“象数”为代表论易，出现了杨雄的《太玄经》（3 值逻辑）符号；到了北宋时，又以“图数”为代表解易，出现了邵雍的《皇极经世》(16 值逻辑）符号；以及清代的御纂《周易折中》总汇了《易》的各种逻辑，形成了多值逻辑体系。因此，《易》是我国传统文化的主动脉，是推动我国文化发展的里程碑，是华夏民族思维发展的历史记录。

《易》的体系广大浩繁，除上述主流之处，还有支脉分流。我们在整理多层次思维理论时，注意抓住主流，避开支流，依据存在，注重发展用来适应今天的需求，来寻找《易》的形式结构。为此，我们认为；《左传》和《国语》中的遇之卦就是多层次思维的形式结构。我们理解它为连山易。

关于遇之卦，在《左传》注释中指出：“遇者，不期而会之名；之字，自包变义”。是指不期而会的变化。我们在运用它时认为：遇者，回旋之义，之者，曲折之名。即回旋而曲折的运动。这样符合新意，因此用时多用“遇之卦”名。

在《易》多层次思维模式中，通过“遇之卦”可以看出它的多层次的思维形式结构。（见图 9）

它有 12 个层次，为了便于人们的记忆和理解，我们使用汉语拼音字头简化了《周易》术语。如 Y（爻），C（四象），G（经卦），X（别卦），Z（遇之卦），即：12Y = 6C = 4G = 2X=Z。从中可以看出遇之卦 Z 是：根、干、枝、叶的树型结构。树型结构与大脑神经元很相仿，所以它更有思维的科学性。

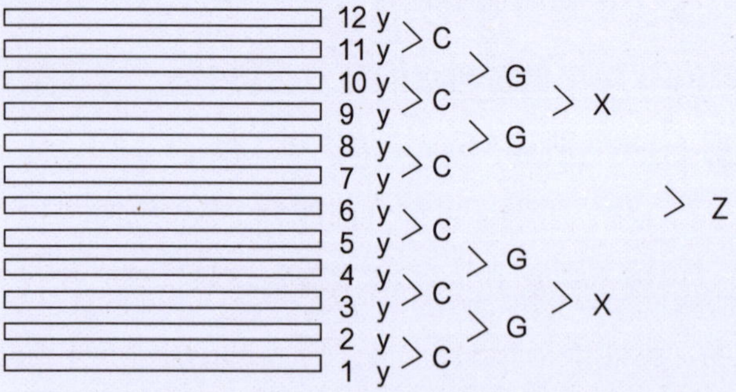

图9

我们考虑用遇之卦 Z 作为多层次思维的概念结构，还因为遇之卦 Z 比《周易》64 别卦 X 扩大一个层次。如用符号 Q（群）表示则：经卦 GQ（8）别卦 XQ（64），遇之卦 ZQ（4096）。所以，使用遇之卦 ZQ 作为多层次思维的概念，它的集合（群）是比较充分的。

遇之卦 Z，还能兼容：形象思维，抽象思维，符号思维和辩证思维及其逻辑结构的各种形式。譬如，IY（一爻）表示抽象思维（形式逻辑）的概念，符号思维（数理逻辑）的个体；ZY（二）表示形式逻辑的判断，数理逻辑的谓词；

3Y（三爻）表示形象思维（经验逻辑）的概念，（数理逻辑）的命题，辩证逻辑的概念；6Y（六爻）表示形式逻辑的推理，经验逻辑的判断，辩证逻辑的判断；12Y（十二爻）表示辩证逻辑的推理，多层次思维（智能逻辑）的概念。因此，一个多层次的思维概念 Z 相当于四个形象概念。四个符号逻辑命题，四个辩证思维概念。同时还相当于十二个形式逻辑概念。所以，“遇之卦”（12 × 4096）其整个体系可在 1~49152 爻之间进行伸缩。

《易》多层次思维模式（或者称理论框架）是应变模式（或叫弹性模式）。它除了能够兼容经验逻辑，形式逻辑，数理逻辑和辩证逻辑之外，还能链接这些逻辑。依据各种逻辑思维方向和用爻量的多少不同而形成的链条是构成多层次思维概念结构的主要依据。其链接关系如下表：

逻辑 用爻量 形式	经验逻辑	形式逻辑	数理逻辑	辩证逻辑	智能逻辑
概念	6	1	1	3	12
判断	3	2	2	6	12
推理	1	6	3	12	12
扩展推理					384 49152
思维方向	↑	↓	↑	↓	↕

其中，思维方向（逻辑推理过程）如：经验逻辑：由小象（爻）Y→“中象”（经卦）G→到大象临卦）X→“群象”（遇之主）Z。

形式逻辑：由概念→判断→推理。

数理逻辑：由命题→谓词→个体。

辩证逻辑：由具体概念→辩证判断→辩证推理。

智能逻辑：由复杂层次推理⟺简单层次推理位⟺层次判断⟺层次概念。

其形式是：

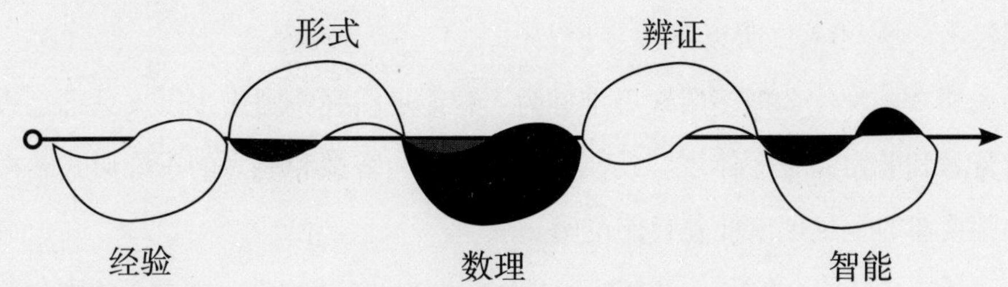

过去，人们认为互相独立的各逻辑体系，通过遇之卦的连接形成了“立体交叉”，它是科学通往哲学的桥梁。这座桥梁通过下面图示可以看出它的连接结构。

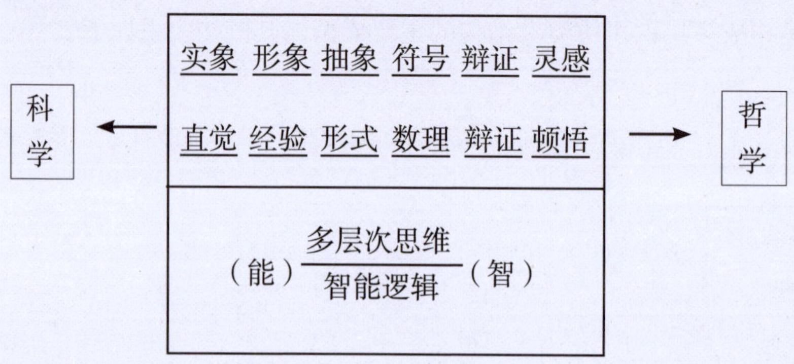

依据人类思维发展的历史进程，时至今日大约有六个阶段，同时有六种思维方式和六个逻辑体系。也就是说，智能逻辑作为“桥梁”，它应该有六大支柱。然后才能衔接科学与哲学。譬如从科学端（指自然科学）开始：实象思维的直觉逻辑，经过形象思维的经验逻辑，上升到抽象思维的形式逻辑。抽象思维需要“验证”抽象思维的“语证”符号思维的“数证”和辩证思维的“辩证”等过程，最后是通过灵感思维的顿悟，才达到哲学端上来。虽然智能逻辑应该是六大支柱，可是《周易》思维模式所明显提示的只有四个：象、数、理、象。所以，结合现代的三大逻辑体系（形式、数理、辩证）加之依据《周易》提供的形象思维的经验逻辑，在归纳整理的《周易》智能逻辑时，我们认识到四大支柱。对于靠近科学端的实象思维的直觉逻辑和靠近哲学端的灵感思维的（顿悟）逻辑，因没有论据可考，所以不敢妄论。

那么，为什么把多层次思维称为：智能逻辑呢？因为多层次思维是人的智慧和能力的统一体现。凡能够体现人类的智慧和能力的思维形式结构及其规律的全息理论便是智能逻辑。

《周易外传》指出：“夫天下之大用者二，知能是也；而成于体则德业相因而一。知者天事也，能者地事也，知能者人事也。”这是我国明代唯物主义哲学家王夫之（1619—1692）提出的极其重要的见解。他在西方资本主义兴起之初就明确指出：在世界上起最伟大作用的莫过于两项，那就是知（同智）和能了。智与能如果能够结合成体系，则天德（自然规律）和地业（万物属性）才能互为因果而统一起来。智（人的智慧）就是认识自然规律的水平，能（人的能力）就是掌握万物属性发挥物质能量为社会服务的本领。

西方世界，自从文艺复兴之时起，就非常重视智与能的发展。开始他们靠《形式逻辑》（智）和“实验科学”（能）两项基础起家，然后把科学（智）和技术（能）发展到相当发达的水平。尤其是智能工具（电脑）的出现，彻底改变了人类资源观念，把偏重物质资源转向到侧重智力资源，把工业社会，正引向智能高度发展的信息社会。

在我们虚心领教西方先进技术的同时，也使我们觉察到他们的能量不足。这里所指的“能量”，不仅仅指的是物质能量，而且也指智力能量。这是因为使西方起家的形式逻辑已经满足不了人类智力发展的需要，即使所谓“现代”的数理逻辑由于它偏重数学方向发展，所以还没有“接力”形式逻辑的能力。虽然20世纪40年代前后和近期，西方提出新老“三论（系统、控制、信息、耗散结构、协同、突变），尽管它能够作为科学的通用方法，可是它替代不了逻辑方法，并不是思维科学的逻辑理论。所以，在智能高度发展的同时，西方世界，越来越觉察到他们的智能先天性的不足和逻辑的贫困。于是西方有识之士把目光开始转向东方，寄希望从“东方神秘主义”的经验中寻找一条新的途径。

于是，他们发现了《周易》这一思维科学体系。因为这个体系贯穿中国整个的文明史，在历史长河中它源远流长，荟萃了我国历代学者的思想精华，是在历史前进中逐渐形成了一个科学体系。这个体系为华夏文明建设作出了不可估量的贡献。

法国汉学家马伯乐指出：《周易》隐藏着一种非常艰深和非常奥秘的

科学。英国皇家学会会员李约瑟博士说：中国文明在科学技术史中，曾起到过从来没有被认识到的巨大作用。美国国际易经学会主席成中英教授更加明确地指出：周易是生命的学问，宇宙的真理，文化的智慧，价值的源泉。周易不仅是中国的，也是东方，更是世界的；不仅是古代的，也是现代的，更是未来的。

对于这个科学体系的研究，我们把《周易》看作是合理的应变模式或理论框架，把它的文字表述看作是历史记录。正象《红楼梦》属于《红》学一样，则《周易》属于《易》学。因此，它不受一部著作，一个时代，一种流派或者某一位作者的个别影响，更不受神学统治时期的卜筮影响，而取其合情合理的“科学”的那些部分。

可以说，多层次思维的智能逻辑，是人类思维发展史上的必然结果，是当代多层次思维的必然产物，是今日社会所需求的一门逻辑理论，也是未来的智能机所需要增进的一门学科。

周易是中华民族智慧的结晶。它是一门大科学，它揭示的不是一门一类事物的具体规律，而是整个宇宙运行的大规律。它包含的内容十分广泛：仰观天象，俯察地理，中通万物之情，究天人之际，通古今之变，探索宇宙及人生之必变、所变、不变的大原理，阐明人生知变、应变、适变的大法则。虽然它被一些别有用心的人或对周易浅尝辄止缺乏深入研究的人，或人云亦云的无知者斥之为伪科学或封建迷信，但都无碍于它那灿烂的光芒永远照亮人类前进的道路！它将永远被人类崇拜、学习、掌握和应用！它也将永远造福于全人类！

参考文献：

1.《周易外传》清，王夫之著，2009 年中华书局出版。

2. 智能逻辑初探》尹奈著，1988 年电子工业出版社出版。

第四篇　周公爻辞的智慧光辉

重庆工商大学周光明

摘要：本文通过上经乾卦和坤卦、下经咸卦、恒卦、既济卦和未既卦爻辞的解读，充分证明了周公撰写爻辞的每一条都是对某一方面问题处理的最正确的原则或最佳的方法，从而彰显了周公爻辞的智慧光辉、对人们智慧的启迪，对提升民族素质的重大作用。

关键词：周公　爻辞　智慧

专家学者普遍认为《易经》中的六十四卦是周文王推演出来的，爻辞是周文王的儿子周公撰写的。

周公撰写的爻辞至今仍闪耀着智慧的光辉，每一条爻辞都是处理某一方面问题最正确的原则或最佳的方法。现就以《易经》上经中的乾卦、坤卦和下经中的咸卦、恒卦、既济卦、未济卦的爻辞为例进行解读，彰显其智慧的光辉。

一、乾卦中爻辞的解读

第一爻的爻辞为“潜龙勿用”。古人认为，龙是一种善变的灵异之物，能飞于天潛于水，行于地，隐现无常，变化莫测。卦以龙的变化，象征人生进取的规律。第一爻“潜龙勿用”的含义是龙的力量不足以跃出地面时，切不可轻举妄动。指阳气之初动于潜藏的地下，象征一个人地位卑微，能力低下，需刻苦学习，努力钻研，集蓄力量，徐图发展，时机未到，不宜贸然妄动，否则就会遭遇挫折，甚至身败名裂。

第二爻的爻辞为“见龙在田，利见大人”。此爻之阳气渐增龙出潜离隐，跃于地面，初露头角，象征人经过一段时间的努力，具有了一定的能力，开始被社会认识，但此时力量积蓄尚未达到腾空而起的地步，还需争取有权有势，有德的人士及社会广泛支持和帮助。人生在此迈开了重要的一步，虽然离成功尚远，但由于此爻居于下卦中位而不偏，加之阳爻处在阴爻的位置上，显得刚中有柔。具备了成功的基本条件，只要不懈努力，成功就指日可待。

第三爻的爻辞为“君子终日乾乾，夕惕若，厉，无咎”。指阳刚之气，乾乾不已，象征当人的地位和能力上升到可称之为君子之时，也不能有丝毫的松懈，仍需全天强健振作，奋勇精进，而且晚上还要思考、反省自己白天是否坚持了正道，有无骄傲情绪，有无失误之处，随时小心谨慎。即一方面奋斗不息，一方面警钟长鸣。做到了这一点，即使面临险境也能转危为安。如果当官的学一点易经中的智慧，就会少犯错误，更不会身陷囹圄。第三爻是阳爻处在阳爻的位置上，过刚易折，必须时时警惕。

第四爻的爻辞为“或跃在渊，无咎”。此爻指阳气渐进，由下至上似若游龙，在向前行进时，须审时度势，待机而行，就不会有险阻，切不可掉以轻心。六爻卦的三、四爻是天、人、地三才中的人爻。此爻处在人爻的上位，象征人的地位较高，如果始终能保持如临深渊，如履薄冰之心，即使地位高名气大也不会发生过失或灾难。

第五爻的爻辞为“飞龙在天，利见大人”。此爻处在天、人、地三才中的天爻上，阳爻处在阳爻的位置上，刚健中正，而且居于上卦的中位，既尊且贵，象征处在极高位置的大人物，甚至君王到了大展宏图的鼎盛时期，要使贤用能，让贤能们充分发挥自己的才干，把国家治理好，福泽万民。

第六爻的爻辞是“亢龙有悔”。此爻穷居一卦之终，阳刚亢极，阴开始滋生，事物将走向反面，盈则亏，满则损，这是事物发展的自然规律，象征久处领导地位者，听惯了歌功颂德的奉承话，再也不喜欢听到逆耳忠言。此时必须培养自悔意识，危机观念，不可老子天下第一，独断专行，要居高思危，谨防乐极生悲。

用爻的爻辞为“见群龙无首、吉”。用爻是对纯阳之卦的整体把握运用，乾卦整个卦象都是阳爻，都充满着阳刚之气。然而每一个爻所体现的精神都是自强而不争强，因而“吉”。“见群龙无首、吉”是说一群龙不争强好胜，一定吉祥。象征贤德之士，在发展过程中要善于掌握事物变化的法则，始终保持自强而不逞强的状态。居于领导之位之后，要懂得盈则亏，满则损的自然法则与部属平等相处，和衷共济。如此，任何问题都会得到解决，任何事情都会吉祥如意。

乾卦六爻的智慧光辉主要体现在以下四个方面。其一，任何事物都有一个潜藏、萌发、茁壮全盛，然后由盛至衰，由盈而亏，返归原始的发展过程。人类的行为，应当效法这一自然规律，在自强不息的同时，把握时机，善知进退。其二，在不同的发展时期，应采用不同的方法和态度来对待。在力量弱小之时，应刻苦学习，努力提高自己的能力，而且要隐忍待机，切忌妄动；在可以出世而力量不足之时，一方面应奋发有为，自强不息，另一方面又要戒躁，谨慎行事；在机会来临可以放手一搏之时，应把握最有利的时机，一举成功；在主持大局，抱负得以施展的时候，应抓住时机勤奋工作，造福于人民，使上下一心，各得其所，为国家和人民作出巨大的贡献；在久居高位力所不逮之时，应居安思危，中流勇退，确保晚节。其三，要善于利用外力，当力量不足之时，要争取各方面的支持；当处在高位时，要使贤用能，充分发挥他人的才干，来发展事业。其四，在功成名就之时，要居高处低，平等待人，要清除逞强争能抢功之心，方能立于不败之地。

二、坤卦中爻辞的解读

第一爻的爻辞为“履霜、坚冰至”。这一爻辞说明事物的发展变化是有规律的，而且事物在发生质变之前，量变阶段是渐进的，不容易被察觉到。启示我们办事要遵循自然规律，同时要见微知著，防微杜渐，未雨绸缪。告诫我们，不要因为小善而不为小恶而为之。也告诉我们，如果人们要想得到福报，就要不断的积德行善。警告我们，要是坏事做多了，就一定会有祸殃。

第二爻的爻辞为“直、方、大，不习无不利”。第二爻处在地爻的上面，象征大地的延伸，宏大、宽广。加之阴爻居阴位，又在内卦的中位上。启示我们，要以恭敬慎重态度作为内心正直的准则。以合乎理义的行为处理外界事物，做到了这两方面就能广布美德，得到广大群众的信任支持。这样，即使不去学习他人的为人处事经验，也能把事情办好。

第三爻的爻辞为“含章可贞，或从王事，无成有终”。阴柔固然是美德，但应含蓄隐藏。若去辅助君王，则不可以居功，这是大地的法则，下属的原则。地道顺天道的法则，是有成就也不居功。其指导意义是：即使非常有涵养，有才华的下属也不要锋芒毕露，显出比上司能干的样子，假若去辅佐君王，则要避免功高盖主之嫌，如能做到大智若愚，就是居君之侧，也不会出大问题，也能得到善终。

第四爻的爻辞为“括囊、无咎、无誉”。本爻处在人爻中的上爻，说明地位很高，权力越来越大，此时特别要谨言慎行，明哲保身，既不让上司有地位不保之忧，又不要让同僚感到有威胁或危险存在。这样得不得到赞誉，但也不会有人攻击你，陷害你，才能保住自己的地位。

第五爻的爻辞为“黄裳、元吉”。“黄裳”是指穿好衣服时不彰显，而要穿在他人也不容易察觉到的地方。此爻启示我们，在做下属时，即使得到领导的信任和重用（古代黄色服装只有皇族和得到皇帝特许的人才能穿），都要遵循中庸之道，谦虚谨慎，不能居功自傲，张扬跋扈，这样就会带来吉祥。

第六爻的爻辞为“龙战于野，其血玄黄”。阴上升到了极致就会向阳转化。当下属发展到能与领导者势均力敌或者能取而代之的时候，一场争夺之战必然爆发，战斗的结果也必然是两败俱伤。本爻告诫我们，阴走到极端，就会必然有凶险，因此，作为下属，如果领导者不是好话说尽、坏事做绝的暴君或者荒淫无耻，道德败坏的上司，就应中流勇退，不去争权夺位，保住自己的既得利益。

用爻的爻辞为“利永贞”。本爻启示我们，只要永远坚持追随正道，必然会有好的结果。

坤卦六爻的智慧光辉主要体现在以下几个方面：其一，当我们作为下属或者普通的人的时候，要加强德的修养，应处处体现纯正、宽容、谦虚谨慎、甘为人下的品德，而且要坚定不移的追随正道。其二，要实现自己目标的最好方法是，不一味争先居首，而应虚心向贤能之士学习成功之法。其三，办事在遵循自然规律的同时，要见微知著，防微杜渐，多行善积德。其四，要认清主从关系，在坚持纯正的原则下，冷静观察，通权达变，掌握事物变化的尺度，当柔则柔，因为柔能克刚，当不应柔的则不柔，因为过分的柔顺也会带来不利。其五，厚德才能获得人们的尊重，柔顺才能得到他人的亲近与爱护。这样才有利于个人的发展和社会的进步。

三、咸卦中爻辞的解读

第一爻的爻辞为“咸其拇”。人与人的交往感应总有一个过程，这个过程是循序渐进的。交往感应的最初阶段，犹如抬腿迈步之初先动其脚拇指，即认识不久的初步印象。

第二爻的爻辞为“咸其腓，凶；居吉”。人与人的交往感应是逐步深入的，从上爻的初步印象发现到现在的初步了解。没有初步印象就以为有了初步了解，这是不恰当的，容易犯错误的，犹如未动脚拇指却先抬起小腿一样有凶险。应循序渐进地进行交往感应，这样交往感应的结果就吉祥如意。若是操之过急，一味强求，就会出现问题。

第三爻的爻辞为“咸其股，执其随，往吝”。交往感应发展到了大腿上，喻示有了一般的了解。此时特别应注意的是，把握好交往感应中的分寸，切忌盲目跟从。大腿会随足而行，若不警惕，就有随意交往感受之嫌，而随意交往感受就会遭到羞辱。

第四爻的爻辞为“贞吉，悔亡；憧憧往来，朋从尔思”。交往感应发展了胸间。第四爻是阳爻，处在三个阳爻的中间，象征男子发乎自然的求爱之心，又与第一爻“阴爻”相应，所以有男女相思依归之象。只要交往感应的出发点合符正道，交往感应就会吉祥，也不会有悔恨产生。只要男子相爱之情纯真，被爱的女子就会出现在他的面前，也遂其久思之念。

第五爻的爻辞为“咸其脢，无悔”。交往感应发展到了喉间。第五爻为阳爻，居上卦之中，与第二爻（阴爻）相应，第二爻居下卦之中，都具有中正的特点。喻示男女双方相互倾吐无悔的山盟海誓（也喻示身居尊位的领导者必须具有中正的态度，才能获取人民对他的中正之心，国家才能安宁），永远相爱。

第六爻的爻辞为“咸其辅、颊、舌”。交往感应发展到了额颊舌，喻示男女之间的交往感应发展到了情深意浓，时而相互拥护，时而吻在一起，缠绵不舍的地步。也喻示循序渐进的真情交往感应能使人际关系得到健康发展。不断升华，以至牢不可破。

咸卦六爻的智慧光辉主要体现以下五个方面：第一方面是，交往感应的出发点必须符合正道，否则，交往感应就不会亨通、吉祥。第二方面是交往感应必须至诚真情，若以虚情假意进行交往感应，就不能获对方的至诚和真情。第三方面，交往感应必须循序渐进地进行，把握好不同阶段的分寸，不可操之过急，盲目跟从。第四方面，与人交往感应中要感动他人，必须持中正的态度，尤其是处在领导地位的人，更应保持中正的态度。第五方面，不能小视世间真情的巨大力量，人与人交往感应有真情，人际关系就良好；男人与女人交往感应有真情，就能结合为夫妻；企业与员工交往感应有真情，企业就会壮大；国家与国家交往感应有真情，世界就会和平、安宁。

四、恒卦中爻辞的解读

第一爻的爻辞为“浚恒，贞凶，无攸利”。不仅要自觉自愿，主动积极地恒守常道，而且动机要纯正，同时还要一步一个脚印地向前推进，不可强求，也不可急于求成，否则发展下去难免有凶险，好心也可能办坏事。

第二爻的爻辞为“悔亡”。第二爻是阳爻，处在阴爻的位置上，本应因位不正而有灾悔，但因为它处于下卦的中位，又与处于上卦中的第五爻阴阳相应，所以灾悔能被消除，充分说明恒久地持守中正之道，就能消灾去悔。

第三爻的爻辞为“不恒其德，或承之羞，贞吝”。有美德而不能长期恒守。犹如妻子品行不端被丈夫休弃一样，遭人们唾弃，如若再不恒守美德，就会像与行为不端的男人继续保持夫妻关系一样，没有好结果。

第四爻的爻辞为“田无禽”。事业的成功除了恒守美德以外，还有许多必要条件，名正言顺和定位准确，地位恰当就是其中之一。第四爻是阳爻却处在阴爻的位置上，而且又不在上卦之中，不正不中，因此，即使能恒守美德，由于没有处在恰当地位上，事业也难成功。

第五爻的爻辞为“恒其德，贞妇人贞，夫子凶”。古时候的人认为，即使恒久保持柔顺服从，坚守正道。因所处的地位不同，仍然有两种相反的结果。如果你是女人，像这样做，就会获吉祥如意的结果；如果你是男人，像这样做，就有凶险。因为古代的女人受教育少，知识不多，视野狭窄，只以家庭利益为重，如果男人不顾大局，不识大体，不衡量事理，不因事制宜，不随机应变，一味听从妇人摆布，就会产生凶险。

第六爻的爻辞为“振恒，凶”。夫妻之道，追求的是恒久不变，白头到老，倘若对恒久不变的夫妻之道三心二意，就会同床异梦，分道扬镳。

恒卦六爻的智慧光辉主要体现在以下五个方面：第一方面，天地资生万物，日月轮照永恒不变，四季周而复始，天道恒常。人们应学习、效仿天道，恒常坚守正道。第二方面，恒常坚守正道必须是自觉自愿的，主动积极的，同时动机必须是纯正的。恒常坚守正道不能勉强，更不能强求。否则，发展下去也会出现问题。第三方面，恒常坚定正道表现在夫妻方面，就是要互敬互爱，从一而终，白头偕老。第四方面，在有灾悔产生的情况，只要恒久地坚守中正之道，就能消灾去悔。第五方面，所处的地位不同，恒常坚守正道的内容就不一样。不在其位，而去谋其政，即使你恒常坚守正道，也不能办好事，反而对自己不利。

五、既济中爻辞的解读

第一爻的爻辞为“曳其轮，濡其尾，无咎”。对已取得的成功，不能沾沾自喜，更不能持胜躁进，丧失既得成果。而应多思慎行，稳妥向前、巩固、扩大既得成果。爻辞是说，成功之后，不可盲目冒进，就如拉住车轮缓缓向行，浸湿狐尾减其跑速一样，才不会产生灾祸。

第二爻的爻辞为“妇丧其弗，勿逐，七日得”。妇女失掉了首饰，用不着急急忙忙地去寻找，七日后可失而复得。寓示贤能之士一时失去了被重用的机会，不必急于求进，应守中待时，终有被重用之日。

第三爻的爻辞为“高宗伐鬼方，三年克之，小人勿用”。商代英明君王高宗征讨鬼方，花三年的时间才打败鬼方，获得胜利。但他并不重用那些战功显赫而不懂治国的武将。因为他懂得创业不易，守业更难。若让不懂治国的武将去治理国家，肯定治理不好，反而就会造成天下大乱。

第四爻的爻辞为“繻有衣袽，终日戒”。在航行时，水浪打湿了衣絮，整天都战战兢兢的，害怕到极点。寓示要增强防患意识，时刻处于戒惧状态，才能减缓衰退的过程。

第五爻的爻辞为“东邻杀牛，不如西邻之禴祭，实受其福”。东边的邻居杀牛，以盛大的祭典进行祭祀，还不如西边的邻居用诚敬之心，以简单的祭典进行祭祀，更能得到神灵的护佑。寓示那些处在尊位的功成名就人士诚敬之心渐失，骄奢淫逸之心渐生，开始从成功走向衰败，前途不如正在艰苦奋斗，努力去争取成功的人士。

第六爻的爻辞为“濡其首，厉”。渡河之时水淹没头顶，非常危险。寓示成功到极点之后，长期沉浸在欢乐享受之中，不思进取逐渐丧失斗志，有招致灭顶之灾的危险。

既济卦六爻的智慧光辉主要体现在以下五个方面：第一方面，即使获得了成功，也不应盲目乐观，忘乎所以，更不应持胜躁进，而应周密计划，稳扎稳打，巩固和扩大已有成果。第二方面，当你的上级沉浸在成功的喜乐之中时，被冷落的你一定要沉得住气，不要急于求进，而要守中待时，终有被启用之日。第三方面，建设好国家，才能保住胜利的成果。要把国家建设好绝非易事，必须知人善任，要重用善于治理国家的贤能之士，对于建国战功卓著的一介武夫，可封爵或奖赏金银财富，而不可用其治国，否则国将大乱，成果不保。第四方面，国家建立后，必须增强防患意识，时刻处于戒惧状态，居安思危才能实现长治久安。第五方面，天下太平后，诚敬之心易失，艰苦奋斗精神易消，骄奢淫逸之心渐生，甚至沉溺在嬉戏欢乐之中，长此以往，灭顶之灾将不期而至。

六、未济中爻辞的解读

第一爻的爻辞为“濡其尾，吝”。还未长得健壮的小狐狸渡河时浸湿了尾巴，险象环生。寓示当力量还不足以去完成事业时，就迫不及待、自不量力、轻率冒进，自然会招致危险。

第二爻的爻辞为“曳其轮，贞吉”。车子在前行时，眼看就要滑离正道，应立即拉住车轮，使之不滑离正道，从而获得吉祥。象征在创业过程中，会遭到各种各样的困难，一不小心就会误入歧途。只有时刻提高警惕，坚守正道，才会吉祥。

第三爻的爻辞为“未济，征凶，利涉大川”。事业处在发展的过程，距离成功还有一段艰难险阻的路，必须有充分的思想准备，在战略上藐视困难，在战术上重视困难，才有利于涉险大川，向前发展。

第四爻的爻辞为“贞吉，悔亡，震用伐鬼方，三年有赏于大国”。事业获得成功之前，必须矢志不渝地努力，坚持不懈地奋斗，始终坚守正道，才能获得吉祥，才没有后悔。就像振奋军心，武勇作战去讨伐鬼方，经过三年的奋勇作战，打败了鬼方，获得最后胜利，也获得了大国的奖赏。

第五爻的爻辞为“贞吉，无悔，君子之光，有孚，吉”。从未济走向既济的过程中，始终坚持正道，就会获得吉祥，没有什么可后悔。处于领袖地位的人应以谦虚、中庸、诚信等美德感召国人，信任、重用贤能之士，完成未济向既济的转化，全国上下都吉祥如意。

第六爻的爻辞为“有孚于饮酒，无咎，濡其道，有孚失是”。未济经过艰苦卓绝的奋斗转化为既济，天下太平。诚心诚意去饮酒作乐，本无大碍，但毫无节制，喝得酩酊大醉，用酒水往头上泼洒。虽然是诚意去饮酒取乐，但由于喝得过分，带来了无穷的烦恼。寓示获得成功后，稍为放松一点，并无不可，但不加节制地放松，甚至沉淀于嬉戏欢乐之中，既济又会向未济转化。

未济六爻的智慧光辉主要体现在以下六个方面：第一方面，一个过程的终止是另一阶段的开始。生生不息，永无休止。应当把每一个胜利和成功，都当作新的起点。第二方面，当自身力量还不足以成就事业时，不能自不量力，急于求成，轻率冒进。应积蓄力量，夯实基础，待机而行。第三方面，任何事物在发展过程中都不会是一帆风顺的，都会遇到艰难险阻，对此要有充分的思想准备，要用坚持不懈的努力，刻苦耐劳的精神，排除万难去争取胜利。第四方面，在前进的过程中，始终要坚持走正道，一旦偏离方向，就应立即纠正。否则，就会误入歧途，到不了终点。第五方面，在未济向既济转化的关键时刻，处于领袖地位的人，应以谦虚、诚信等高尚品德感召国人，信任、重用贤能之士，充分发挥他们的才干，促进未济向既济的转化。第六方面，事业成功，天下太平。稍为放松一下，并无大碍。可怕的是，不加节制，长期沉淀于嬉戏欢乐之中，成功就有毁于一旦的危险。

智慧无论对个人、对民族，对国家都非常重要。个人缺乏智慧、事业不能发达，民族缺乏智慧，就会陷入贫穷落后，国家缺乏智慧，国强民富就只是一种奢望。周公六爻智慧的光辉不仅照耀着个人前进的道路，也能照耀着民族、国家前进的道路。

第五篇　河图洛书是《易经》八卦之本

重庆工商大学周光明

摘要:《易经》是中华民族智慧的结晶，是中华文化的源头活水，而《易经》来源于河图洛书。本文分别阐明了河图洛书推出先天八卦和后天八卦的过程。从而论证了河图洛书是《易经》之本。

关键词: 河图洛书　易经八卦来源

《易经》博大精深，是中华民族智慧的结晶，是全人类用之不完，取之不竭的思想宝库，被誉之为群经之首、大道之源、安邦济世之学。重庆大学兰允恭教授在《中国象数预测大观》一书中指出："易道广阔，其义深远，无所不包，无所不容，上穷天道，下探人寰。仰观天象，俯察地理，中通万物之情。究天人之际，通古今之变，探索宇宙及人生必变、所变、不变的大原理，阐明人生知变、应变、适变的大法则"。美国国际易经学会主席成中英教授指出:《周易》是生命的学问，宇宙的真理，文化的智慧，价值的源泉。《周易》不仅是中国的，也是东方的，更是世界的；不仅是古代的，也是现代的，更是未来的。《易经》象——数——理——象的思维模式是人类认识客观世界，发现规律的最基本、最常用的思维模式。世界最伟大的科学家爱因斯坦的科学认识模式:"事实——概念——理论——事实"；当代著名科学家波普尔的科学方法论模式："问题——猜想——反驳——问题"都同于《易经》的思维模式。八卦是《易经》的重要组成部分，而八卦则来源于河图洛书。

易传云，"河出图，洛出书，圣人则之"。"河出图"即河图，传说龙马从黄河上游中载图而出，很可能就是人们在黄河上游发现了前人的天文星象图。“洛出书”即洛书，传说神龟驮书从洛水中出来，很可能是人们在洛水附近发现了古代九组有关天文数字的龟文形象。

《河图》的图形如图 1

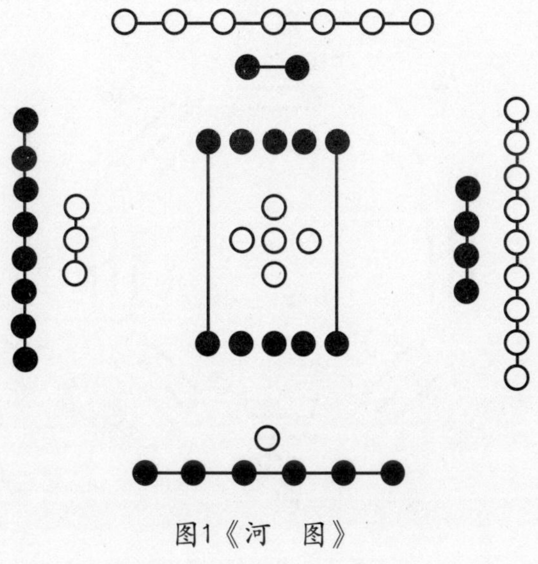

图1《河　图》

《河图》由三十个黑圆圈和二十五个白圆圈组成，共五十五个圆圈，其中黑的为阴，白的为阳。圣人在研究河图时，改点为画，从而画出了八卦。

圣人认识到，宇宙（太极）中阴阳相交才能产生万事万物。阴阳相交首先产生四种情况（四象），即阴与阴相交为太阴，阴与阳相交为少阳，阳与阴相交为少阴，阳与阳相交为太阳。四象再与阴阳相交就生成了八卦，即太阴与阴相交就形成坤卦，太阴与阳相交就形成艮卦。少阳与阴相交就形成坎卦，少阳与阳相交就形成巽。少阴与阴相交就形成震卦，少阴与阳相交就形成离卦。太阳与阴相交就形成兑卦，太阳与阳相交就形成乾卦，如图 2。

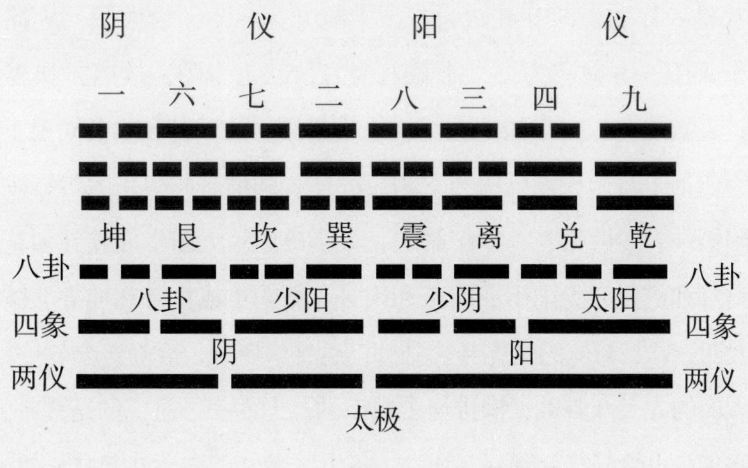

图2

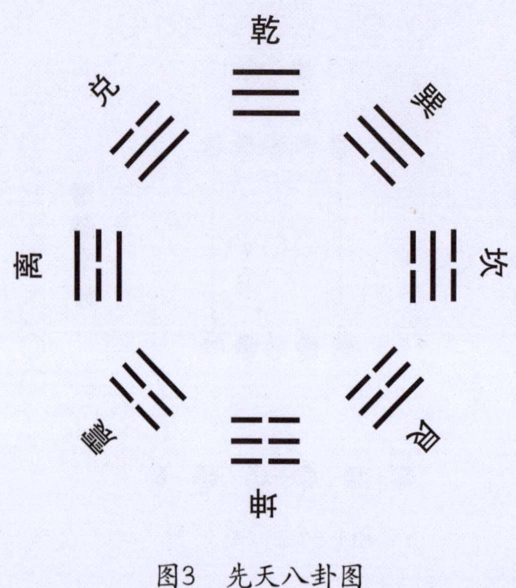

图3　先天八卦图

八卦形成后，圣人以乾卦代表天，坤卦代表地，离卦代表太阳，坎卦代表月亮（月亮的圆缺与海水的潮汐有关，所以坎卦又代表水），兑卦代表泽，震卦代表雷，艮卦代表山，巽卦代表风。圣人在八卦能代表自然界八种物质形态的基础上，进一步思考用八卦代表整个自然界。经过长期观察，依据天在上，地在下，太阳从东边升起，西边落下，太阳落下后，月亮便升起，于是就形成了乾卦在上，坤卦在下，离卦在东，坎卦在西的四正图，再依据乾兑同根，离震同根，坤艮同根，坎巽同根，又形成兑，震、艮、巽的四隅图，正图与四隅图合在一起，就形成一个圆圈八卦图，后人称为先天八卦图。

另外圣人从河图的数字排列中也推出了先天八卦图。河图的中央为生数五、成数十，以生数五分别减四臂的生数和以成数十分别减四臂的成数的结果数是一样的，即五减四为一，十减九为一，一为太阳，故乾卦和兑卦同根于太阳；五减三为二，十减八为二，二为少阴，故离卦和震卦同根于少阴；五减二为三，十减七为三，三为少阳，故巽卦和坎卦同根于少阳；五减一为四，十减六为四，四为太阴，故艮卦和坤卦同根于太阴。按四象的位置太阳第一，少阴第二，少阳第三，太阴第四。太阳生成乾卦和兑卦，少阴生成离卦和震卦，少阳生成巽卦和坎卦，太阴生成艮卦和坤卦。横排河图数字的九四三八，对应的是乾卦、兑卦、离卦、震卦，恰好符合乾一、兑二、离三，震四的先天八卦数；横排河图数字的二七六一，对应的是巽卦、坎卦、艮卦、坤卦，也恰好符合巽五、坎六、艮七、坤八的先天八卦数，如图 4。

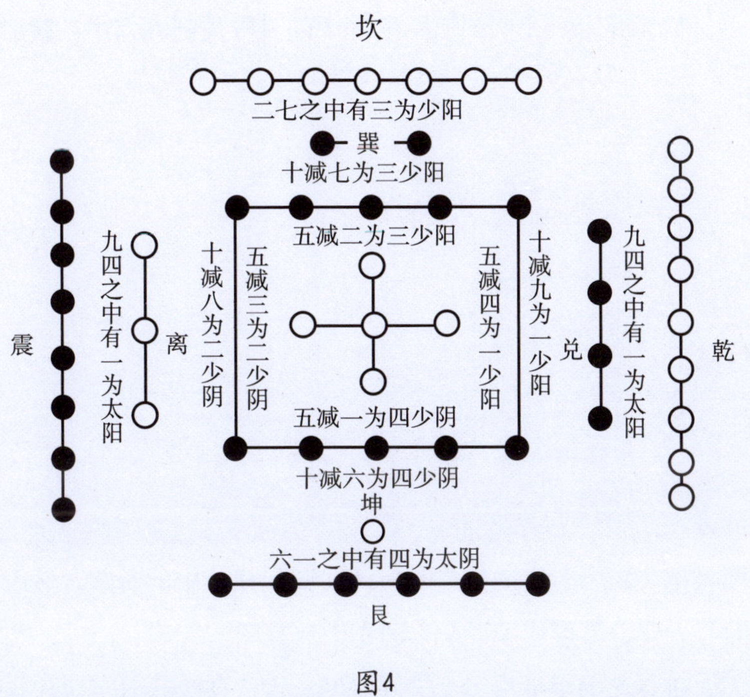

图4

《洛书》的图形如图 5

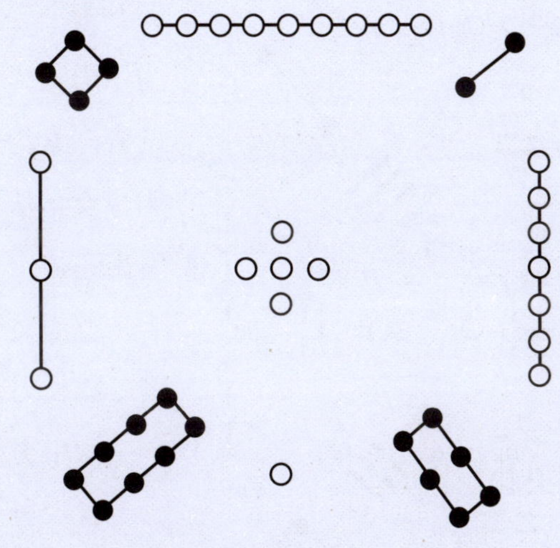

图5　《洛　书》

《洛书》由二十个黑圆圈和二十五个白圆圈组成，其中黑的为阴，白的为阳。

洛书又称为九宫。我们把河图横排中的卦数放到九宫中，就形成下面的图形。

兑四	乾九	巽二
离三	中五	坎七
震八	坤一	艮六

本图是把《洛书》中的数去对应《河图》横排中的卦数，然后把八卦的卦名对号入座，就形成了一个方的先天八卦图。

圣人在研究洛书中推出了先天八卦图。古人认为八卦可以代表世界万事万物，若以八卦代表一个家庭，则乾卦为父，坤卦为母，震卦索一为中男，巽卦索一为长女，坎卦再索为中男，离卦再索为中女，艮卦三索为少男，兑卦三索为少女。从上面九宫图中可看出：

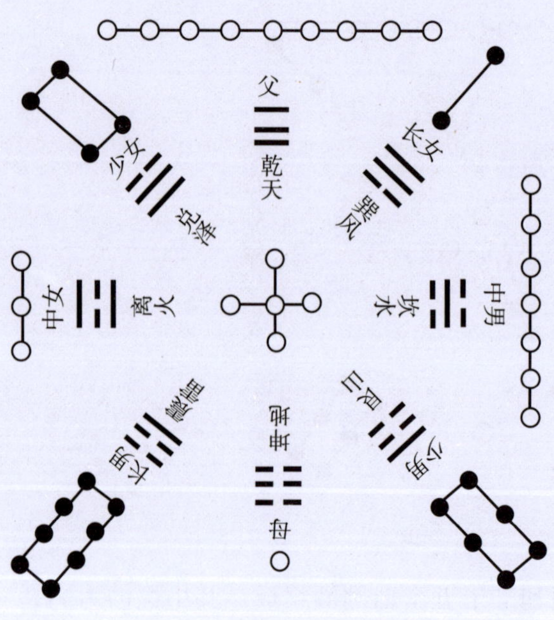

图6 《洛书》列卦图

乾为父得九坤为母得一

震长男得八巽长女得二

坎中男得七离中女得三

艮少男得六兑少女得四

由此可推出，如图6。

河图不仅是先天八卦之本，而且也是后天八卦之本。因为水火以精气为用，故只能专一，木金土以形质为用，可各分为二。《河图》以一、二、三、四为坎离震兑，分居四正，坎离专用，故一为坎而六并之，二为离而七并之，六、七被并后，东方之八则进居东南，西方之九则退居西北，中央之五与十就排上用场，五随三阳位于东北，十随三阴位于西南，就形成了后天八卦。

洛书同样既可推先天八卦，又可推出后天八卦，如图7、图8。

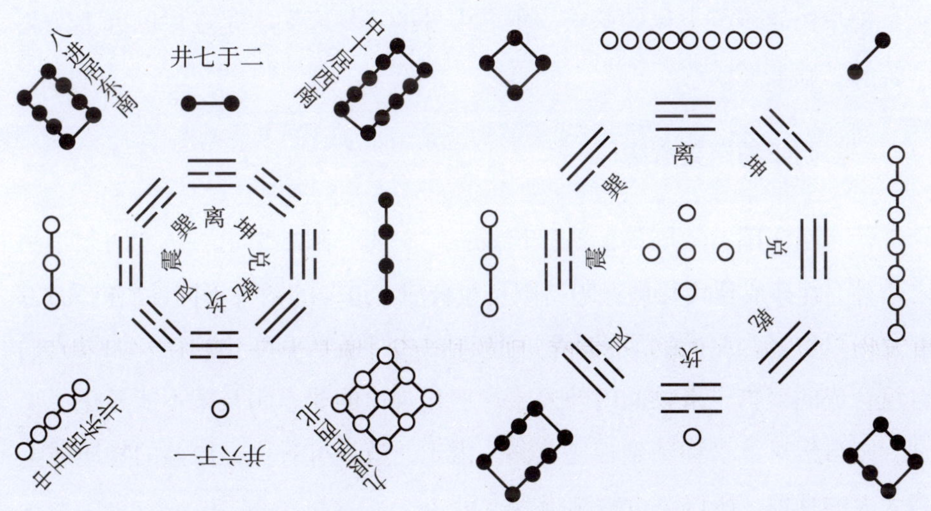

图7　河图变后天八卦图　　　　图8　洛书布后天八卦图

参考书目：

1. 冯精志的《实用易经预测方法》，长春出版社。

2. 汪忠长的《周易十六四卦》，陕西旅游出版社。

第六篇　阴阳关系探索

重庆工商大学周光明

阴阳学说是我国古代哲学的精髓。中国远古的政治、兵法、医药、教育等诸子百家的理论学说，都是建立在隶属二值逻辑的阴阳学说基础上的。它是中华民族传统文化的基核。驰名中外的《易经》也是在中国远古阴阳系统的基础上形成的。

一、阴阳的涵义索隐

什么叫阴阳？《周易》系辞传说：“一阴一阳之谓道”，“阴阳不测之谓神”。译成现代语即：阴与阳是组合成“道”的两种不同性质的元素。“道”可解释为原始物质或事物间隐藏的内外关系和变化规律。如果人们对组合成的事物或事物间内外关系和变化规律的要素阴与阳不能显化、识别，则自然对该事物感到神秘莫测。由于，道，可看作最原始的物质或至高无上的真理。所以，古哲称道为太极。

《列子·天瑞》篇说：“太初者，气之始也：太始者，形之始也；太素者，质之始也。”《庄子·则阳》说：“道，物之极。”

须知，阴阳与太极的关系有二：

1. 阴与阳结合而成太极

太极不是一阴一阳的简单混合体，而是阴与阳有机结合、融合或复合的结果，是阴阳结合后产生的新物质。故《<周易>系辞传说：“男（阳）女（阴）构精（结合），万物化生”。

2. 太极可分解成阴与阳

并且由太极分离出的阴与阳，还可看作新太极而再度分解，以致派生出一个完整的阴阳系统来。所以《周易》系辞传说：“是故《易》有太极，是生两仪，两仪生四象，四象生八卦。八卦定吉凶，吉凶生大业。”此中，“生”即分离、派生，两仪即阴与阳，四象即由阴阳分离出的新事物少阴、少阳、老阴、老阳，八卦则由四象再分离出的象征天、地、山、泽、雷、风、水、火的乾卦、坤卦、艮卦、兑卦、震卦、巽卦、坎卦和离卦。

可见，阴阳与太极之问，蕴藏有亲密的离合关系或集散关系：而对应世间万事万物的六十四卦与三百八十四爻，则是八卦反复离合的产物。

故《内经·素问·阴阳离合论》说：“阴阳者，数之可十，推之可百，数之町千，推之可万，万之大不可胜数。”

二、阴阳的功能探微

我国古哲把阴阳当作生成与诠释哲理、数理、术理、艺理、事理的理论凭据，它的作用可从以下四方面来表达：

1. 阴阳是决定事物变化生灭的要素

《内经·素向》说：“阴阳者，天地之道也，万物之纲纪，变化之父母，生杀之末始，神明之府也。”（《阴阳应象大论篇》）“道者，圣人行之，愚者佩之。从阴阳则生，逆之则死，从之则治，逆之则乱（《四气调神大论篇》）”。“凡阴阳之要，阳密乃固，两者小和，若春无秋，若冬无夏，因而和之，是谓圣度。故阳强不能密，刚气乃绝，阴平阳秘，精神乃绝（《生气通天论篇》）”。

《庄子·外物》说：“木与木相摩则然，金与火相守则流，阴阳错行，则天地大核。”

宋代气功大师张紫阳，曾写诗阐述阴阳的重要性说：“草木阴阳亦两齐，若还缺一不芳菲，初生绿叶阳先导，次发红花阴后随，常道即斯为日月，其源反此有谁知，寄言学道诸君子，不识阴阳莫乱为。”

2. 阴阳是象征世间事物性能的符号

《礼记·祭义》说:“昔者圣人建阴阳天地之情，是以有《易》。”《庄子·天下》说：“《易》以道阴，阳。”可见《周易》是阐述阴阳之道的专论。

《周易》里，把由纯阳合成的事物称为乾，把由纯阴合成的事物称为坤；并用乾象征天、圆，用坤象征地、方等。

故《周易·说卦传》载："乾为天，为圆，为君，为父，为玉，为金，为寒，为冰，为大赤，为良马，为瘠马，为木果；坤为地，为母，为布，为釜，为吝啬，为均，为子母牛，为大舆，为文，为众，为柄，其于地也为黑。"

又用由阴和阳复合生成的震卦象征雷，龙，玄黄，大途，长子，决缲，苍稂，竹，萑苇等；巽卦象征木，风，长女，绳直，工，白，长，高，进退，不果，臭等；坎卦象征水沟，沟渎，隐伏，矫揉，弓轮等；离卦象征火，日，电，中女，甲胄，戈兵等；艮卦象征山，径路，小石，门阙，阍寺，指，狗，鼠等；兑卦象征泽，少女，巫，口舌，毁折，附决等。

3. 阴阳是解释哲理术理事理的凭据

我国最古的医学专著《黄帝内经》，几乎全用阴阳之道来阐述一切病理、医理和术理，这里只举凡例。

《阴阳应象大论篇》说："天地者，万物之上下也；阴阳者，血气之男女也；左右者，阴阳之道路也：水火者，阴阳之征兆也；阴阳者，万物之能始也。故曰：阴在内，阳之守也；阳在外，阴之使也。"

《阴阳离合论》说："天覆地载，万物方生，未出地者，命日阴处，名日阴中之阴：则出地者，命日阴中之阳。阳予之正，阴为之主。故生因春，长因夏，收因秋．藏因冬，失常则天地四塞。阴阳之变，其在人者，亦数之可数。"

《阴阳别论篇》说："所谓阴阳者，去者为阴。至者为阳；静者为阴，动者为阳；迟者为阴，数者为阳。""一阳发病，少气善咳善泄；其传为心掣，其传为隔。""二阳之病发心脾，有不得隐曲，女子不月；其传为风消，其传为息贲者，死不治。""三阳为病发寒热，下为痈肿，及为痿厥；其传为索泽，其传为颓疝。""二阳一阴发病，主惊骇背痛，善噫善欠，名目风朔。二阴一阳发病，善胀心满善气。三阳三阴发病，为偏枯、痿易、四支不举。”

从阴阳学的角度看，古典兵法可说是，由阳与阴分别表征的正与奇、集与散、动与静、攻与守、实与虚、逸与劳、明与暗、己与彼、多与寡、高与下、进与退等具体军事策略、部署或行动作基础，结构而成的上层建筑物。刚阳之道，常通过这些“基础”式的军用术语结成的命题来表述。

《孙子》说：“三军之众，可使必受敌而无败者，奇（阴）正（阳）是也。兵之所加，如以石投卵者，虚（阴）实（阳）是也。凡战者，以正（阳）合，以奇（阴）胜。故善出奇者，无穷如天地，不竭如江海。”“战势不过其（阴）正（阳），奇正（阴阳）之变，不可胜穷也。奇正（阴阳）相尘。如循环之无端，熟能穷之哉？”（《兵羚篇》）“善用兵者，避其锐气（阳），击其惰归（阴），此治气者也；以治（阳）待乱（阴），以静（阳）待讹（阴），此治心者乜；以近（阳）待远（阴），以逸（阳）待劳（阴），以饱（阳）待饥（阴），此治力者也；无邀正正之旗（阳），无击堂堂之阵（阳），此治变者也。”（《孙子·军争篇》）这是避阳击阴和用阳胜阴等军事谋略的具体阐述。

“凡军好高（阳）而恶下（阴），贵阳贼阴。养生处实，军无百疾，是谓必胜。丘陵堤防，必处其阳，而右背之。此兵之利，地之助也。”（《孙子·行军篇》）

《六韬·武韬·发启》上说：“天道无殃，不可先倡。人道无灾，不可先谋。必见天殃，又见人灾，乃可以谋。必见其阳，又见其阴，乃知其心。必见其外（阳），又见其内（阴）乃知其意。必见其疏（阴），又见其亲（阳），乃知其情。行其道，道可致也。”

4. 阴阳是推测人事吉凶祸福的工具

《周易·系辞传》载：“子曰：夫易何为者也？夫易开物成务，冒天下之道（揭开事物的隐秘、催达庶务的成功、概括世事的机理），如斯而已者也。是故圣人以通（勾通）天下之志（思想），以定（决定）天下之业（大业），以断（解除）天下之疑（疑惑）。”“神以知来，知以藏往。”“备物致用，立功成器，以为天下利。”“探赜索隐，钩深致远。以定天下之吉凶。”

在科学技术尚处在萌芽状态的古代，能运用符合辩证泫法则和泛对称原理的阴阳学说预测并概括出下列预测命题，正是中华民族睿智奇才的惊人显示。

《老子》：“执古之道，以御（控制）今之有。”“故以身观身，以家观家，以乡观乡，以邦观邦，以天下观天下。吾何以知天下之然哉？以此（就凭这些）。”这罩的观，可理解为观察、预测或观控。

《周易・系辞传》：“夫《易》彰往察来，而微显阐幽（微察显情，阐明隐性）。”

《鬼谷子・反应篇》：“反以观往，复以验来；反以知古，复以知今；反以知彼，复以知己。”这里的知可理解为预测，推知。

《论语・学而》：“温故而知新。”“视其所以（行动），观其所由（动机），察其所安（目的），人焉瘦哉（被观测的人怎么伪装得了？）”

《墨子》：“谋而不得，则以往知来，以见知隐。”

《汉书・杜业传》：“深思往事，以戒来今。”

《孙子・地形篇》：“知彼知己，胜乃不殆：知天知地，胜乃可全。”

《吴子・料敌》：“观敌之外，以知其内；察其进以知其止。”审敌虚实而趋（进攻）其危（要害）。”

《内经・灵枢・外揣》：“远者司外揣内，近者司内揣外。”

《孟子・告子下》：“有诸内，必形诸外。”

《庄子・则阳》：“人皆尊其知之所知，而莫知恃其知之所不知而后知。”这段话可解释为：庄子不仅重视常人所知的，从已知去推测未知；而且重视常人不知的，凭借未知去推测未知。

《内经·素问》阴阳别论篇上说："脉有阴阳，知阳者知阴？知阴者知阳。儿阳有五，血五二十五阳。所谓阴者，真藏也，见则为败，败必死也。所谓阳者，胃脘之阳也。别于阳者，知病处也；别于阴者，知死生之期。三阳在头，三阴在手，所谓一也。别于阳者，知病忌时；别于阴者，知死生之期。谨熟阴阳。无与众谋。"《灵兰秘典论篇》说："至道之微，变化无穷……恍惚之数，生于毫毛，毫毛之数，起于度量，千之万之，可以益大，推之大之，其形乃制。"《阴阳应象大沦篇》说："善诊者，察色按脉，先别刚阳。审清浊，而知部分；视喘息，听音声而知所苦；观权衡规矩而知病所主；按尺寸，观浮沉滑涩而知病所生。以治无过，以诊则不失矣。""故善刚针者从阴引阳，从阳引阴，以右治左，以左治右，以我知彼，以表知罩，以观过与不及之理，见微得过，用之不殆。"

以上命题中的古与今，往与来，故与新，显与幽，见与隐，己与彼，天与地，外与内，进与止，实与虚，知与不知，都是具有泛对称（即广义对称）性的阴与阳的显化物。这些命题的精辟性，于今仍放射出灿烂的光芒。

我们曾从《周易》《老子》《孔子》《孟子》《墨子》《鬼谷子》《荀子》《孙子》《庄子》《诸葛亮》《苏轼》等论著中，提炼出上百个"表征预测原始定律"；从系统科学泛系理论中，提取出几十个"表征预测现代理法"。结合十几种推理法则，组成融中华民族文化精髓的《现代表征预测探索》新理论。并开始将它应用于现时经济发展、知识管理、竞争筹谋、文明建设之中，且取得社会认可和一定的效益。

阴阳预测理论，是中医脉象、舌象、面象、气象等诊断学的基础，蕴藏有现代预测学、信息论、控制论、系统论和泛系方法论所需的许多素材，颇有值得发掘、深究、继承与弘扬的内容。

第七篇　中国相术之我见

重庆工商大学周光明

中国相术源远流长，有文字记载的历史，可追溯到2000多年前的东周时期。《左传》中记载的公孙敖请周内史叔服为儿子看相，就是文字记载的相术滥觞。相术由于能对人的命运状况进行较准确的判断，所以经久不衰，流传至今，具有特殊的文化价值。在世界各民族的相术流传中，除了吉普赛人的手相外，其余民族的相术都难以企及中华民族的相术（无论在判断的准确度上和相术的种类上都如此，中华民族的骨相术和脚相术是其他民族没有的）。虽然人的长相与命运状况之间的必然联系还未得到充分的证明，但从符号学、哲学、伦理学和宗教中，都能找到一定的依据，特别是在病理学中，现代科学已证明了人的长相与健康状况之间的一些必然联系。由此可见，我们在没有对相术进行深入研究以前不应认为它是无稽之谈，更不能斥之为封建迷信。相术是人们从无数的经验中总结出来的，其作出的断定虽然不是必然准确的，但经过人们几千年来的不断修正，准确度已达到了相当高的程度。鉴此，人们对待相术的正确态度应该是，认真研究、去伪存真，利用其有用的部分来帮助人们趋吉避凶，选择正确的发展道路和正确的行事方法，从而促进社会的稳定和发展，促进中华民族的振兴。

相术是符号学中一种学问，我们称之为生命符号学。

从符号学的角度来看，整个世界是各种各样的符号组成的。世界中的万事万物都是一种符号，房屋、村庄、城市是符号，汽车、火车、飞机是符号，冰箱、彩电、计算机是符号，虎、狮、豹是符号，鸡、鸭、鹅是符号，团体、国家、社会是符号，道德、礼仪、法制是符号，人也是一种符号，面相、手相当然也是一种符号。符号是事物的表征，有多少事物，就有多少符号。

所谓生命符号学，就是根据生命的运行规律，对生命的符号表征所显示的信息特点，加以仔细观察分析判断，来描述和预测出特定生命体即一个人的生死寿夭，富贵贫贱的格局状况与祸福吉凶、盛衰兴废、穷通进退、荣辱忧喜等一切遭遇状况和趋势。需要注意的是，无论是个体符号，还是自然，社会符号都是千差万别，变化多端的，甚至是瞬息万变的，加之相术是由归纳推理和实践经验所产生出来的，它属于经验科学，结论具有或然性，故以有限的或固有的符号系统去判测，只能是大概的，不可能是肯定无移的。符号表征典型的，有的准确度可达到百分之百，有的也达不到，符号表征不典型的，准确度就难以达到百分之百，还容易出现错判情况。应引起高度重视。

从中国古代哲学层面上看，相术是从中国古代哲学土壤里成长出来的。

中国古代哲学深层的内部机制就是天地自然、生命形态，社会人事同源同理，相为表里的本体模式，和相关消长，同步变通的运动程序。中国古代哲学认为，无论是天上的风、雨、雷、电、雾，地上的羽、毛、鳞、爪、人，一切自然，生命形态，及至一切社会人事，都是宇宙精神的外化，都是阴阳之气运动的结果，都有着与之相对应的归属。人为天地造化之物，融合在大宇宙的循环轨迹之中。大宇宙为天地自然、生命形态，和社会人事三位一体的结构模式，人是小宇宙，是大宇宙的全息。人的任何面部器官都有与之相对的比象之物，如额像天，颏像地，眼像日、月，发像草木等，所以相术中有“五星六曜”“三才五府六宫”“十三部位”等划分。相术实质就是本于天人相副，阴阳消长的原理，从天地自然的大宇宙生成规律，来推知个人小宇宙中特有的生存形态所反应出来复杂的禀气消息和与之相关的先天素质，后天命运。人与人际所有复杂多样的命运际遇，都可以从所禀之气的盛衰旺相、得令与否找到对应的准确答案和必然的因果关系，即人的禀气质量决定的先天素质，人的先天禀性的智愚程度决定人的后天的前途命运。

中国古代哲学关于阴阳五行的宇宙运行模式，促进了相术的发展。宇宙间万事万物根据其特性，可以系统地分为五大类，即金、木、水、火、土。这五类事统称为五行。金、木、水、火、土非指具体的五种单一事物，而是对宇宙万事万物的五种不同属性的抽象概括。相术借助五行理论构建了五行形相。所谓五行形相，就是根据五行原理，区分形相及气质类型的方法，外形特征基本分为方、直、圆、尖、厚五类，共分金、木、水、火、土五个正形和金木、金水、金火、金土、木金、木水、木火、木土、水金、水火、水木、水土、火金、火木、火水、火土、土金、土木、土火、土水二十合形，合形以一种形相为主，兼有另一种形相的特点。其组合方法有顺逆之分，顺合如木合火、水合木、金合水之类，多主有利；逆合组成相，有的有利，有的不利，如金形带水，水形带土为有利，火形带金，土形带水则为不利。把五行的生克关系引入相术，使相术的内容更丰富，判断更准确。

总之，相术的根基在人法地、地法天、天法道、道发自然。我们掌握了宇宙模式运动、变化的总原则后，只要在同类事物中明其一种，就可以由此及彼观照同类，推断以往，预言未来，或由形而上的大前提，演绎出对应的形而下的具体事物的来龙去脉。

《易经》对相术的深远影响。《易经》是中华民族智慧的结晶，是全世界人类思想的宝库。古代人称之为“大道之源”“群经之首”“经邦济世之学”，现代人将它称为“中华文化的源头活水”“宇宙代数学”“二进制的鼻祖”，外国人誉其为“第一号成功预测学”。它有一套严密的符号推理系统，可以用数理逻辑进行推演。它是世界最早的符号推理系统，具有相当的科学水准。相术根据《易经》的理论，把八卦排到在面相上和手掌上。由于八卦的位置，所代表的含义以及八卦之间的关系是固定的，其理论体系是严密无懈可击的，故相术研究也就因之获得了八卦所具有的相应性质。又由于八卦所具有的无限可分割性，它可以使预测判断的层次深入精微，甚至还可以扩展其预测的判断范围，所以一见面或一握手就可以看出其人的生命状况，甚至可以看出其配偶，父子、子女，其他亲属的概况。正因为这样，相术让许多人都感到神秘，有的不深入研究中华传统文化的人还认为相术是封建迷信，应该抛弃，真是幼稚可笑。

伦理、宗教对相术的影响。相术在形成和发展的过程中都深受伦理的影响。中国古代的宇宙模式本身笼罩着一层浓厚的伦理色彩。《周易·说卦》中说："乾为天，为园，为君，为父……坤为地，为女，为母。"《周易·系辞》中说："天尊地卑，乾坤定矣。卑高以陈、贵贱位矣。"自然天地，生命形态，社会人事同源同理。同步消长的宇宙的生命之源为阴阳二气，阴阳之气的尊卑性质，又决定了由它所化合包容的万事万物都具有尊卑的等级关系。由此，相术的总原则就建筑在阴阳有别，阳主阴从，阳尊阴卑的伦理总原则之下。依据相术的原则，相术认为人禀阴阳之气而生，男女的形体也应相关地表现出阴阳不同的特征，男子应有阳刚之气，女子应有柔顺之质，反之则为凶恶下贱之相。相术还进而从"五常""五事(即貌、言、视、听、思)"，推及个人的禀气与禀性、品质的联系，将人的形体、器官、气色的五行特征与五德相配，推入德行，如认为身材廋高、眉目清秀的木形人多仁，短小竖方的金形多义，敦实厚重的土形人多信，上轻下重的火形人多礼，浮阔短小的水形人多智，相术把有利于个人伦理道德的提高和有利于社会稳定发展的伦理道德引进来形成了"德在形先、形在德后"的相术理论。在相术实践中把"忠""孝""仁""义""礼""智""信"等伦理道德，作为看相的出发点和终结点，是相术的一大进步，并不像许多专家学者认为的相术引入封建伦理道德把相术引入了歧途，没有一点可取。

初期的相术以为人的相貌决定命运，这是不可易变的定律。但在长期的相术实践中，发现有的人的相貌长得并不好，命运却很好，有的人相貌长得很好，命运却不好，为了解决这个问题，相术又引进了道教和佛教的内容。《御定子史精华·相》卷一八中记载有“有心无相，相逐心生，有相无心，相随心灭”。这是说命相的好坏，即决定于先天所禀的“气”，同时又离不开后天的“心术”。这一“心术”既包括儒家的伦理道德修养，又含有佛道的善凶之行，即所谓“恶则祸结，善则福臻”。这样一来，只要有儒家的德性和佛道的行善之心，哪怕生成一副凶祸之相，也会慢慢改变为福禄之相，即“相随心生”了，心术不正，行凶作恶，福相也会变成恶相，即“相随心灭”了，相术用动态的气运说来补充早期终身不变的命相说，又是一大进步，它使人们认识到可以通过提高伦理道德修养和行善积德来改变不良的长相和不佳的命运，对提高了人的综合素质，大有好处。许多专家学者足限于物唯主义的范围中，站在现代科学的平台上，认为相术引入了宗教内容，就是一种封建迷信，不应提倡，应受批判。显然这些专家学者囿于一孔之见，无视宇宙知识的浩渺。

人们对相术贬得多褒得少，其实相术对人类的发展还是不无作用的，第一，为人类认识自我，改善自我增添了一种方法；第二，有助于认识自己扬长避短地设计人生道路，不异想天开，踏实努力地争取人生最佳的结果；第三，有助于对他人的认识，能在谈判、交友、用人方面产生良好的作用；第四，相随心生，劝人为善，促进社会风气的好转；第五，有助于对不良长相人的拯救，提前预测出可能会产生的恶果，让其防微杜渐，减轻恶果的程度或消除恶果的产生；第六，有助于指导他人加强道德修养和文化修养，顺应自然与社会的规律，从而为人排优解难，趋吉避凶，稳定社会。